文史哲學集成

張仁青著

魏晉南北朝文學思想史

上冊

文史哲出版社印行

魏晉南北朝文學思想史 / 張仁青著. -- 初版. -- 臺
北市 : 文史哲, 民 92 印刷
面 ; 公分. -- (文史哲學集成 ; 24)
參考書目 : 面
ISBN 957-547-306-X (平裝)

1 中國文學 – 六朝（222-588）– 評論 2. 中國 – 哲學 – 六朝（222-588）– 評論

820.903

文史哲學集成

魏晉南北朝文學思想史

著　者：張　仁　青
出版者：文史哲出版社
http://www.lapen.com.tw
登記證字號：行政院新聞局版臺業字五三三七號
發行人：彭　正　雄
發行所：文史哲出版社
印刷者：文史哲出版社
臺北市羅斯福路一段七十二巷四號
郵政劃撥帳號：一六一八〇一七五
電話886-2-23511028・傳真886-2-23965656

上下冊實價新臺幣八〇〇元

中華民國六十七年(1978)十二月初版
中華民國九十二年(2003)九月初版

ISBN 957-547-306-x

自序

魏晉六朝，文學自覺之時代，亦文學獨立之時代也，前乎此者爲周秦兩漢，文學依附儒學，作宣揚教化之利器，固無獨立生命可言。逮建安以後，儒學陵替，老莊代興，文學潮流遂亦與之俱進，逐漸由附庸蔚爲大國，形成曠古未有之壯觀，先哲殺青所就者，殆非更僕所能盡數。而其內容之富，形式之美，以至思想之錯綜，品鑑之精審，苟非詳加董理，實不足以見其概貌。此則本書之所由作也。

近今中日學者研究吾國文藝思潮與理論者衆矣，率能獨具法眼，撥尋指歸，宣發奧蘊，其苦心孤詣，實有足多。惟至善之作，得之不易，千慮之失，要難獨免，語其大者，蓋有六焉：

一曰：各家多就六朝文學理論本身立說，於其所受時代思潮與社會環境之影響如何，其關於文學理論本身以外之事實又如何，則不甚詳談，或竟付闕如。使閱其書者，如墮五里霧中，既不能窮其原委，又不易窺其全豹。此則不爲統體觀察之過也。

二曰：各家或專述個人，不論時代，如朱東潤中國文學批評史大綱是。或僅述重點，遺其全面，如方孝岳中國文學批評是。或詳於近代，略於遠代，如陳鍾凡中國文學批評史是。或但重縱的貫串，而忽略横的聯繫，如郭紹虞中國文學批評史是。或縱筆所之，了無系統，如王瑤中古文學思想是。或事屬創舉，條理未密，如鈴木虎雄支那古代文藝論史、支那詩論史是。或觀察未周，敍述簡略，如青木正兒支那古代文藝思潮、支那文學思想史是。或依其性質，彙而論之，如羅根澤魏晉六朝文學批評史是。雖匠心獨運，各具特色，而於其相互間遞嬗之關係，以及所受於思潮變化之原因等，則罕有論及。此則缺乏歷史方法之過也。

三曰：文學爲思想之反映，文體自亦隨思想之轉變而殊異，故六朝既不能爲漢，亦不能爲唐，蓋一代有一代之所勝，乃由時代之不同，非必有何長短之可論，崑山顧氏、海寧王氏已暢乎言之。而各家論文之作，則多承蘇氏韓公廟碑之語，至目六朝文學爲不值一錢，瓊章麗曲，概從屏棄，即有論列，亦失公允，胸次褊狹，一至於此，其庸有當乎。此則囿於偏見之過也。

四曰：儒家思想支配吾國社會，長達二千餘年，載道與實用觀念，久已深植人心，牢不可破。各家遂以此觀念裁量六朝之文學理論，凡合於此一觀念者，輒擊節稱賞，讚歎不置，如對裴子野之薄雕飾，鍾嶸之反用典，斥聲律，無不暢加推闡，曲爲迴護。凡不合於此一觀念者，輒大張撻伐，不留餘地，如對蕭綱之提倡鄭邦文學，徐陵之撰錄艷體歌詩，無不目爲洪水猛獸，甚者且流於謾罵。不知雕飾、用典、聲律三者，乃唯美文學不可或缺之要件，去此則六朝文學必大爲減色，不足以言唯美矣。矧蕭徐二君之側重艷詩，率能發乎情，止乎禮義，非淮南評論國風之遺意乎。抑退一萬步言之，以艷詩作爲精神生活之調劑，不猶愈於沈溺聲色，追逐犬馬者耶。此則以功利主義與道德觀念而評騭文學之過也。

五曰：各家每用現代邏輯觀念，以律六朝論文之作，以爲理念不清，思路淆亂。不知六朝文藝評論家多爲文藝創作家，文學固有別於科學，科學所重者爲條理，而文學所重者則爲感情。文學之能萬古常新，江河不廢者，以其內能表達作者之情思，外有訴諸讀者之感情，至於合乎邏輯與否，則概非所計。夫文章之妙，語或無異常人，而神情行乎其間，不可捉摸，苟執其跡象，以求合乎邏輯，則如泥塑美人，了無生氣矣。昔九方皋相馬，常得於牡牝驪黃之外，品鑑詞藝，又何獨不然。此則以邏輯觀念衡文鑑藝之過也。

六曰：六朝評論文學之作，除劉氏文心、鍾氏詩品釐然成帙，首尾相銜外，多屬隨興所至，率爾操觚，縱有片言賞會，而條貫靡存，且零縑斷簡，散失殆盡，千載而下，莫由尋討。各家輒據此以爲論斷之憑藉，而病其蕪雜散漫，略無統紀。不知藍篳啓疆，草創實難，凡百皆然，不特文論一端已也。況『前修未密，後出轉精』，乃學術進化之公理耶。此則以今人標準繩律古人之過也。

本書撰述之目的，意在矯正以上六種闕失，而將六朝文學及其思想作有系統之探討，俾世人對此一時代之麗製瑋篇，妙諦勝義，能有正確之認識。惟綆短汲深，恐不足以副之耳。

本書分四大單元，凡九章，都六十萬言。於章節條目之安排，內容詳略之取捨，嘗五易其稿，煞費苦心。玆依次說明其要旨：

第一單元凡一章，第一章魏晉南北朝情勢屬之。凡析論一時代之文學思想，必不能忽略其時代環境。孟子曰：『頌其詩，讀其書，不知其人可乎，是以論其世也。』二者關係之密不可分，從是可見。遠溯漢之季世，天綱絕紐，羣雄棋峙，自是滄海塵揚，神州瓦裂，吾國卽進入長期大動亂之時代。尤以永嘉亂後，南北分疆，莽莽華夏，除江左一隅外，悉爲胡人所盤據，歷時長達二百六十年之久。一般文士，蒿目時艱，匡救無術，乃相率遁入文苑藝圃，從事詞藝之創作，而旖旎風華之美術文學遂相繼產生矣。荀卿有云：『亂代之徵，文章匿而采。』劉勰亦云：『文變染乎世情，興廢繫乎時序。』此皆時運影響文學及其思想之明徵也。

第二單元凡一章，第二章魏晉南北朝文學概貌屬之。文學既視世運隆替以爲消長，國強則詞壯，世衰則文靡，自然之理也。不寧惟是，文學之創作活動，又每隨文學之思想活動以進行，故一代之文學現象必與當時之文學思想息息相關，互爲依存。蓋嘗試論之，文學作品與文學思想爲一物之表裏，其表面爲文學作品，裏面乃爲文學思想，必須透過其表面，而裏面之眞相始能顯現無遺。故欲探究一代之文學思想，先行考察其文學成果，或有勝於扣槃捫燭之見乎。

六朝文學之成果，可以一言蔽之曰，唯美主義文學臻於極峯而已。構成唯美文學之要素有四：一曰對偶精工，二曰韻律和諧，三曰典故繁多，四曰辭藻華麗。六朝才士在此四方面所費之心血，誠有令人歎觀止者。而近今諸述文學史與批評史者，多半不屑一顧，或予無情之打擊，買櫝還珠，棄眞賞濫，至於如此，憾孰甚焉。因不憚辭費，甘冒不韙，探其奧而抉其隱，闡其幽而發其光，庶幾先士茂製，粲然復明於世。

以上兩單元，或不無鄴士買驢，大而無當之失。雖然，欲探究一代之文學思想，而不能論其世，知其人，竊以爲未之得也。故於六代史實及其作家成就，不敢略有疏忽，必也思想有所附麗，然後探討之功，不致虛費。此則上本先聖知人論世之微旨，恪遵史家實事求是之遺義也。

第三單元凡三章，第三、四、五章魏晉南北朝文學思想之內因外緣屬之。任何一種學說思想，決非劈空自天而降，必有所以產生此種思想之內因外緣，文學思想亦然。魏晉六朝文學思想產生之原因，極爲繁複，要而歸之，不外內在原因與外在原因。政治黑暗，民生疾苦，道德淪喪，以至時代環境之變遷，南北風土之殊異，學術思想之轉移，爲其外在原因。而批評意識之覺醒，右文風氣之熾盛，文人集團之林立，則爲其內在原因。無徵不信，敢申其說。

吾國文人生命之危賤與心靈之苦悶，無有過於魏晉者，在此種環境下所孕育之文學思想，自有別於其他時代。六朝文學上所謂浪漫主義、唯美主義、藝術至上主義等，皆萌生於此時。如晉書阮籍傳云：『籍本有濟世志，屬魏晉之際，天下多故，名士少有全者。籍由是不與世事，遂酣飲爲常。』李善注其詠懷詩亦云：『嗣宗身仕亂朝，常恐罹謗遇禍，因茲發詠，故每有憂生之嗟。』蓋文人生値亂世，既思高翔遠引，避禍全身，同時復以不能忘情家國，絕意存亡，又感生命之無常，知世界之難脫，因而陷入極端旁皇與苦之中，最後則以文苑藝圃作精神之逋逃藪矣。故六朝文學作品與文學思想所以率傾向於浪漫主義、唯美主義、藝術至上主義者，世際亂離，政治黑暗實有以促成之也。

第四單元凡四章，第六、七、八、九章魏晉南北朝之文學思想屬之。文學思想之主幹爲文學理論或文學批評，文學批評之於文學作品，則猶一物之兩面，一則爲破壞之工作，一則爲建設之成果，惟破壞之目的，仍在建設，無建設則破壞工作爲惡意中傷，無破壞則建設工作將停滯不前。故文學批評往往能引導文學創作步入正軌，不致流於訛濫。譬如蕭梁一代，唯美文學大昌，而評論文學之書亦獨盛於此時，故終梁之世，文藝創作仍能保持高尚風格，雖以宮體詩之綺艷，亦多未逸出常軌，否則不知將伊於胡底矣。

余年在志學，即沈鑽六朝文學，惟孤舟獨泛，彼岸難登，曠廢歲月，良用悵然。民國四十九年初秋，負笈臺灣師範大學，幸列瑞安林景伊先生及陽新成楚望先生門牆，二師不以庸魯見棄，或曉以經義，或授以選理，或度與金鍼，或標示津逮，訓迪啓瀹，惠我實多。然後於六朝學術變遷之軌跡，文運升降之大概，乃能略有所窺。用是不揣檮昧，博採前賢之緒說，較論各家之長短，冥思苦索，而成斯編，庶使六代文學思想得以大明於世。屬稿至今，六更寒暑，自慚淺識，理欠圓該，儻承碩學大雅進而教之，雖片言隻字，糾其疵謬，皆我師也。

民國六十七年六月張仁青識於臺灣師範大學國文研究所

魏晉南北朝文學思想史

張仁青博士著

目次

第六章　魏晉南北朝之文學思想(一)……四二三

表目錄

魏晉南北朝文學思想史

張仁青博士著

第一章　魏晉南北朝情勢

欲了解一時代之文學思想，竊以爲當從兩處著手：一爲作品內在結構與組織成分之探討，一爲作品外在環境與時代背景之研究，二者相爲表裏，不容偏廢。

文學與時代及環境關係之密切，人皆知之，法國文學批評家泰納（H. A. Taine）氏有言：『形成作品之因素有三：一曰民族，二曰時代，三曰環境。』（英國文學史導言）夫文學者，時代環境之結晶品也，我國因年代綿遠，環境迭更之故，凡體製之或沿或革，思想之忽斷忽續，其間潮流盛衰，悉因時代環境以升降。劉勰文心雕龍時序篇云：『時運交移，質文代變。』又云：『文變染乎世情，興廢繫乎時序。』蓋事異世變，文學隨之，誠如鑑之與影矣。

凡物之變也，必有其原因，無因則不會起變化。文學思想亦然，其發生之原因必含前因與當時之因。西哲馬文（Marvin）氏謂：『任何時代之哲學，皆爲全部之文明，與其時流動之文明之結果。』（歐洲哲學史自序）其言雖小，而可喩大，卽文學思想一道亦當作如是觀。良以文學思想之發生，匪從天降，時代及環境之陰驅潛率，則爲最重要之催生劑也。今本此說以探求魏晉南北朝文學思想興起之原因，或有勝於扣槃捫燭之見乎。

自漢末政綱解紐，群雄競起，逞志干戈，中國卽進入長期大動亂之時代。典午既興，內則八王權臣交閧，四海困窮，生靈塗炭，外則五胡雲擾，盤據中原，先後建立兩趙、三秦、四燕、五涼，及漢夏等十六國，烽火漫天，兵燹匝地，亙百餘年而未已。莽莽華夏，除江南外，幾無一乾淨土可資養息，故中朝名士，莫不渡江避難，江左一隅遂爲文人薈萃之所。其初，武人尚有擊楫悲歌，誓殲兇頑，文人尙作新亭之泣，陸沈之歎。及其末也，劉裕以功高而受晉禪，蕭道成以國亂而移宋鼎，蕭衍更受齊禪而爲梁，陳霸先又代蕭氏而立國。在此一百六十餘年間，篡奪相尋，內亂迭作，民生多艱，封疆日蹙，蓋視魏晉爲尤甚焉。士大夫處此危疑震撼之時代中，身世感其飄零，宇宙傷其搖落，百端交集，欲紓無從，寧復有經邦軌物，霖雨蒼生之壯志乎。惟有相率苟安，進入文苑藝圃，從事美術文學之創作，藉以獲得精神上之忻慰而已。於是在思想上有個人、浪漫、頹廢、唯美主義之勃興，在文學上有山水、田園、神怪、遊仙、隱逸、厭戰作品之出現。沿河討源，振葉尋根，則自建安以來三百八十餘年玉石俱焚之茫茫浩刼，實有以促成之。故欲了解魏晉南北朝之文學思想，必自了解此一時代之情勢始。

第一節　政局動盪

自漢高祖定鼎長安西元前二〇〇年，以迄靈帝卽世西元一八九年，歷時近四百年，國勢强盛，四海乂寧，大漢帝國之聲威，遠及荒裔，乃眞正大一統之時代也。惟自獻帝卽位以後，王綱不振，朝政日非。建安改元，兖州牧曹操挾帝遷都許昌，自是中原鼎沸，群雄割據，炎漢氣運遂於焉告終矣。

建安二十五年西元二二〇年，魏王曹丕篡漢自立，國號魏。其後漢中王劉備、吳王孫權亦相繼稱帝，是爲蜀吳，與魏鼎足而三。從此三國紛爭，征戰益繁，動亂局面，亙六十餘年。迄魏陳留王曹奐禪位於晉王司馬炎西元二六五年，越十五年西元二八〇年滅吳，統一天下，始又恢復秦漢大一統之時代。

然而否泰相因，福禍倚伏，盛之極卽啓衰之漸，徵諸史乘，蓋歷歷不爽。司馬炎代魏滅吳而有天下，以其得非其道，又闇於經國之務，但知耽情遊宴，肆意聲色，故承平之世不及十二年，而釀成賈后與八王之亂，骨肉反目，殺戮相尋，國勢陵夷，生靈塗炭，遂予外族以可乘之機，五胡乃相繼稱兵構釁，荼毒中原。懷帝永嘉五年（西元三一一年），晉兵十餘萬爲漢將石勒所殲，王彌劉曜（皆漢將）攻陷京師洛陽，懷帝被虜，史稱永嘉之亂。愍帝旋卽位於長安，建興四年（西元三一六年），劉曜續陷長安，愍帝降，立國凡五十一年，史家稱之曰西晉。長安之陷也，琅琊王司馬睿適都督揚州軍事，出鎭建康，得王敦王導之輔佐，存問風俗，撫輯流亡，江東士庶，翕然歸心，遂儼然成爲東方盟主。及愍帝蒙塵，遂行卽位，是爲東晉元帝。自是偈促江左，務求苟安，舉朝戀江南之美，群臣灰北伐之心，因而形成南北長期對峙之局面。其間又經王敦、蘇峻、王恭、殷仲文、桓溫、桓玄之亂，國家元氣，斲喪殆盡。至於恭帝，軍政大權悉入强臣劉裕之手，元熙二年（西元四二〇年），遂爲所篡，東晉亡，凡一百零二年。

嗣是以往，易君一如弈棋，帝王朝代之號，如傳舍然。劉裕稱帝後，建國號曰宋，南朝之稱，卽自此始。二傳至於文帝，在位三十年，文治武功，尙稱可觀，號爲小康，惜爲其逆子所弑。是後亂逆紛乘，同室誅殺，爲禍之慘，不下於八王之亂，劉氏子孫，摧殘略盡，綱紀蕩然，國勢日弱。由是蕭道成得以顧命大臣，弑君立君，順帝昇明三年（西元四七九年），終篡宋祚，宋亡，歷時五十九年耳。

蕭道成卽位，國號齊，是爲齊高帝，無何勳業可述。至武帝立，嚴明有斷，留心治亂，十餘年間，百姓豐樂，盜賊屛息，號稱永明治世。武帝後，主昏臣强，高帝兄子蕭鸞數行弑逆，盡殺武帝子孫，復自篡位，是曰明帝。政風敗壞，視前尤甚。及子寶卷嗣，是爲東昏侯，荒暴昏狂，一若乃父。時蕭衍鎭襄陽，以其兄懿枉死，至是引兵東下，先奉寶融爲帝，逮和帝中興二年（西元五〇二年），旣破建康，遂受禪爲皇帝，而齊以亡，僅歷二十三年。

蕭衍自立為梁武帝，在位四十八年，勤政愛民，為南朝君主之佼佼者。惜晚年迷信佛法，刑政廢弛，逮侯景構亂，遂餓死臺城。三子綱立，是為簡文帝，大權在景手，二年為景所弒。武帝七子繹，遣王僧辯伐景，自立為帝，是曰元帝，在位三年，西魏入寇，被殺。僧辯與陳霸先奉元帝少子方智即位建康，是為敬帝。而北齊納貞陽侯蕭淵明為帝，僧辯受之，霸先遂藉是襲殺僧辯，廢淵明，復立方智，自為相國，太平二年（西元五五七），篡位，梁亡，凡五十五年。

陳霸先即陳武帝，雄才有大略，南朝漢族政權卒獲延續於不墜。至宣帝時，乘北齊衰亂，令吳明徹北伐，曾收復淮南，然終不能保。及叔寶嗣立，曰後主，大興土木，縱情聲色，而不理庶政，禎明三年（西元五八九年）為隋所滅，陳亡，計三十二年。

以上為魏晉南北朝正統王朝之大概情勢（北朝各國以其非中國正統，故移至下節述之。），計自魏文帝開國（西元二二〇年），以迄陳後主覆亡（西元五八九年），凡三百六十九年，亦即世俗所謂六朝（如張敦頤有六朝事跡編類，孫德謙有六朝麗指）或中古時代（如劉師培有中古文學史，王瑤有中古文學思想）者也。

茲為便於觀覽，爰將魏晉南北朝歷朝遞嬗與廢弒之大概，分別列表如左：

(一)魏晉南北朝變遷略表

朝代名		開國者稱號	開國者姓名	失國者稱號	失國者姓名	國都	起年	訖年	年數	年數小計	年數總計	備註
魏(三國)		文帝	曹丕	陳留王	曹奐	洛陽	220	265	45	45		(一)帝王有有廟號者，有無廟號者，為求一致，概用稱號。
晉	西晉	武帝	司馬炎	愍帝	司馬業	洛陽	265	316	51	155		
	東晉	元帝	司馬睿	恭帝	司馬德文	建康	318	420	102			

南朝	宋	武帝 劉裕	順帝 劉準	建康	420	479	59	169	369	(二)年數概用西曆紀元，以求方便。
	齊	高帝 蕭道成	和帝 蕭寶融	建康	479	502	23			(三)為醒目計，數字概用阿拉伯字。
	梁	武帝 蕭衍	敬帝 蕭方智	建康	502	557	55			
	陳	武帝 陳霸先	後主 陳叔寶	建康	557	589	32			

(二)魏晉南北朝廢弒表

朝代		名	帝數	被廢者	被弒者	被敵人所滅（殺、害）者	得善終者	備註
魏晉	三國	魏	5	2	1	0	2	(一)被廢尋又被弒者，列入「被弒者」欄。(二)被敵人所逼而餓死者，列入「被敵人所害者」欄，如梁武帝是。
		蜀	2	0	0	1	1	
		吳	4	1	0	1	2	
	西	晉	4	0	1	2	1	
	東	晉	11	0	2	0	9	
南北朝	南朝	宋	8	1	4	0	3	
		齊	7	0	4	0	3	
		梁	4	1	0	3	0	
		陳	5	1	0	1	3	
	北朝	北魏	15	0	10	0	5	
		北齊	6	1	2	0	3	
		北周	5	0	3	0	2	
合計			76	7	27	8	34	

第二節　異族雲擾

魏晉南北朝乃民族大融合之時代，亦文化大融合之時代也。蓋漢魏之際，散居邊徼之諸族，仍處於游牧時代，初無文化可言，與我漢族較，相去何啻天壤，故雖屢屢剪我封畿，蹂躪中夏，終非漢族敵也。惟其民性強悍，體型高大，勇於戰鬥，視生命不甚惜。及入處塞內，受我華夏文化之薰陶，漸漬日久，數百年間，其文化進步之速，有非道里所能計者矣。但其慓悍之習性，粗獷之本質，則非一朝所能盡去。而漢族經秦漢盛世，暮氣漸生，欲與此新興之民族角戰於中原，則不免有心餘力絀之憾。故終六朝之世，我漢民之見侮於異族者，可謂深矣。然而失之於此者，往往得之於彼，亦猶失之東隅者，往往收之桑榆。卽以文藝一端而論，凡一新民族與舊民族相結合，常能產生新文藝，如荊楚民族與中原文化結合，楚辭遂以成立，金元入主中國，乃有戲曲之發達，皆其例也。夫東晉南朝之積弱不振，固堪令人扼腕悲歎，惟經歷此三百餘年殘酷之鬥爭，華夷之雜處，使胡人深受我優美文化之薰陶而不自知，馴至爲我所同化。迨隋唐大帝國盛世出現之時，南北文化故能融合無痕，別開新面，由此足以證明我中華文化之充實光輝，冠絕東方，且夙具吸收異族灌輸文化之力，則是不容抹殺之事實也。

一　五胡崛起

西北游牧民族，自古卽與中國雜居，不能詳其所自始。此等部族，統名爲『胡』，其中以匈奴鮮卑羯氐羌爲最盛，世稱『五胡』。漢魏以後，盛納異族降者，使移居塞內，或遷至腹地，時日既久，蕃衍遂盛，至西晉初葉，中原人口，除漢族外，則以五胡爲最多，寖假而有反客爲主之勢，履霜堅冰，其來有漸，永嘉之亂，九州雲擾，是其明證。試看下列記事，卽可知胡人大量南徙之概略。

晉書匈奴傳：

前漢末，匈奴大亂，五單于爭立，而呼韓邪單于失其國，攜率部落，入臣於漢，漢嘉其意，割幷州北界以安之。於是匈奴五千餘落入居朔方諸郡，與漢人雜處。呼韓邪感漢恩來朝，漢因留之，賜其邸舍，猶因本號，聽稱單于，歲給綿絹錢穀，有如列侯。子孫傳襲，歷代不絕。其部落隨所居郡縣，使宰牧之，與編戶大同，而不輸貢賦，多歷年所，戶口漸滋，彌漫北朔，轉難禁制。後漢末，天下騷動，群臣競言胡人猥多，懼必爲寇，宜先爲其防。建安中，魏武帝始分其衆爲五部，部立其中貴者爲帥，選漢人爲司馬以監督之。魏末，復改帥爲都尉，其左部都尉所統可萬餘落，居於太原故茲氏縣，右部都尉可六千餘落，居祁縣，南部都尉可三千餘落，居蒲子縣，北部都尉可四千餘落，居新興縣，中部都尉可六千餘落，居大陵縣。武帝踐阼後，塞外匈奴大水，塞泥黑難等二萬餘落歸化，帝復納之，使居河西故宜陽城下，後復與晉人雜居，由是平陽西河太原新興上黨樂平諸郡靡不有焉。

至太康五年，復有匈奴胡太阿厚率其部落二萬九千三百人歸化。七年，又有匈奴胡都大博及萎莎胡等各率種類大小凡十萬餘口，詣雍州刺史扶風王駿降附。明年，匈奴都督大豆得一育鞠等復率種落大小萬一千五百口……來降，幷貢其方物，帝幷撫納之。

又江統傳：

幷州之胡，本實匈奴桀惡之寇也。漢宣之世，凍餒殘破，國內五裂，後合爲二，呼韓邪遂衰弱孤危，不能自存，依阻塞下，委質柔服。建武中，南單于復來降服，遂令入塞，居於漠南，數世之後，亦輒叛戾。……建安中，又使右賢王去卑誘質呼廚泉，聽其部落散居六郡。

今五部之衆，戶至數萬，人口之盛，過於西戎。然其天性驍勇，弓馬便利，倍於氐羌。若有不虞風塵之慮，則并州之域可爲寒心。

又傅玄傳：

胡夷獸心，不與華同，鮮卑最甚。本鄧艾苟欲取一時之利，不慮後患，使鮮卑數萬散居人間。

至於五胡初期（西晉初年）分布地區，約而言之，匈奴居今山西境內，羯爲匈奴別支，居於上黨武鄉之羯室，即山西之東南境。羌居於今隴東及關中，氐居於隴南及陝西西南境，鮮卑居於今河北山西及東北遼河流域。五胡大規模徙居中原以後，頗引起漢人經濟生活之改變，加以生活習慣不同，漢胡雜居，治理極爲不易。而地方官不獨不加以教養，又往往加以侵陵，待之如牛馬奴隸。例如太安中并州饑，刺史司馬騰執諸胡於山東，賣充軍費，兩胡一枷。胡人天性兇悍，橫受如此虐待，因之激起憤怨，常滋事端，有機可乘，自必揭竿而起，有心者早已惄焉憂之矣（事詳晉書石勒載記）。晉武帝與惠帝時，傅玄郭欽江統深知禍起肘腋，爲時不遠，建議徙之於塞外，尤以郭江之論爲最重要。郭欽上疏武帝云：

戎狄强獷，歷古爲患。魏初人寡，西北諸郡皆爲戎居。今雖服從，若百年之後有風塵之警，胡騎自平陽上黨不三日而至孟津，北地、兩河、太原、馮翊、安定、上郡盡爲狄庭矣。宜及平吳之威，……漸徙平陽、弘農、魏郡、京兆、上黨雜胡，峻四夷出入之防，明先王荒服之制，萬世之長策也。（晉書匈奴傳）

江統徙戎論云：

漢末之亂，關中殘滅，魏興之初，與蜀分隔，疆埸之戎，一彼一此。魏武皇帝令將軍夏侯妙才討叛氐阿貴千萬等，後因拔棄漢中，遂徙武都之種於秦川，欲以弱寇强國，扞禦蜀虜，此蓋權宜之計，一時之勢，非所以爲萬世之利也。……當今之宜，宜及兵威方盛，衆事未罷，徙馮翊、北地、新平、安定界內諸羌，著先零、罕幵、析支之地。徙扶風、始平、京兆之氐，出還隴右，著陰平、武都之界。廪其道路之糧，令足自致，各附本種，反其舊土，使屬國、撫夷就安集之。（晉書本傳）

然皆寢而不用。事實上亦不易做到，蓋稍一不愼，輒啓爭端，處之之道，在使之各得其平，勿予以可乘之隙已耳。

二　五胡之亂

晉惠帝元康以後，賈后之亂與八王之亂接踵而興，大河南北，烽燧頻傳，干戈擾攘，五胡乃相繼蜂起，其中以匈奴爲最强大，而羯人石勒漢人王彌又先後來歸，如虎生翼，遂於永嘉五年及建興四年兩度入寇，而覆晉祚。黃河流域與長江上流流域胥淪爲左衽，漢族衰微，不能復振，遂南遷江左。自是五胡盤據中原，建國稱王，迭相雄長，直至南朝宋文帝元嘉十六年（西元四三九年）北魏太武帝統一北方止，其間共歷一百三十六年，史稱五胡十六國之亂。茲分述之。

(1)匈奴　西晉亡後二年（西元三一八年），匈奴人劉淵據地稱漢，劉曜繼之，改稱曰趙，史稱前趙，此爲諸胡亂華之首。其後有沮渠蒙遜稱北涼，赫連勃勃稱夏，亦皆匈奴種。

(2)鮮卑　鮮卑人慕容皝最先起，建國號曰燕，史稱前燕。其後慕容氏一派，垂稱後燕，沖稱西燕，德稱南燕。其他則乞伏國仁稱西秦，禿髮烏孤稱南涼，與稍後建國曰魏之拓跋氏，皆鮮卑別部。

(3)氐　氐人割據之首見者，於成都有李雄，其最强者爲前秦苻堅，而呂光稱後梁，亦屬氐種。

(4)羌　羌人姚萇繼苻氏後，據地建號，是爲後秦。

(5)羯　羯人石勒，響應劉淵起兵，據地稱號，是爲後趙。

以上皆當日西北東北游牧各族乘西晉末內亂而割據爲雄者。此外則漢人張駿建前涼，李暠建西涼，馮跋建北燕。合之為十六國。其中前趙、後趙、成、前燕、前秦、前涼六國均建於淝水戰爭之前，是為十六國前期。其餘十國，均出現於淝水戰爭以後，則為十六國後期。今將十六國興亡概況，表列如左：

㊂五胡十六國興亡表

種族	國號 自稱	國號 史稱	國都 古名	國都 今名	建國人名	君主數	年數	滅其國者	疆域	備註
匈奴	漢	前趙	平陽 長安	山西臨汾 陝西西安	劉淵	6	二六（三〇四—三二九）	後趙	冀、豫、魯、晉、陝、甘各一部。	劉淵國號漢，劉曜改為趙。
匈奴	涼	北涼	張掖 姑臧	甘肅張掖 甘肅姑臧	沮渠蒙遜	2	三九（四〇一—四三九）	北魏	甘西北、寧、青一部。	初為段業所建，時在西元三九七年。
匈奴	夏	夏	統萬	陝西橫山	赫連勃勃	3	二五（四〇七—四三一）	北魏	陝、甘、綏、晉、豫、寧各一部。	
羯	趙	後趙	襄國 鄴	河北邢臺 河南臨漳	石勒	7	三三（三一九—三五一）	冉魏	冀、魯、豫、晉、陝五省及蘇、皖、鄂、甘、寧、綏、察一部。	
鮮卑	燕	前燕	龍城 鄴	熱河朝陽 河南臨漳	慕容皝	4	六四（三〇七—三七〇）	前秦	冀、豫、魯、晉四省及蘇、皖、熱、察、遼、朝鮮一部。	
鮮卑	燕	後燕	中山 龍城	河北定縣 熱河朝陽	慕容垂	5	二六（三八四—四〇九）	北燕	冀、魯、晉、豫四省及皖、湘、察、熱、遼、朝鮮一部。	
鮮卑	燕	南燕	廣固	山東益都	慕容德	2	一三（三九八—四一〇）	東晉	魯省及豫、蘇一部。	
鮮卑	秦	西秦	宛川	甘肅靖遠	乞伏國仁	4	四七（三八五—四三一）	夏	甘、青、川各一部。	
鮮卑	涼	南涼	樂都	青海樂都	禿髮烏孤	3	一八（三九七—四一四）	西秦	甘、青各一部。	

氐	成	漢	成都	四川成都	李雄	5	四四（三〇四—三四七）	東晉	川省及康、滇、黔各一部。	即前蜀。
氐	秦	前秦	長安	陝西西安	苻健	7	四四（三五一—三九四）	西秦	冀、晉、魯、豫、陝、甘、川、黔八省及遼、蘇、皖、鄂、新五省各一部。	西元三八五年後國都不定。
氐	涼	後涼	姑臧	甘肅武威	呂光	4	一八（三八六—四〇三）	後秦	甘西北、寧、青、新各一部。	
羌	秦	後秦	長安	陝西西安	姚萇	3	三四（三八四—四一七）	東晉	陝、甘二省及豫、晉、寧、新各一部，鄂、川一小部。	
漢	涼	前涼	姑臧	甘肅武威	張駿	9	五三（三二四—三七六）	前秦	甘西北、寧、青、新各一部。	西元三〇一年張軌已據河西。
漢	涼	西涼	敦煌	甘肅敦煌	李暠	3	二一（四〇〇—四二〇）	北涼	甘西北部。	
漢	燕	北燕	龍城	熱河朝陽	馮跋	2	二七（四〇九—四三五）	北魏	冀東北及遼、熱、朝鮮各一部。	

三　北朝概況

中國學術思想與習俗之南北對立，雖始於春秋戰國，然於政治或軍事，則尚無對立跡象也。漢末，魏蜀吳三國鼎峙，亦非南北對立。西晉末，五胡紛擾，司馬睿拓業江南，似有南朝形勢，然當時中原與東北西北各地，皆群雄割據，各不相屬，不足以語為北朝也。迨東晉孝武帝太元十一年（西元三八六年）鮮卑人拓跋珪崛起塞北，建國號為魏，定都平城（山西大同），稱帝號，是為道武帝。至太武帝拓跋燾，滅北燕，降夏與北涼吐谷渾諸國，定江北諸地，於是北方歸一，十六國之時代結束。而晉將劉裕亦於元熙二年（西元四二〇年）篡晉自立，是曰宋，統治南方，南北朝長期對峙之局面於焉形成，至隋文帝統一南北（西元五八九年），歷時一百六十九年，史家稱之曰南

北朝時代。

魏太武帝數傳至孝文帝，遷都洛陽，酷慕華風，推行華化，自是魏人政教學術，多與華同。然只學中國之皮毛而已，於漢民族弘毅幽深執中重義之精神，則未之有得，故雖文物燦然，而國勢則開始步入衰運。此後數帝，皆以不振，內有胡后之亂，而孝明帝以毒死，外有六鎮之叛，而爾朱榮之禍成。榮本駐軍晉陽，至是以清君側爲名，進兵洛陽，殺胡太后及王公以下二千餘人，立孝莊帝。孝莊殺榮，而爲榮弟兆所弒。高歡等起兵討亂，立孝武帝，遂專擅朝政。孝武畏偪，西奔關中，依附鎮守長安之鮮卑人宇文泰，是爲西魏。高歡別立孝靜帝於鄴，是爲東魏。東西魏之分，卽自此始，時梁武帝大同元年（西元五三五年）也。北魏自太武帝統一北方以來，至是已九十四年，凡傳九主。

高歡執政十六年，與宇文泰相戰不已，互有勝負。及死，子洋篡位（西元五五〇年），國號齊，史稱北齊。高洋卽齊文宣帝，早年文治武功均有可觀，晚節則荒暴淫佚，國勢日衰，歷武成至後主，穆提婆和士開亂政，國益不國。會西魏已爲宇文氏所篡，改號周，至是出師東伐，北齊不支，遂亡。時陳宣帝太建九年（西元五七七年），北齊立國僅傳五主，歷二十八年而已。

宇文泰通達治理，執政二十三年，規畫頗多，勳猷懋著。子覺受魏禪（西元五五七年），國號周，史稱北周。宇文覺卽周孝閔帝，傳至武帝，英明果決，大振國政，東滅北齊，北方復合而爲一。經宣帝至靜帝，爲外戚漢人楊堅所篡，國遂以亡，時陳宣帝太建十三年（西元五八一年）。北周立國凡傳五主，歷時二十五年。

以上爲北朝朝代更易之大略，茲爲清晰計，表列於下：

㈣北朝變遷略表

朝代名		種族名	開國者稱號	開國者姓名	失國者稱號	失國者姓名	國都	起年	訖年	年數	年數小計	年數總計
北魏	元魏	鮮卑	道武帝	拓跋珪	孝武帝	拓跋修	平城 洛陽	386	534	149	172	196
	東魏	鮮卑	孝靜帝	拓跋善見	孝靜帝	拓跋善見	鄴	534	550	17		
	西魏	鮮卑	文帝	拓跋寶炬	恭帝	拓跋廓	長安	534	557	24		
北齊		漢鮮混合	文宣帝	高洋	幼主	高恆	鄴	550	577	28	28	
北周		鮮卑	孝閔帝	宇文覺	靜帝	宇文闡	長安	557	581	25	25	

備註：

㈠北魏又稱後魏，以別於曹魏。亦稱元魏，以北魏孝文帝改拓跋姓爲元故也。

㈡表列北朝年數總計一九六年，係自北魏道武帝建國起算，若自北魏太武帝統一北方，眞正與南朝對立起算，則僅一四三年耳。

四 胡族漢化

五胡諸族紛擾中國者，凡歷三百年有奇，我漢族武力雖或不逮，而文教則足以使彼心折，故雖勃興於一時，而終歸於同化，歷稽史乘，誠信而有徵。蓋五胡各族，散居邊陲，以游牧爲生，與原始人類生活狀況，無稍或異，其形貌、語言、飲食、服飾等，亦與華夏不同。自僭盜中原以後，覩漢族文物衣冠之盛，嚮慕之情，有不期然而然者。於是漸棄其陋俗，服華服，習華語，亦知崇尚儒術，醉心禮教，復與漢族通婚，因而形成民族之空前大混合，終則泯然於無形。此固我中華文化之積厚流光，如江海之無所不納，亦我漢民族之富於堅苦卓絕不屈不撓之精神，以及雍容大度廓然大公之胸懷，故不以一時爭戰之不競見其劣，正以終能同化異族見其優。先哲云：『進於中國則中國之』，要非漫言。

胡人同化於中國之文教者甚多，非一端所能盡也，玆述其要者。

(1)五胡君長多崇漢學　五胡各族只有語言，而無文字，其所設施議論，皆以漢文出之。蓋其君長如劉淵劉聰劉曜（皆匈奴族）、石勒（羯族）、慕容皝（鮮卑族）、苻堅（氐族）、姚興姚泓（皆羌族）以及北魏北齊北周諸帝皆酷慕漢學，所以期勖國人浸漬華風，變易舊習，以臻於聲明文物之邦也。由下列記事，可見一斑。

晉書劉元海載記：

幼好學，師事上黨崔游，習毛詩、京氏易、馬氏尙書，尤好春秋左氏傳、孫吳兵法，略皆誦之，史漢諸子，無不綜覽。

又劉聰載記：

幼而聰悟好學，博士朱紀大奇之。年十四，究通經史，兼綜百家之言，孫吳兵法靡不誦之。工草隸，善屬文，著述懷詩百餘篇，賦頌五十餘篇。

又劉曜載記：

讀書志於廣覽，不精思章句，善屬文，工草隸。尤好兵書，略能闇誦。

又石勒載記：

勒親臨大小學，考諸學生經義，尤高者賞帛有差。勒雅好文學，雖在軍旅，常令儒生讀史書而聽之，每以其意論古帝王善惡，朝賢儒士聽者莫不歸美焉。嘗使人讀漢書，聞酈食其勸立六國後，大驚曰：『此法當失，何得遂成天下。』至留侯諫，乃曰：『賴有此耳。』其天資英達如此。

又慕容皝載記：

尙經學，善天文。

又苻堅載記：

八歲，請師就家學。洪（苻洪）曰：『汝戎狄異類，世知飲酒，今乃求學邪。』欣而許之。……性至孝，博學多才藝。

又姚興載記：

與舍人梁喜洗馬范勖等講論經籍，不以兵難廢業，時人咸化之。……姜龕淳于岐郭高等皆耆儒碩德，經明行修。興每於聽政之暇，引龕等於東堂，講論道藝，錯綜名理。

魏書文苑傳序：

永嘉之後，天下分崩，夷狄交馳，文章殄滅。昭成太祖之世，網羅俊乂。逮高祖（即孝文帝）馭天，銳情文學，蓋以頡頏漢徹，掩踔曹丕，氣韻高豔，才藻獨構，衣冠仰止，咸慕新風。肅宗歷位，文雅大盛。

北史儒林傳序：

周文（即宇文泰）受命，雅重經典，求闕文於三古，得至理於千載，黜魏晉之制度，復姬旦之茂典。盧景宣學通群藝，修五禮之缺，長孫紹遠才稱洽聞，正六樂之壞。由是朝章漸備，學者嚮風。明皇纂歷，敦尚學藝，內有崇文之觀，外重成均之職。握素懷鉛，重席解頤之士，間出於朝廷，員冠方領，執經負笈之生，著錄於京邑。濟濟焉，足以踰於向時矣。

⑵五胡諸族競習中國語言　在五胡諸族中，學習中國語言最徹底，成效最顯著者，首推鮮卑族。北魏孝文帝於太和十九年（西元四九五年）下詔不得以鮮卑之語言於朝廷，違者免官（事見魏書高祖紀）。魏書咸陽王禧傳亦云：

高祖曰：『自上古以來及諸經籍，焉有不先正名而得行禮乎。今欲斷北語，一從正音。年三十以上，習性已久，容或不可卒革，三十以下，見在朝廷之人，語音不聽仍舊。若有故爲，當降爵黜官，各宜深戒。如此漸習，風化可新。』

其雷厲風行，於斯概見。故隋書經籍志云：

> 後魏初定中原，軍容號令，皆以夷語，後染華俗，多不能通，故錄其本言，相傳教習，謂之國語。

蓋積日既久，濡染遂深，寖假而混入華人之列矣。

(3)胡漢通婚　五胡各族與漢人通婚，亦以北魏孝文帝時最盛。孝文爲破除民族界限，鼓勵鮮卑人與漢族廣通婚姻，自納范陽盧敏、清河崔宗伯、滎陽鄭羲、太原王瓊、隴西李充等五姓士族女以充後宮。復爲六弟娶中原諸士族女，而使前妻爲妾媵，以資提倡。

> 高祖詔曰：『將以此年爲六弟娉室，長弟咸陽王禧可娉故潁川太守隴西李輔女，次弟河南王幹可娉故中散代郡穆明樂女，次弟廣陵王羽可娉滎陽鄭平城女，次弟潁川王雍可娉范陽盧神寶女，次弟始平王勰可娉隴西李充女，季弟北海王詳可娉滎陽鄭懿女。』（魏書咸陽王禧傳）

其汲汲改革之心，慕艷中邦女子之切，可謂勇矣。從此胡漢混淆，不可復辨，於民族之融合，貢獻甚大。

(4)改易姓氏　五胡各族入主中原後，競改複姓爲單姓，或逕改漢姓，而以華人自擬，實行最徹底者亦數北魏孝文帝。據資治通鑑所載，孝文於太和二十年（西元四九六年）詔謂祖先出於黃帝，以土德王，故爲拓跋氏（按北人謂土爲拓，后爲跋。），田土爲黃中之色，萬物之元，乃改國姓爲元，諸功臣舊族均改之，與漢姓同。又據魏書百官志所載。所改者凡一百十八氏，其中以八族爲最著，即丘穆陵氏改爲穆氏，步六孤氏改爲陸氏，賀賴氏改爲賀氏，獨孤氏改爲劉氏，賀樓氏改爲樓氏，勿忸于氏改爲于氏，紇奚氏改爲嵇氏，尉遲氏改爲尉氏。故唐書宰相世系表所著世系爲五胡之裔不少。通志氏族略云：

> 代北之人隨後魏遷南者，後魏獻帝爲之定姓。……孝文用夏變夷，革以華俗，改爲單字之姓。又孝文詔南遷者，死不得還，即葬洛陽。

此孝文蓄意同化於漢族之又一例證也。此外，如正祀典，置樂官，考牧守，頒新律，修古帝王聖賢之祀，親養老於明堂，遷都洛陽，禁民胡服，重用漢人爲政，求遺書，法度量，立國子太學，四門小學等，皆其犖犖較著者。蓋孝文見南朝禍亂相屬，陰有兼併之志，自以本國無文化，不足以統一中國，於是改良庶政，凡百事務，一概效法中國，績效孔彰，亦五胡中豪傑之士也。

第三節　戰亂相尋

大漢帝國至桓靈之世而解體，從此禹跡波蕩，海宇塵飛，中國陷入長時期之衰亂，內而同室操戈，篡奪相繼，外而戎狄交侵，兵燹匝地，生靈塗炭，亦云極矣。此長時期之混亂分裂，蓋始於漢獻帝建安元年（西元一九六），以迄隋文帝開皇九年（西元五八九年），歷時達三百九十三年（若自魏文帝黃初元年（西元二二〇年）開國起算則爲三六九年），與兩漢之統一，歷年相若。在此三百九十三年中，中央政府之眞正統一，嚴格言之，只有十一年（自晉武帝太康元年（西元二八〇年）滅吳起至晉惠帝元康元年（西元二九一年）賈后及八王之亂止），放寬言之，亦不過三十六年（自太康元年起至晉愍帝建興四年（西元三一六年）劉曜陷長安止），尚不及全時期十分之一也。故此一時期實中國最動亂，戰爭最頻繁之時期，歷稽往史，爲中國任何時代所未有，亦擧世所僅見者。錢穆氏云：『將本期（按即指魏晉南北朝）歷史與前期（秦漢）相較，前期以中央統一爲常態，以分崩割據爲變態。本期則以中央統一爲變態，而以分崩割據爲常態。』（國史大綱第十二章）誠的論也。

惟是戰爭與文化，相反而實相成，戰爭固足以破壞舊文化，亦能促進新文化之興起。楚漢爭霸，周秦舊有之文化被破壞，而產生兩漢大一統之新文化。三國數十年之戰亂，促使經濟社會之大變動，與學術思想之大解放，而長江流域之開發，亦直接蒙受其惠。五胡陵虐中原，又導致南北文化之交流，與漢胡民族之大融合，然後有隋唐大帝國之新文化出現。故佳兵雖云不祥，戰亂固人人所厭惡，然亦不能謂其毫無相對之意義與價值也。

魏晉南北朝時代戰爭之次數殊多，累千百萬言所不能盡，今茲所述，但擇其尤要者，其無關大局者則不與焉。

一　漢末至三國之戰亂

㈠黃巾暴動

東漢靈帝時，鉅鹿人張角組織太平道，一稱黃老道，自號賢良大師，以妖言授徒，並遣弟子四出傳道，十餘年間，有徒衆數十萬，徧於青、徐、幽、冀、荆、揚、兗、豫八州，訛言『蒼天已死，黃天當立。』遂蓄意作亂。中平初，其徒馬元義等謀起事，事泄，車裂於洛陽，角乃馳敕諸方，一時俱起，皆著黃巾為標幟，時人謂之黃巾賊，亦名蛾賊。殺人祀天，剽掠州郡，旬日之間，天下震動，為患十餘年，後為皇甫嵩朱儁等所平。

經歷此次暴動，國本益虛，民生日瘁，人民死於戰亂者，尤不可勝紀。

百姓歌曰：『天下大亂兮，市為墟，母不保子兮，妻失夫。』後漢書皇甫嵩傳

漢末，黃巾賊起，天下饑荒，人民相食。三國志王昶傳注引任暇別傳

而農民亦紛紛加入暴動，或被徵發以鎮壓暴動，因而導致社會秩序之破壞，與農村經濟之破產。後漢書劉陶傳云：

比年以來，良苗盡於蝗螟之口，杼柚空於公私之求，所急朝夕之餐，所患靡鹽之事。……當今地廣而不得耕，民衆而無所食，群小競進，秉國之位，鷹揚天下，烏鈔求飽，呑肌及骨，並噬無厭。誠恐卒

有役夫窮匠，起於板築之間，投斤攘臂，登高遠呼，使愁怨之民，響應雲合，八方分崩，中夏魚潰。

黃巾雖平，然餘衆出沒不絕，地方病之。當時以刺史權輕，無以鎭亂，乃從劉焉言，出朝廷重臣爲牧伯，於是州鎭權重，漸至朝廷不能控制，遂開群雄割據之局。

(二)董卓之亂

東漢少帝初立，何太后臨朝，時宦官擅勢，權傾朝野，大將軍何進謀召涼州牧董卓入京誅宦官，反爲宦官張讓等所殺。司隸校尉袁紹等擧兵攻入宮中，將宦官二千餘人全部屠戮，歷時百年之外戚宦官相爭局面至此結束。袁紹既誅宦官，董卓適時率兵抵洛陽，奪取朝權，自爲相國，廢少帝，弒何太后，立獻帝，淫亂兇暴，殘殺不辜，軍紀尤爲廢弛，大肆搜掠，使百姓飽受荼毒。袁紹乃號召東方州郡起兵討卓，卓挾帝遷都長安，自爲太師，益肆殘暴，有篡立意，司徒王允構其將呂布誅之。卓部李傕郭汜又殺王允，長安大亂，獻帝逃歸洛陽，旋爲曹操迎都許昌，王室已名存實亡。

董卓之亂，當時女詩人蔡琰有極悲痛之敍述，其悲憤詩云：

漢季失權柄，董卓亂天常，志欲圖篡弒，先害諸賢良。逼迫遷舊邦，擁主以自强，海內興義師，欲共討不祥。卓衆來東下，金甲耀日光，平土人脆弱，來兵皆胡羌。獵野圍城邑，所向悉破亡，斬截無孑遺，尸骸相撐拒，馬邊縣男頭，馬後載婦女。長驅西入關，迥路險且阻，還顧邈冥冥，肝脾爲爛腐。所略有萬計，不得令屯聚，或有骨肉俱，欲言不敢語。失意幾微間，輒言斃降虜，要當以亭刃，我曹不活汝。豈復惜性命，不堪其詈罵，或便加棰杖，毒痛參幷下。旦則號泣行，夜則悲吟坐，欲死不能得，欲生無一可。彼蒼者何辜，乃遭此厄禍。

蓋紀實也。在大亂中，遭受破壞最嚴重者，首推兩京。

是時洛中貴戚室第相望，金帛財產，家家殷積。卓縱放兵士，突其廬舍，淫略婦女，剽虜資物，謂之『搜牢』。人情崩恐，不保朝夕。及何后葬，開文陵，卓悉取藏中珍物。又姦亂公主，妻略宮人，虐刑濫罰，睚眦必死，群僚內外莫能自固。（後漢書董卓傳）

建安元年七月甲子，車駕至洛陽，幸中常侍趙忠宅。……是時宮室燒盡，百官披荊棘，依牆壁間，州郡各擁强兵，而委輸不至，群僚飢乏，尚書郎以下自出採稆，或飢死牆壁間，或為兵士所殺。（後漢書獻帝紀）

以上為洛陽殘破之情形，曹植嘗作詩哀之曰：

登彼北芒阪，遙望洛陽山，洛陽何寂寞，宮室盡燒焚。垣牆皆頓擗，荊棘上參天，不見舊耆老，但覩新少年。側足無行徑，荒疇不復田，遊子久不歸，不識陌與阡。中野何蕭條，千里無人煙，念我平常居，氣結不能言。（送應氏詩）

而長安之殘破，則視洛陽為尤甚。後漢書董卓傳云：

於是遷天子西都。初，長安遭赤眉之亂，宮室營寺焚滅無餘。是時惟有高廟京兆府舍，遂便時幸焉。後移未央宮。於是盡徙洛陽人數百萬口於長安，步騎驅蹙，更相蹈藉，饑餓寇掠，積尸盈路。卓自屯留畢圭苑中，悉燒宮廟官府居家，二百里內，無復孑遺。又使呂布發諸帝陵及公卿以下冢墓，收其珍寶。

又云：

時長安中盜賊不禁，白日虜掠，傕汜稠乃參分城內，各備其界。猶不能制，而其子弟縱橫，侵暴百姓。是時穀一斛五十萬，豆麥二十萬，人相食啖，白骨委積，臭穢滿路。

又云：

初，帝入關，三輔戶口尚數十萬，自傕汜相攻，天子東歸後，長安城空四十餘日，强者四散，羸者相食，二三年間，關中無復人跡。

若乃社會秩序之混亂，農業生產之銳減，以至人民之大量死於戰爭與飢餓，國家元氣之斲喪殆盡，尤足令人怵目驚心。李賢後漢書仲長統傳注云：

孝靈遭黃巾之亂，獻帝嬰董卓之禍，英雄棋峙，白骨膏野，兵亂相尋三十餘年，三方既寧，萬不存一也。

又三國志魏書武帝紀云：

建安七年春正月，公軍譙，令曰：『吾起義兵，爲天下除暴亂。舊土人民，死喪略盡，國中終日行，不見所識，使吾悽愴傷懷。』

而曹丕亦作翔實之追敍，其典論自敍云：

初平之元，董卓殺主鴆后，蕩覆王室。是時四海既困中平之政，兼惡卓之凶逆，家家思亂，人人自危。山東牧守，咸以春秋之義，衞人討州吁于濮，言人人皆得討賊。于是大興義兵，名豪大俠，富室强族，飄揚雲會，萬里相赴。兗豫之師戰于滎陽，河內之甲軍于孟津。卓遂遷大駕，西都長安。而山東大者連郡國，中者嬰城邑，小者聚阡陌，以還相吞滅。會黃巾盛于海岱，山寇暴于幷冀，乘勝轉攻，席卷而南。鄉邑望烟而奔，城郭覩塵而潰，百姓死亡，暴骨如莽。

㈢豪强互爭之亂

董卓亂後，王綱解紐，方輿分崩，四方州牧郡守各自爲謀，紛紛據地稱雄，其勢力較大者，不下十餘起，表列如左：

㈤東漢末年豪強割據大勢表

地名	原佔據者	後佔據者	滅之者
冀州	韓馥	袁紹	曹操
兗州	劉岱	曹操	
徐州	陶謙	劉備・呂布	曹操
揚州	袁術	袁術	曹操
遼東	公孫度	公孫度	
幽州	劉虞	公孫瓚	袁紹
江東	劉繇・王朗	孫策・孫權	
荊州	劉表	劉表	曹操
益州	劉焉・劉璋	劉焉・劉璋	劉備
涼州	韓遂・馬騰	韓遂・馬騰	曹操
交州	士燮	士燮	
漢中	張魯	張魯	曹操
豫州	劉備	劉備	
宛	張繡	張繡	曹操

其中袁紹、袁術、劉備、曹操、孫權、呂布、張魯等，皆有問津九鼎之心，席卷天下之意，以是干戈相屬，喋血盈野，莽莽神州，幾無一處乾淨土，而人民亦愈不聊生矣。其規模較大之戰役爲：

⑴漢獻帝初平四年（西元一九四年），曹操攻彭城，大敗陶謙兵，死者數萬，泗水爲之不流。

⑵漢獻帝建安三年（西元一九八年），曹操擊殺呂布於彭城，並屠之。

⑶建安五年（西元二〇〇年），曹操攻破袁紹於官渡，併有冀、靑、幽、并四州，奠定統一北方之基礎。

⑷建安十三年（西元二〇八年），曹操率大軍東下，孫權遣周瑜魯肅等與劉備迎擊於赤壁，大破之，三國鼎立之局於焉形成。

在此數十年之大動亂中，人民死亡之衆，流離之苦，實可推而知之。況彼時群雄，似以極力殺戮爲政策，人命微賤，曾雞犬之不若，觀三國志各列傳所載之『屠之』、『坑之』、『多所殘戮』等字眼，即可想見當時戰爭之殘酷，而民人相食之悲劇又復重演。

> 興平元年，太祖復征陶謙，拔五城，所過多所殘戮。（三國志魏武帝紀）

> 建安二十年三月，公西征張魯，至陳倉，將自武都入氐，氐王竇茂衆萬餘人，恃險不服，五月，公攻屠之。（同上）

> 自京師遭董卓之亂，人民流移東出，多依彭城間。遇太祖至，坑殺男女數萬口於泗水，水爲不流。陶謙帥其衆軍武原，太祖不得進。引軍從泗南攻取慮、睢陵、夏丘諸縣，皆屠之，雞犬亦盡，墟邑無復行人。（三國志荀彧傳注引曹瞞傳）

> 自遭荒亂，率乏糧穀。諸軍並起，無終歲之計，飢則寇略，飽則棄餘，瓦解流離，無敵自破者不可勝數。袁紹之在河北，軍人仰食桑椹。袁術在江淮，取給蒲蠃。民人相食，州里蕭條。（三國志魏武帝紀注引魏書）

於是人口銳減，歷久不復。陳群上疏魏明帝云：

今喪亂之後，人民至少，比漢文景之時，不過一大郡。三國志本傳

杜恕上疏魏文帝云：

今大魏奄有十州之地，而承喪亂之弊，計其戶口，不如往昔一州之民。三國志本傳

而山簡上疏晉懷帝亦云：

自初平之元，訖於建安之末，三十年中，萬姓流散，死亡略盡，斯亂之極也。晉書本傳

所言雖稍嫌誇大，然於事實當不致相去太遠也。

二　兩晉之戰亂

㈠賈后及八王之亂

晉武帝開國以後，懲於曹魏孤立亡國之失，乃大封宗室子弟於要地，冀爲屏藩，假以兵權，置吏治民，以郡爲國，凡二十有七。今舉其要者，臚列如次：

㈥晉初分封簡表

國名	人名	親屬	封地（今名）
汝南	司馬亮	武帝叔	河南東南部
楚	司馬瑋	武帝子	湖北中部
趙	司馬倫	武帝叔	河北西南部
齊	司馬冏	武帝姪	山東中部

長沙	司馬乂	武帝子	湖南北部
成都	司馬穎	武帝子	四川中部
河間	司馬顒	武帝姪	河北東南部
東海	司馬越	武帝姪	江蘇東北部

其後造成尾大不掉之勢，而皆爲禍胎，同室操戈，歷時達十六年自惠帝元康元年（西元二九一年）起至懷帝永嘉元年（西元三〇七年）止之久，茲分述之。

第一次　武帝卒，子惠帝繼立，癡騃昏愚爲歷史上所少見，而皇后賈南風之兇悍陰狠，淫妒險詐，亦所罕有，政權遂落入賈后之手。時楊駿輔政，勢傾內外，與賈后爭權。元康元年西元二九一年，惠帝賈后密詔楚王司馬瑋入朝誅駿，並弑太后，改以汝南王司馬亮輔政。不久賈后又聯合楚王殺汝南王，並乘機殺楚王。八王之亂，即自此始。

第二次　賈后無子，永康元年西元三〇〇年，以計廢殺太子遹，趙王司馬倫舉兵誅賈后，並滅其族，翌年僭位，以惠帝爲太上皇。

第三次　永寧元年西元三〇一年，齊王司馬冏與河間王司馬顒、成都王司馬穎起兵攻殺趙王，迎惠帝復位。

第四次　惠帝復位後，以齊王爲大司馬，齊王遂驕奢擅權，中外失望。太安元年西元三〇二年，成都王、河間王復結長沙王司馬乂襲殺齊王，同黨皆夷三族，死者二千餘人。

第五次　齊王死後，成都王在鄴遙執朝政，驕恣尤過於齊王，政事愈益廢弛。又忌長沙王在京師奉惠帝以禮，頗有才略，乃於太安二年西元三〇三年，與河間王發兵攻洛陽，雙方大戰，死傷枕藉。時東海王司馬越適在京，慮事不濟，因於永興元年（西元三〇四年）潛與禁軍將領執長沙王，開門迎外兵入，河間王部將張方遂炙殺長沙王。

第六次　長沙王既敗，成都王聲勢最大，惠帝為其所俘，旋幽州都督王浚、并州刺史司馬騰聯兵南下討成都王，成都王挾惠帝逃往長安，依河間王，洛陽劫掠一空。光熙元年（西元三〇六年），東海王聯合王浚攻入關中，消滅成都王與河間王，奉惠帝還洛陽，明年（西元三〇七年）東海王又弒惠帝，懷帝繼立，八王之亂結束，前後凡十六年。

經過此十餘年諸王之相互攻殺，國政廢弛，不可復振，自古宗室交鬨，為禍之烈，鮮有如西晉者，故八王之亂，實為中國盛衰之一大關鍵。晉書八王傳序云：

> 有晉思改覆車，復隆盤石，或出擁旄節，莅嶽牧之榮，入踐台階，居端揆之重。然而付託失所，授任乖方，政令不恒，賞罰斯濫。或有材而不任，或無罪而見誅，朝為伊周，夕為莽卓。機權失於上，禍亂作於下。楚趙諸王，相仍構釁，徒興晉陽之甲，竟匪勤王之師。始則為身擇利，利未加而害及，初迺無心憂國，國非憂而奚拯。遂使昭陽興廢，有甚弈棋，乘輿幽縶，更同羑里。胡羯陵侮，宗廟丘墟，良可悲也。

又云：

> 西晉之政亂朝危，雖由時主，然而煽其風，速其禍者，咎在八王。

而匈奴酋豪劉宣亦云：

> 昔我先人與漢約為兄弟，憂泰同之。自漢亡以來，魏晉代興，我單于雖有虛號，無復尺土之業，自諸王侯，降同編戶。今司馬氏骨肉相殘，四海鼎沸，興邦復業，此其時矣。（晉書劉元海載記）

足證五胡亂華，皆由八王之亂有以致之。

㈡永嘉及建興之亂

晉世因家族紛爭，法弛俗敝，邊事不修，而士習又喜清談，不務實際，其影響遂及於外界，而發生懷愍二帝先後蒙塵之慘禍。

懷帝永嘉五年（西元三一一年），匈奴主劉曜遣石勒王彌入寇，晉太傅東海王司馬越率甲士四萬討之，爲石勒所敗，勒遂乘勝陷洛陽，因執懷帝，尋弒之。時太子業即位於長安，是爲愍帝。劉曜統兵屢攻長安，建興四年（西元三一六年），遂爲所陷，愍帝降，西晉亡。

永嘉建興之動亂，除直接促使晉祚覆亡外，所予社會與經濟之打擊至巨，語其大者，約有三端。

⑴文化中心之毀滅　錢穆國史大綱云：『兩漢統一時期，代表中國政治中心而兼文化中心的地點有兩個，一是長安，一是洛陽。長安代表的是中國東西部之結合，首都居在最前線，領導著全國國力，向外發展的一種形勢。洛陽代表的是中國的穩靜狀態，南北部的融洽，首都居在中央，全國國力自由伸舒的一種和平形態。』洛陽與長安固爲漢之政治文化中心，亦爲西晉之政治文化中心也，惟經喪亂以後，幾成荒土，歷時百年，始漸復元。晉書王彌傳云：

彌後與曜（劉曜）寇襄城，遂逼京師。時京邑大饑，人相食，百姓流亡，公卿奔河陰。曜彌等遂陷宮城，至太極前殿，縱兵大掠。幽帝於端門，逼辱羊皇后，殺皇太子詮，發掘陵墓，焚燒宮廟，城府蕩盡，百官及男女遇害者三萬餘人，遂遷帝於平陽。彌之掠也，曜禁之，彌不從，曜斬其牙門王延以徇，彌怒，與曜阻兵相攻。

又劉曜載記云：

舊都宮室，咸成茂草，墜露沾衣，行人灑淚。

而華延儁洛陽記言之尤詳：

洛陽城內宮殿臺觀府藏寺舍，凡百一萬一千二百一十九門，自劉曜入洛，元帝渡江，官署里閭，鞠爲茂草。吳士鑑晉書斠注地理志引

其荒涼殘破之狀，可以想見。故穆帝永和十二年西元三五六年桓溫北伐，收復洛陽，議請移都，而爲孫綽所反對，綽所持理由爲：

自喪亂以來，六十餘年，蒼生殄滅，百不遺一，河洛丘虛，函夏蕭條，井堙木刊，阡陌夷滅，生理茫茫，永無依歸。

至長安之凋殘毀滅，亦復如是。晉書愍帝紀云：

建興四年秋八月，劉曜逼京師，內外斷絕。……麴允與公卿守長安小城以自固。……冬十月，京師饑甚，米斗金二兩，人相食，死者大半。太倉有麴數十𩟄，麴允屑爲粥以供帝，至是復盡。

雖貴爲天子，亦僅能以粥餬口，其他可知。又云：

永嘉之亂，天下崩離，長安城中，戶不盈百，牆宇頹毀，蒿棘成林。朝廷無車馬章服，唯桑版署號而已。

晉書食貨志所載『懷帝爲劉曜所圍，王師累敗，府帑既竭，百官飢甚，比屋不見火煙，飢人自相啖食』之慘狀，不意四年後復現於長安，亦云酷矣。

⑵人口之銳減　戰時人口，一方面直接受兵災之蹂躪，他方面又飽嘗戰爭所引起之饑荒與疾疫，數量當然大減。此事晉書記載甚多：

及惠帝之後，政教陵夷，至於永嘉，喪亂彌甚。雍州以東，人多飢乏，更相鬻賣，奔迸流移，不可勝數。幽、幷、司、冀、秦、雍六州大蝗，草木及牛馬毛皆盡。又大疾疫，兼以饑饉，百姓又爲寇賊所殺，流尸滿河，白骨蔽野。劉曜之逼，朝廷議欲遷都倉垣，人多相食，饑疫總至，百官流亡者十八

九。（食貨志）

自永嘉喪亂，百姓流亡，中原蕭條，千里無煙，飢寒流隕，相繼溝壑。（慕容皝載記）

臣自涉州疆，目覩困乏，流移四散，十不存二，攜老扶弱，不絕於路。及其在者，鬻賣妻子，生相捐棄，死亡委危，白骨橫野，哀呼之聲，感傷和氣。群胡數萬，周帀四山，動足遇掠，開目覩寇。（劉琨傳）

劉琨所敍，無異一幅難民流亡圖也。

(3)土地城郭之荒蕪　由於人口銳減，從事生產者自亦隨之銳減，土地遂任其荒蕪。加以烽火漫天，兵燹匝地，都城橫遭破壞，固所難免。晉書孫綽傳載綽上疏陳移都洛陽之弊云：

懷愍不建，淪胥秦京，遂令胡戎交侵，神州絕綱，土崩之釁，誠由道喪。然中夏蕩蕩，一時橫流，百郡千城曾無完郛者。

中原寥落，城郭丘墟，令人怵目驚心矣。

㈢淝水之戰

東晉孝武帝太元八年（西元三八三年），秦王苻堅大舉南侵，步騎八十餘萬，東西萬里，水陸齊進，前軍至淝水（安徽壽縣東），晉宰相謝安遣謝石謝玄等率兵八萬禦之，大破秦軍，秦軍潰散，自相蹈藉，死者及被俘者達七十餘萬，苻堅僅以身免。

此一戰役實爲漢胡民族存亡關頭，幸東晉大獲全勝，乃得偏安江左。

㈣强藩之亂

(1)王敦之亂　元帝時，王導爲相，王敦（導之從兄）爲將，威望日隆，時人有『王與馬，共天下』之語。後帝欲奪敦權，敦遂反，永昌元年（西元三二二年），自武昌擧兵東下，攻入京師，誅戮大臣，帝憂憤而卒。明帝繼立，命溫嶠討之，敦適病死，其餘衆爲蘇峻所平。（事詳晉書王敦傳）

(2)蘇峻之亂　蘇峻以平王敦之亂有功，加封冠軍將軍，成帝時聲威漸著，有異志，帝召爲大司農，峻疑懼，遂舉兵反，咸和二年（西元三二七年）陷姑孰，翌年續陷建康，大肆屠掠，遷帝於石頭，溫嶠庾亮陶侃合兵平之。（事詳晉書庾亮傳）

(3)桓玄之亂　安帝時，桓玄（溫子）都督荆江等八州軍事，並刺荆江二州，聲勢極盛，元興元年（西元四〇二年），舉兵反，直犯京師，迫帝禪位，建國號大楚，驕奢侈肆，四海鼎沸，劉裕劉毅等舉兵討之，玄敗走漢中，益州刺史毛據斬之於江陵。（事詳晉書桓玄傳）

(五)北伐之師

東晉偏安江左，時以恢復中原爲念，百年之間，北伐凡十三次，不爲不多矣。顧其始終不能成功者，厥有二因：一曰東晉君主多昏庸或幼弱，或不永年，不能有大作爲，故無收復失土之能力。二曰東晉大臣多跋扈或叛逆，中央政府實權或爲權臣所操縱，或雖不在權臣手，而執政者常須分出一大部分精力以對付强藩，或受强藩掣肘，不能用全副精神對外，此其所以師老無功也。茲將十三次北伐概況列表如次：

(七)東晉北伐表

次數	主將姓名	時間 中國紀元	時間 西元	目的	戰績	結果
一	祖逖	元帝建武元年	317	伐後趙	破石勒兵，恢復黃河以南地。	逖卒後，弟約嗣職，河南復爲後趙所陷。
二	庾亮	成帝咸康五年	339	伐後趙	無功	
三	庾翼	康帝建元元年	343	伐後趙	無功	

四	桓溫	穆帝永和三年	347	伐前蜀	滅前蜀，恢復四川，盡有長江流域。	
五	褚裒	穆帝永和五年	349	伐後趙	大敗於代陂，狼狽退還。	
六	殷浩	穆帝永和九年	353	經略中原	爲前秦主苻健所敗。	激叛姚襄，爲桓溫奏免官。
七	桓溫	穆帝永和十年	354	伐前秦	大敗前秦兵於藍田。	以食盡而還。
八	桓溫	穆帝永和十二年	356	伐姚襄	大敗襄兵於伊水，收復洛陽。	
九	桓溫	廢帝太和四年	369	伐前燕	屢敗前燕兵，進至枋頭。	以運糧不繼，敗歸。
一〇	謝玄	孝武帝太元九年	384	伐前秦	前秦奉書請降，收復山東河南。	
一一	楊亮	孝武帝太元十年	385	伐前秦	破前秦兵，收復梁益二州及陝西漢中道。	
一二	劉裕	安帝義熙六年	410	伐南燕	滅南燕，恢復山東，並西平後蜀。	
一三	劉裕	安帝義熙十二年	416	伐後秦	克復洛陽長安，滅後秦，西秦及西涼請降。	裕以急於東歸受禪，遂再失關中河洛山東之地。

三　南朝之內亂

西晉覆亡以後，漢族文化移於江南，惟江南之武力，遠不及北方。又國多內亂，强臣大盜接踵而起，鬩牆之禍層出不窮，無暇一意對外，東晉南朝所以終不能恢復中原者以此。

南朝立國一百六十九年，江山易姓者四次，君主更迭者二十四次，其間得善終者不及半數，臣弒其君者有之，子弒其父者有之，弟弒其兄者有之，奸淫烝報，習爲故常，朝廷之上與宮闈之間，內情多不堪聞問，其混亂情勢，蓋視西晉爲尤甚。惟西晉之內亂，導致永嘉之慘禍，漢胡南北對峙因以形成，其關係甚鉅。而南朝之內亂，則關係於中國者輕，故治史者多不重視，然固南朝之大事也。爰爲列表說明如下：

㈧南朝內亂表

朝代名	內亂事蹟	主謀者	時間 中國紀元	時間 西元	結果
宋	少帝義府被弒	徐羨之·傅亮·謝晦	文帝元嘉元年	424	文帝即位，誅徐羨之傅亮，討滅謝晦。
	彭城王義康專政	劉斌·劉湛	文帝元嘉十七年	440	黜義康，收誅劉斌劉湛。
	孔熙先謀反	孔熙先	文帝元嘉二十二年	445	事洩伏誅，並廢義康爲庶人，殺范曄謝綜。
	文帝被弒	太子劭·始興王濬	文帝元嘉三十年	453	武陵王駿舉兵討誅之，國人立駿。
	晉安王子勛舉義	鄧琬	明帝泰始元年	465	前廢帝子業被弒，子勛被殺，武帝子孫百餘人死於非命者達十之七八。
	沈攸之舉義	袁粲·劉秉	順帝昇明元年	477	沈攸之兵敗自殺，袁粲劉秉被殺，宋亡。

齊	廢帝昭業被弑	西昌侯蕭鸞	明帝建武元年	494	鸞弑廢帝後，改立新安王昭文，復廢之而自立，是爲明帝。
	王敬則叛國	王敬則	明帝永泰元年	498	兵敗被殺。
	始安王遙光謀反	蕭遙光	東昏侯永元元年	499	兵敗被殺。
	陳顯達舉兵	陳顯達	東昏侯永元元年	499	兵敗被殺。
	崔慧景舉兵	崔慧景	東昏侯永元二年	500	兵敗被殺。
	蕭衍舉兵	蕭衍	東昏侯永元二年	500	蕭衍率兵東下，直逼建康，和帝即位，爲衍所廢，齊亡。
梁	侯景叛變	侯景	武帝太清二年	548	景攻入建康，武帝憤死，簡文帝立，爲景所殺，後爲元帝所平。
	武陵王紀稱帝	蕭紀	元帝承聖二年	553	兵敗被殺。
	岳陽王詧通敵	蕭詧	元帝承聖三年	554	西魏陷江陵，殺元帝，立詧爲梁王，梁王旋稱帝，是爲後梁。
	陳霸先專政	陳霸先	敬帝紹泰元年	555	霸先殺王僧辯，立敬帝於建康，翌年廢之而自立，梁亡。
陳	廢帝伯宗被廢	陳頊	廢帝光大二年	568	頊廢伯宗爲臨海王，殺劉師知，自行即位，是爲宣帝。

四　南北朝之交戰

北方自北魏太武帝拓跋燾嗣位（宋廢帝景平元年西元四二三年）後，即積極整軍經武，任崔浩為撫軍大將軍，漸次蠶食江北，且有進窺南朝，統一中國之志。當劉宋內亂時代，一舉而下河南，再舉而定山東。宋齊更迭之際，略取淮北，虎視淮南。齊梁禪代之交，又攻拔義陽三關，進逼漢水流域，西取漢中，兵臨長江上流流域。梁陳遞嬗之頃，魏室內亂，中分為二，而武力之强，猶在南朝以上。西魏略取四川雲南湖北，以後梁為保護國，與陳分據長江上流中流流域。東魏略取江北淮南，與陳分據長江下流流域，故南朝幅員，以陳為最小。

在南北對立之一百餘年中，大小戰役，不可勝數，玆舉其重要者略述之。

㈠瓜步之役

宋初國力，南朝稱最，魏頗憚之，其後篡奪迭起，干戈相屬，乃漸衰替，關中地區，又復淪喪。永嘉七年（西元四三〇年），文帝遣檀道濟北伐，稍獲小勝。二十七年（西元四五〇年）復遣王玄謨北伐，魏人反攻，太武帝南抵瓜步（山名，在江蘇六合縣。），臨江欲渡，京師震動，雖卒未得逞，而淮北自是入魏。

㈡壽陽之役

齊明帝建武元年（西元四九四年），北魏乘齊內亂，大舉南犯，孝文帝自將大軍三十萬至壽陽（安徽壽縣），齊遣大將崔慧景拒之，魏軍無功而退。東昏侯永元二年（西元五〇〇年），南兗州刺史裴叔業以壽陽降魏，齊遣陳伯之往討，為魏所敗，南朝疆土，至是益蹙。

㈢淮堰之役

梁武帝卽位，圖恢復失地，用魏人王足計，築淮堰以灌壽陽，長九里，高二十丈，列營其上，水漲堰壞，民多漂死，會北魏內亂，梁人乘之，始克壽陽。

南北對峙，兵力雖北强於南，然歷次戰役，則大率由南朝發動。蓋北朝居地，原為南朝舊土，收復失地，實南朝惟一職志，故非遇闇弱之君臣，皆未能忘情於北伐。然而朝代更易，有如弈棋，骨肉相殘，喋血盈野，內部不靖，何有攘外，故常師出無功，而卒爲自北朝演化之楊隋所統一。

五　結語

南北長期對立之際，雙方君主因厭惡戰亂而遣使議和者，爲數甚夥。南齊書魏虜傳云：

宋明帝末年，始與虜和好。

又孔稚珪傳云：

稚珪以虜連歲南侵，征役不息，百姓死傷，乃上表曰：『匈奴爲患，自古而然，雖三代智勇，兩漢權奇，算略之要，二塗而已。一則鐵馬風馳，奮威沙漠，二則輕車出使，通驛虜庭。』

而周書庾信傳亦云：

時陳氏與朝廷通好，南北流寓之士，各許還其舊國。

顧以彼此偏見難除，互相猜忌，遂致徒勞往返，不見效果，惟民間感情則甚融洽。北史李諧傳：

既南北通好，務以俊乂相矜，銜命接客，必盡一時之選，無才地者不得與焉。梁使每入，鄴下爲之傾動，貴勝子弟盛飾聚觀，禮贈優渥，館門成市。宴日，齊文襄使左右覘之，賓司一言制勝，文襄爲之拊掌。魏使至梁，亦如梁使至魏，梁武親與談說，甚相愛重。

可見南北官民均渴望和平之早日降臨也。

第二章　魏晉南北朝文學概貌

第一節　魏晉南北朝文學總敘

欲探究一代之文學思想，必先了解當代文學之概貌，否則思想無所附麗，則探討之功爲虛費矣。蓋文學思想與文學作品爲一物之表裏，其表面爲文學作品，其裏面則文學思想也。兩者相互依附，不可分離，必須透過其表面，而裏面之全貌始能顯現無遺。又文學思想之主幹爲文學理論或文學批評，文學批評之於文學作品，則猶一物之兩面，一則爲破壞之工作，一則爲建設之成果。惟破壞之目的，仍在建設，無建設則破壞工作爲無的放矢，無破壞則建設工作將停滯不前。故欲深究魏晉南北朝之文學思想，必先考察其文學之成果。

魏晉南北朝乃文學覺醒之時代，亦文學獨立之時代也，前乎此者爲兩漢，文學多爲儒學之附庸，載道之工具，文士或同俳優，而無崇高的地位。自曹丕揭櫫文章乃『經國之大業，不朽之盛事』以後，文學驟然脫離儒學而獨立，以附庸蔚爲大國。自是詞人雲興，才士間出，雖干戈擾攘，戎狄交侵，猶不廢吟詠，埋頭著述。於是五色相宣，八音朗暢，事出沈思，義歸翰藻之詩文遂風靡天下，在中國文壇上吐放萬丈光芒，造成唯美文學之全盛，振鑠千古，爭光日月，故謚爲中國之文藝復興（Renaissance），非過譽也。

在此三百八十餘年中，作家之多，作品之富且美，若江海然，非一二瓠瓢所能探測也。爰參稽各書，述其概略。

一　魏代文學

魏代文學，以建安時期西元一九六年至二二〇年為最盛，建安雖為漢獻帝年號，惟其時政綱解紐，大權旁落於曹氏，文壇盟主，亦為曹氏父子。又如鄴下諸子，除孔融外，均為曹家幕客，故古今文家均以建安屬諸魏代。

建安年間，曹操以曠世之雄，於戎馬倥傯之中，篤愛文學，設天網以該天下之英髦，頓八紘以掩四海之碩彥，益以二公子丕植之博學高才，弘獎風流，不遺餘力，風氣所播，一時四方豪俊，遂輻湊鄴下，共同致力於文學之藝術美的發展。故建安時代乃中國中古文學之總樞紐——上承兩漢載道文學之遺風，下啓六朝唯美文學之機運，曹家三傑推轂之功，不可沒也。文心雕龍時序篇云：

自獻帝播遷，文學蓬轉，建安之末，區宇方輯。魏武以相王之尊，雅愛詩章，文帝以副君之重，妙善辭賦，陳思以公子之豪，下筆琳瑯，並體貌英逸，故俊才雲蒸。

建安文學，除曹氏父子外，當推鄴下七子，而孔融實有以先之，融文章淹雅，麗辭紛綸，蓋結兩漢之局，而開六朝之派者也。徐幹少無宦情，有箕山之志，故文多素樸，雖時有齊氣，而玄猿、漏卮、團扇諸賦，雖張衡蔡邕不能過也，著中論二十五篇，成一家言。王粲遭世亂離，流寓荊楚，初征、登樓、征思各篇，流連哀思，直仿楚騷遺調。陳琳章表殊健，腴而得峭，駿而能婉。阮瑀書記翩翩，疏宕雋爽，曲而能肆。應瑒流離世故，頗有飄零之歎，故其文和而不壯。劉楨才情卓越，文最有力，然多壯而不密。此外尚有繁欽、應瑒、左延年，皆擅於樂府民歌，而楊修、吳質、路粹、丁廙、丁儀、繆襲等，莫不妙麗婉曲，有聲於時。下逮正始年間，何宴王弼二子，潛心經典，娛志老莊，所作率以立意爲宗，非以能文爲本。竹林七賢中則以阮籍嵇康二人爲高，所作詩文，絕去雕飾，而氣格清迴，意度閒遠。曹魏文人之擅高名者，約盡於此。劉勰文心雕龍於各家才調論述綦詳，迻錄其詞如下：

仲宣委質於漢南，孔璋歸命於河北，偉長從宦於青土，公幹徇質於海隅，德璉綜其斐然之思，元瑜展其翩翩之樂。文蔚休伯之儔，于叔德祖之侶，傲雅觴豆之前，雍容衽席之上，灑筆以成酣歌，和墨以藉談笑，觀其時文，雅好慷慨。良由世積亂離，風衰俗怨，並志深而筆長，故梗概而多氣也。至明帝纂戎，制詩度曲，徵篇章之士，置崇文之觀，何劉群才，迭相照耀。少主相仍，唯高貴英雅，顧盼合章，動言成論。於時正始餘風，篇體輕澹，而嵇阮應繆，並馳文路矣。時序篇

仲宣溢才，捷而能密，文多兼善，辭少瑕累，摘其詩賦，則七子之冠冕乎。琳瑀以符檄擅聲，徐幹以賦論標美。劉楨情高以會采，應瑒學優以得文。路粹楊修，頗懷筆記之工，丁儀邯鄲，亦含論述之美，有足算焉。劉邵趙都，能攀於前修，何晏景福，克光於後進。休璉風情，則百壹標其志，吉甫文理，則臨丹成其采。嵇康師心以遣論，阮籍使氣以命詩，殊聲而合響，異翮而同飛。才略篇

至於東吳蜀漢，以地理關係，文風不逮曹魏遠甚，其以經術擅場者有之如虞翻陸績，以著述見稱者有之如韋昭薛綜，以政事見長者亦有之如諸葛亮，獨以詩賦名家者則未之或覯也。

二　西晉文學

西晉之世，統一小康之局僅歷二十餘年，在此二十餘年中，語其文風，要以太康年間（西元二八〇年至二八九年）爲最盛，而詩人之多，亦遠邁前朝，鍾嶸以三張二陸兩潘一左爲其代表。

太康中，三張二陸兩潘一左，勃爾復興，踵武前王，風流未沫，亦文章之中興也。（詩品序）

三張卽張載張協張亢兄弟，才情相埒，所作詩文，皆詞采葱蒨，音韻鏗鏘，可謂各擅勝場，難分軒輊。惟論者多以協才爲最高，過於乃兄，尤勝乃弟（如鍾嶸詩品列協詩於上品，載詩於下品。），其或然歟。二陸卽陸機陸雲兄弟，機天才秀逸，辭藻宏麗，張華見其文，謂之曰：『人之爲文，常恨才少，而子更患其多。』雲與機齊名，雖詩文不及機，而持論過之。兩潘卽潘岳潘尼叔姪，岳所作詩賦大抵辭氣淸綺，情韻淒婉，學者稱爲抒情高手。尼文采高麗，辭旨艷發，亦堪方駕安仁，惟聲華不若安仁之著耳。一左卽左思，思胸次高曠，筆力雄邁，陶冶漢魏，自鑄偉辭，固是一代作手。

西晉文家，固不止上擧數人，其中特秀而列入晉書文苑傳者尚有應貞、成公綏、趙至、鄒湛、棗據、褚陶、王沈、張翰、庾闡、曹毗等。未列入文苑傳者則有張華、傅玄、傅咸、束皙、何劭、曹攄、王讚、孫楚、左芬等。觀其所作，類皆縟旨星稠，繁文綺合，誠如陸機所謂『其爲物也多姿，其爲體也屢遷，其會意也尚巧，其遣詞也貴妍，曁音聲之迭代，若五色之相宣』者也。晉書及文心雕龍均有極扼要之敍述，茲迻錄之，以見中朝諸彥揚葩振藻之一斑。

晉書文苑傳序：

及金行纂極，文雅斯盛，張載擅銘山之美，陸機挺焚研之奇，潘夏連輝，頡頏名輩，並綜採繁縟，杼軸清英，窮廣內之青編，緝平臺之麗曲，嘉聲茂迹，陳諸別傳。至於吉甫太沖，江右之才傑，曹毗庾闡，中興之時秀，信乃金相玉潤，野會川沖，埒美前修，垂裕來葉。

文心雕龍時序篇：

逮晉元始基，景文克構，並跡沈儒雅，而務深方術，至武帝惟新，承平受命，而膠序篇章，弗簡皇慮。降及懷愍，綴旒而已。然晉雖不文，人才實盛，茂先搖筆而散珠，太沖動墨而橫錦，岳湛曜聯璧之華，機雲標二俊之采，應傅三張之徒，孫摯成公之屬，並結藻清英，流韻綺靡，前史以爲運涉季世，人未盡才，誠哉斯談，可爲歎息。

又才略篇：

張華短章，奕奕清暢，其鷦鷯寓意，卽韓非之說難也。左思奇才，業深覃思，盡銳於三都，拔萃於詠史，無遺力矣。潘岳敏給，辭自和暢，鍾美於西征，賈餘於哀誄，非自外也。陸機才欲窺深，辭務索廣，故思能入巧，而不制繁。士龍朗練，以識檢亂，故能布采鮮淨，敏於短章。孫楚綴思，每直置以疏通，摯虞述懷，必循規以溫雅，其品藻流別，有條理焉。傅玄篇章，義多規鏡，長虞筆奏，世執剛中，並楨幹之實才，非群華之韡蕚也。成公子安選賦而時美，夏侯孝若具體而皆微，曹攄清靡於長篇，季鷹辨切於短韻，各其善也。孟陽景陽，才綺而相埒，可謂魯衛之政，兄弟之文也。

三　東晉文學

自中州板蕩，五馬南奔，國勢陵夷，一蹶不振，北伐之願既灰，偏安之局遂定。且自永嘉以來，王衍樂廣大扇玄風，士流景慕，遂以嗜酒任誕爲賢，拘謹守禮爲恥。故此一時期之作者，非痛心於國破家毀，以慷慨悲歌鳴其不平，即消極的追蹤於虛無飄渺的神仙理想界中，以寄託其伊鬱困頓之思。前者以劉琨盧諶爲魁率，後者以郭璞孫綽稱巨擘，建安以降閎美凝鍊之風，遂一變而爲質率自然之氣。劉勰嘗扼要論述此一階段文壇之概況云：

> 元皇中興，披文建學，劉刁禮吏而寵榮，景純文敏而優擢。逮明帝秉哲，雅好文會，升儲御極，孳孳講藝，練情於誥策，振采於辭賦，庾以筆才逾親，溫以文思益厚，揄揚風流，亦彼時之漢武也。及成康促齡，穆哀短祚，簡文勃興，淵乎清峻，微言精理，函滿玄席，澹思濃采，時灑文囿。至孝武不嗣，安恭已矣，其文史則有袁殷之曹，孫干之輩，雖才或淺深，珪璋足用。自中朝貴玄，江左稱盛，因談餘氣，流成文體。是以世極迍邅，而辭意夷泰，詩必柱下之旨歸，賦乃漆園之義疏。故知文變染乎世情，興廢繫乎時序，原始以要終，雖百世可知也。（文心雕龍時序篇）

鍾嶸詩品序亦云：

> 永嘉時，貴黃老，稍尚虛談，於時篇什，理過其辭，淡乎寡味。爰及江表，微波尚傳，孫綽許詢桓庾諸公，詩皆平典似道德論，建安風力盡矣。先是郭景純用儁上之才，變創其體，劉越石仗清剛之氣，贊成厥美，然彼衆我寡，未能動俗。

觀二氏所論，知東晉文風，大都偏尚老莊，遒麗之辭，寂然無聞，雖劉琨郭璞之高才，號稱中興之傑，亦不能轉移風氣也。抑有進者，此時佛學勃然大盛，沙門支遁法深道安等人，並善吟詠，往往以佛理入詩，一時文人如殷浩孫綽許詢謝尚之倫，均慕而效之，於是玄風彌漫之文學界，又參入禪味矣。檀道鸞續晉陽秋云：

> 正始中，王弼何晏好老莊玄勝之談，而世遂貴焉。至過江，佛理尤盛，故郭璞五言始會合道家之言而韻之。詢（許詢）及太原孫綽轉相祖尚，又加以釋氏三世（按三世謂過去現在未來）之辭，而詩騷之體盡矣。詢綽並為一時文宗，自此作者悉體之。

此種文壇上之特殊現象，歷時甚久，直至義熙，殷仲文謝混斐然繼作，風氣始變。故沈約云：『仲文始革孫許之風，叔源大變太元之氣。』（宋書謝靈運傳論）惟仲文玄氣，猶未盡除，叔源情新，篇什絕少，故鍾嶸品詩，皆未列之於上科。逮乎末葉，陶潛踵興，乃徹底掃除前習，開創田園文學。其田園諸作，純任天機，一主自然，麗而不縟，淡而能旨，於清遠閒逸之中，寓淵深樸茂之氣，洗盡鉛華，還我初服矣。

東晉文士，大略已如上述，其他史册所載，馳文譽於當世者，若李充、伏滔、羅含、顧愷之、王羲之、郭澄之輩，以至閨秀蘇蕙謝道韞等，皆有詩文傳世，玆不備述。

四　宋代文學

劉宋一代，雖國祚淺短，而文風極盛，尤以文帝元嘉三十年間（西元四二四年至四五三年），物阜民安，講誦相聞，自建安以來，號昇平之世。緣是吟詠滋繁，作家輩出，而文學至此，亦幡然一變，詩則於律漸開，文則於排益甚，質直之貌寖衰，綺麗之辭日著，是江左唯美文學風行之開端，亦駢文全盛之起步也。文心雕龍明詩篇云：

> 宋初文詠，體有因革，莊老告退，而山水方滋。儷采百字之偶，爭價一句之奇，情必極貌以寫物，辭必窮力而追新，此近世之所競也。

此雖就詩立言，而文章之內容，亦庶幾焉。當時作者甚多，陵駕前代，君王皇族如文帝、孝武帝、臨川王劉義慶、江夏王劉義恭諸人，俱有文采，著述繁富。才士如傅亮、何長瑜、何承天、顏延之、謝靈運、謝惠連、沈懷文、王誕、王微、張敷、張暢、袁淑、王僧達、范曄、鮑照、謝莊、湯惠休諸人，各以詩文飲譽一代。故文心雕龍時序篇云：

> 自宋武愛文，文帝彬雅，秉文之德，孝武多才，英采雲搆，自明帝以下，文理替矣。爾其縉紳之林，霞蔚而飆起，王袁聯宗以龍章，顏謝重葉以鳳采，何范張沈之徒，亦不可勝也。

在上述各家中，以謝靈運顏延之鮑照三人最傑出，作品亦最美，世稱元嘉三大家。靈運以江左貴族，入仕新朝，意殊不自愜，遂乃縱情山水，棲心象外，故其集中多遊覽行旅之作，感時傷己之篇。其刻畫山水，獨具會心，善用客觀手法描述自然實境，爲我國山水詩之開山祖，一掃當代文壇『理過其辭，淡乎寡味』之玄風，而以清詞麗句再現自然之形象美，與陶潛同爲歌詠自然之大詩人。惟陶之對於自然也以主觀，而縱往自得，所長在眞在厚。謝之對於自然也以客觀，而蓄意追琢，所長在新在俊。若純就藝術眼光觀之，謝之才情工力，當在陶上，此鍾嶸所以尊靈運爲上科，而淵明則處之中品歟。延之與靈運齊名，詩雖不逮，文則過之，所作體裁綺密，情韻淵永，一字一句皆加意鍾鍊，使達於無可移易而後已，故較之靈運少自然靈動之美。沈約宋書謝靈運傳論云：

爰逮宋氏，顏謝騰聲，靈運之興會標擧，延年之體裁明密，並方軌前秀，垂範後昆。

而鍾嶸詩品序亦云：

元嘉中，有謝靈運，才高詞盛，富艷難蹤，固已含跨劉郭，陵轢潘左。故知陳思爲建安之傑，公幹仲宣爲輔。陸機爲太康之英，安仁景陽爲輔。謝客爲元嘉之雄，顏延年爲輔。斯皆五言之冠冕，文詞之命世也。

則顏謝詩之優劣，當時已有定評。鮑照才思奇絕，文辭贍逸，足以差肩於顏謝之間，杜甫以之與庾信並稱，曰『清新庾開府，俊逸鮑參軍。』（春日夢李白詩）而陸時雍更爲之低首曰：

鮑照材力標擧，凌厲當年，如五丁鑿山，開人世之所未有，當其得意時，直前揮霍，目無堅壁矣。駿馬輕貂，雕弓短劍，秋風落日，馳騁平岡，可以想見此君意氣所在也。（詩境總論）

跡其所造，蓋已臻於詩賦家之絕境也。而沈約著論，不數明遠，鍾嶸第詩，亦列中品，且不與顏謝相齒，儻所謂才秀人微，見輕當代者耶。

以上三家，均大啓後代之津塗，而謝惠連謝莊俳賦諸作，侔色揣稱，以警秀見奇，駢詞儷句，如貫珠聯璧，亦開三唐文賦之先河。至若范曄覃思惇史，所撰後漢書，體大思精，故能駢肩史漢。傅亮廟堂製作，典重畨皇，氣懾東漢，潘勗以來，一人而已。凡此均無愧一代之作手也。

五　南齊文學

齊代諸帝，昏德繼踵，而頗知右文，文風之盛，超軼劉宋，觀劉勰之言可信也。

> 暨皇齊馭寶，運集休明。太祖以聖武膺籙，高祖以睿文纂業，文帝以貳離含章，中宗以上哲興運，並文明自天，緝遐景祚。今聖曆方興，文思光被，海岳降神，才英秀發，馭飛龍於天衢，駕騏驥於萬里，經典禮章，跨周轢漢，唐虞之文，其鼎盛乎。（文心雕龍時序篇）

尤以武帝永明之際（西元四八三年至四九三年）爲最盛，於時竟陵王蕭子良禮士好藝，江左詞客，多集其門，而蕭衍與王融、謝朓、沈約、陸倕、范雲、蕭琛、任昉八人，尤見敬異，號曰竟陵八友。八人之中，謝朓長於詩，陸倕任昉工於筆，而沈約則文筆兼備。約之所製，以宮商諧協爲高，王融謝朓和之，選聲配色，益趨工律，造句遣詞，彌多拘忌，直欲陶鑄天籟，鎔範性靈，雖駢文之體，於焉成立，唐人律詩，自此而開，功施爛然。而後生競習，重貌遺神，遂令聲律之功益嚴，情性之機將錮，世多間言，儻以此乎。

八人之中，王融謝朓皆英年早逝，世多痛之。及蕭衍受禪，其餘五人率出而爲之佐命，永明傑士，遂不得爲齊所有。昔聲子有言：『雖楚有材，晉實用之。』其此之謂乎。

南齊文學之美者，尙有周顒、王儉、張融、孔稚珪等。周顒與沈約同爲聲律說之倡導者，所作率如所言，與理論相一致。王儉學術湛深，文章高華，爲一代大作手。張融早負文譽，文辭詭激，獨與衆異，而具粗服亂頭之美。其戒子書云：『吾文體英絕，變而屢奇。』要非漫言。孔稚珪性詼諧，嬉笑怒罵，皆成文章，開後世諷刺文學之先聲，蔣士銓推爲古今駢文第一高手（見四六法海），雖屬仁智之見，要之，其作品確非常人所能企及也。

其他文士若丘靈鞠、檀超、卞彬、丘巨源、王智深、陸厥、崔慰祖、王逡之、祖沖之、賈淵諸子，均有聲於時，作品亦朗麗可誦，蕭氏撰南齊書，已列之文學傳矣。

六　梁代文學

梁祚雖僅五十餘年西元五〇二年至五五七年，而文運之隆，不僅在魏晉南北朝中爲最，即謂在整個中國歷史上稱最亦無不可也。蓋武帝博學多藝，有文武才略，洞達儒佛道，著書十九種，凡七百零七卷。即位之後，復廣求人才，誕敷文教，措國家於磐石之安者幾達半世紀，是庾子山所謂『五十年間，江表無事』之時代也。加以嗣子昭明太子簡文帝元帝，均以詞藝爲天下倡，其餘諸子及宗室能文者，尤難更僕數。上有好者，下必甚焉，於是天下騷人墨客，以至衲子羽流，莫不鏤肝鉥腎，振藻揚葩，上下一心，共同致力於純文學之創作與批評，炳煥人文，輝映萬世。故蕭梁諸帝政治上之措施，容有不盡如人意處，然其稽古右文，揚風扢雅，因而造成江左文學風氣之全盛，直可陵轢漢武，睥睨魏文，康熙乾隆則其項背之難望矣。玆考史書，以明其概。

梁書武帝紀：

自江左以來，年踰二百，文物之盛，獨美於玆。

南史文學傳序：

> 自中原沸騰，五馬南渡，綴文之士，無乏於時。降及梁朝，其流彌盛，蓋由時主儒雅，篤好文章，故才秀之士，煥乎俱集。於時武帝每所臨幸，輒命群臣賦詩，其文之善者，賜以金帛。是以搢紳之士，咸知自勵。

梁代傑出文士，不下百人，其聲華掩映，足名一家者，亦逾三十人。南齊遺賢除上舉竟陵諸友外，尚有何遜、吳均、劉勰、江淹、劉峻、丘遲、庾於陵庾肩吾兄弟等，而以沈約名位最高，約於後進英髦，刻意獎掖，故梁初文學實沿永明體之遺風，而多出於沈約提誘之力。何遜所作，意境幽深，情韻緜遠，有沖寂自姸，不求賞識之概，與陰鏗齊名，世稱陰何。吳均山水小品，峭拔清新，戛戛獨造，世稱吳均體。江淹才高學博，情藻豐贍，恨別二賦，衆口交誦。劉峻仗氣愛奇，略同江淹，議論之作，華潤不足，嶕殺有餘，故是齊梁之飛將，不同江任之雅步也。丘遲詩文婉秀，藉甚當時，嘗作書致陳伯之，使悍將爲之幡然改圖，以驚飛草長之美辭，收魯連酈其之偉績，昔人所謂筆掃千軍者，遲其有焉。庾肩吾之作，麗采照映，兒女情多，綺羅香澤之好，形於篇章，幃闥牀笫之私，流爲吟詠，梁陳宮體，肩吾實開其先。

若乃劉勰之文心雕龍，鍾嶸之詩品，識見超卓，獨步古今，其爲吾國文學批評之雙璧，固夫人而知之者也。他如張率、王筠、周捨、徐悱、徐摛、到溉、劉之遴，與夫梁書文學傳所錄到沆、劉苞、袁峻、劉昭、周興嗣之儔，以至閨秀作家劉令嫻等，莫不各騁巧思，雕琢曼辭，彬蔚之美，聿光其代矣。

七　陳代文學

自齊永明以後，詩文日趨藻麗，宮商聲病，刻意研討，六朝作者，斯爲美矣。大同承聖之間，詞人蔚起，名作迭出，造成唯美文學之全盛，在中國文學史上寫下極輝煌燦爛之一頁。梁鼎既革，陳氏踵興，吟詠雖不及先朝之盛，而風流固未嘗歇絕也。陳書文學傳序云：

自楚漢以降，辭人世出，洛汭江左，其流彌暢，莫不思侔造化，明並日月，大則憲章典誥，裨贊王道，小則文理清正，申紓性靈。至於經禮樂，綜人倫，通古今，述美惡，莫尚乎此。後主嗣業，雅尚文詞，傍求學藝，煥乎俱集。每臣下表疏及獻上賦頌者，躬自省覽，其有辭工，則神筆賞激，加其爵位，是以搢紳之徒，咸知自勵矣。

近儒劉師培氏著中古文學史，於陳代文學，深致贊歎，其言曰：

陳代開國之初，承梁季之亂，文學漸衰，然世祖以來，漸崇文學。後主在東宮，汲引文士，如恐不及，及踐帝位，尤尚文章，故后妃宗室，莫不競爲文詞。又開國功臣如侯安都孫瑒徐敬成，均結納文士。而李爽之流，以文會友，極一時之選。故文學復昌，迄於亡國。

陳代文家，首推徐陵、沈炯，次則陳後主、江總、陰鏗、顧野王。而周弘正、張正見、姚察、何之元、陸瑜諸人，或工詩，或工文，亦一時之選。至若孔範劉暄之徒，但工艷藻，而無內容，不足道也。

徐陵由梁入陳，遂爲文壇盟主，有陳創業，文檄軍書及禪授詔策，皆陵所製，每一文出，好事者傳寫成誦，遂被之華夷，家藏其本，與庾信齊名，時稱徐庾體，二人並爲駢文百代宗師。其詩體裁綺密，一變舊貫，亦與庾信同風。七言樂府則辭興婉愜，風華清麗，開元和長慶之先路。所編玉臺新詠亦爲晚唐香奩詩家所取則。

沈炯工爲文章，其最著者爲勸進梁元帝前後三表及經通天臺奏漢武帝表，詞格高迴，如珠光玉潔，語語清綺，雖徐庾無以遠過也。

陳後主才思橫逸，耽情詞藝，爲一傑出之文學家。然卽位以後，沈湎聲色，惟日不足，於是君臣賡唱，莫非哀怨之音，而金陵王氣亦黯然銷矣。據南史陳本紀云：

後主不虞外難，荒於酒色，不恤政事，左右嬖佞珥貂者五十人，婦人美貌麗服巧態以從者千餘人。常使張貴妃孔貴人等八人夾坐，江總孔範等十人預宴，號曰狎客。先令八婦人襞采箋，製五言詩，十客一時繼和，遲則罰酒。君臣酣飲，從夕達旦，以此爲常。

又封宮人有文學者袁大捨等爲女學士，賦新詩，選宮女有姿色者習唱，其曲有玉樹後庭花、臨春樂等，爲唐代梨園、宋元詞曲之濫觴。昔王國維氏評南唐李後主有言：『詞人者，不失其赤子之心也，故生於深宮之中，長於婦人之手，是後主爲人君所短處，亦卽爲詞人所長處。』（人間詞話）吾於陳後主亦云。

江總工爲五七言詩，造句遣詞，專以纖巧取勝。尤精駢體，率抽秘逞妍，標新領異，一意雕繪，句句精絕，好事者相傳諷玩焉。陰鏗善五言詩，才情洋溢，工力甚深，與總所作，均爲唐人律句之型範。杜甫詩云：『李侯（李白）有佳句，往往似陰鏗。』又云：『頗學陰何苦用心。』其推重如此。顧野王文質彬彬，作品雍容有度，固不特玉篇一書上繼許愼已也。

其餘諸子之作，大都繪句絺章，妃青媲白，精神風貌，亦多相雷同。然唯美文學至此，已如尾閭之洩，波瀾不興，返照之光，雯霞欲斂，繼今而往，多彩之文學界，又將換上一副新面貌，呈現一片新氣象矣。

八、北朝文學

五胡遞興，衣冠南渡，莽莽神州，鞠爲戰場，文物典章，蕩然以盡。其後拓跋氏崛起沙朔，奄有北方，力征經營，不遑文事，雕蟲篆刻，蔑不足紀。北史文苑傳云：

既而中州板蕩，戎狄交侵，僭僞相屬，生靈塗炭，故文章黜焉。其能潛思於戰爭之間，揮翰於鋒鏑之下，亦有時而間出矣。若乃魯徽、杜廣、徐光、尹弼之儔，知名於二趙，宋該、封弈、朱彤、梁讜之屬，見重於燕秦。然皆迫於倉卒，牽於戰陣，章奏符檄，則粲然可觀，體物緣情，則寂寥於世。非其才有優劣，時運然也。

惟自孝文遷洛以後，崇尚儒雅，用夏變夷，追攀南國，猶恐不及，故能揚葩振藻，煥蔚人文，革粗鄙之舊，扇雍容之風。嗣是以往，洛下金陵，日競於文，駸駸然有分鑣並馳之勢焉。第以南北民族個性與生活背景之不同，兩地文學，遂各具特色。北史文苑傳序又云：

夫人有六情，稟五常之秀，情感六氣，順四時之序。蓋文之所起，情發於中。而自漢魏以來，迄乎晉宋，其體屢變，前哲論之詳矣。暨永明天監之際，太和天保之間，洛陽江左，文雅尤盛，彼此好尚，互有異同。江左宮商發越，貴於清綺，河朔詞義貞剛，重乎氣質。氣質則理勝其詞，清綺則文過其意。理深者便於時用，文華者宜於詠歌。此其南北詞人得失之大較也。若能掇彼清音，簡茲累句，各去所短，合其兩長，則文質彬彬，盡美盡善矣。

可見北朝文學，用詞質樸，饒剛健之氣，與南朝唯美文學大異其趣，尤其在樂府民歌部分，其風調韻味，更判若天壤。此則根於民情風土，初無長短優劣之可言也。

北朝文士最負盛名者，北魏有溫子昇，西魏有蘇綽，北齊有邢邵、魏收、顏之推，北周有庾信、王褒。溫子昇起自寒微，鬱然有文，設采繁艷，吐韻鏗鏘，梁武帝見其文，以為曹植陸機復生北土。楊遵彥作文德論，以為古今辭人皆負才遺行，澆薄險忌，唯邢子才、王元景、溫子昇彬彬有德素。與邢邵魏收齊名，世稱北地三才。

蘇綽為文，務存質樸，糠粃魏晉，憲章虞夏，雖屬辭有師古之美，矯枉非適時之用，故莫能常行焉，然唐人復古之先機，已肇端於斯矣。

邢邵文譽早達，屬辭典麗，雕蟲之美，獨步當時，每一文出，京師為之紙貴。雖居北地，而詩文宛有齊梁風韻。初與溫子昇並稱溫邢，其後又與魏收並稱邢魏。

魏收天才煥發，駕乎溫邢，北齊受禪詔冊，皆其手筆。又博采舊聞，勒成魏書，惟是非失實，舉國大譁，名其書曰『穢史』。

顏之推早傳家學，文詞典麗，名噪於北地，曾撰觀我生賦，述梁代興亡始末，直逼庾子山哀江南賦。又著家訓二十篇，詳論立身治家之道，兼及字畫音訓，並考正典故，品評文藝，極富價值。

庾信身遭亂離，屈事敵國，雖位望通顯，常有鄉關之思，故辭多悽愴激楚，與前期之旖旎風華者，迥不侔矣。盛名易地，橘枳改觀，於此見之。世推爲駢文百代宗師。

王褒原係梁室外戚，周師南侵，被虜北上，遂仕於周，自此心繫宗國，情切土風，詩風乃由清綺一變而爲沈鬱，蓋庾信之流亞也。

自餘作家，若北魏高允著有毛詩拾遺，酈道元著有水經注，楊衒之著有洛陽伽藍記，均極負時譽。而北齊之裴讓之、祖鴻勳、陽休之、祖珽、蕭愨、劉逖等，或以文名，或以詩著，多具清剛質實之風，無愧一代作手。

茲將魏晉南北朝之主要作家列一簡表，以便觀覽。

㊈魏晉南北朝文學家簡表

國號	姓名	字號	籍貫	歲數	生年	卒年	專長	著作
魏	孔融	文舉	魯國	五六	一五三	二〇八	詩・散文	孔北海集
	曹操	孟德	沛國・譙	六六	一五五	二二〇	詩・散文	魏武帝集
	華歆	子魚	平原高唐	七六	一五六	二三一	散文	
	管寧	幼安	北海朱虛	八四	一五八	二四一	散文	
	阮瑀	元瑜	陳留			二一二	散文・詩	阮元瑜集
	路粹	文蔚	陳留			二一四	散文	

潘勗	元茂	中牟			二一五	駢文	
劉楨	公幹	東平			二一七	詩	劉公幹集
陳琳	孔璋	廣陵			二一七	駢文・詩	陳記室集
應瑒	德璉	汝南			二一七	詩	應德璉集
繁欽	休伯	潁川			二一八	詩・賦・駢文	
丁儀	正禮	沛郡			二二〇	賦・駢文	
丁廙	敬禮	沛郡			二二〇	賦・駢文	
蔡琰	文姬	陳留	五八	一五九	二一六	詩	
吳質	季重	濟陰	五四	一七七	二三〇	駢文・詩	
徐幹	偉長	北海	四七	一七一	二一七	賦・詩・駢文	中論
楊修	德祖	弘農華陰	四五	一七五	二一九	駢文	
禰衡	正平	平原・般	二六	一七三	一九八	賦・駢文	
王粲	仲宣	高平	四一	一七七	二一七	賦・詩	王侍中集
仲長統	公理	高平	四一	一七九	二一九	散文	昌言
諸葛亮	孔明	琅邪陽都	五四	一八一	二三四	散文	諸葛丞相集

繆襲	熙伯	東海	六〇	一八六	二四五	詩	皇覽
曹丕	子桓	沛國・譙	四〇	一八七	二二六	駢文・詩・文學批評	魏文帝集・典論
應璩	休璉	汝南	六三	一九〇	二五二	駢文・詩	應休璉集
桓範	元則	沛國			二四九	散文	世要
何晏	平叔	南陽・宛	六〇	一九〇	二四九	賦・散文	論語集解・道德論
曹植	子建	沛國・譙	四一	一九二	二三二	賦・詩・駢文	曹子建集
李康	蕭遠	中山				駢文	
韋昭	弘嗣	吳郡雲陽	七〇	二〇四	二七三	散文	國語注
山濤	巨源	河內・懷	七九	二〇五	二八三	散文	
曹冏	元首	沛國・譙				散文	
阮籍	嗣宗	陳留尉氏	五四	二一〇	二六三	詩・駢文	阮步兵集
應貞	吉甫	汝南			二六九	詩	
向秀	子期	河內・懷				賦・散文	莊子隱解
劉伶	伯倫	沛國				散文・駢文	
嵇康	叔夜	譙國・銍	四〇	二二三	二六二	詩・賦・散文	嵇中散集

鍾會	士季	潁川長社	四〇	二二五	二六四	散文	鍾司徒集
西晉							
皇甫謐	士安	安定	六八	二一五	二八二	散文	帝王世紀・高士傳
傅玄	休奕	北地泥陽	六二	二一七	二七八	散文・詩	傅鶉觚集
羊祜	叔子	泰山南城	五八	二二一	二七八	駢文	
杜預	元凱	京兆杜陵	六三	二二二	二八四	散文	杜征南集・春秋經傳集解
李密	令伯	武陽	六五	二二三	二八七	散文	
棗據	道彥	潁川長社				詩	
荀勗	公曾				二八九	散文	荀公曾集
成公綏	子安	東郡白馬	四三	二三一	二七三	賦・詩・散文	成公子安集
張華	茂先	范陽方城	六九	二三二	三〇〇	詩・賦・散文	張茂先集・博物志
陳壽	承祚	巴西安漢	六五	二三三	二九七	散文	三國志
王戎	濬沖	臨沂	七二	二三四	三〇五	散文	
何劭	敬祖	陽夏	六六	二三六	三〇一	詩	
傅咸	長虞	北地泥陽	五六	二三九	二九四	詩・散文	傅中丞集
周處	子隱	陽羨	六〇	二四〇	二九九	散文	風土記

褚陶	季雅	錢塘				賦	
孫楚	子荊	太原中都			二九三	詩	孫子荊集
夏侯湛	孝若	譙國・譙	四九	二四三	二九一	駢文・散文	夏侯常侍集・新論
潘岳	安仁	滎陽中牟	五四	二四七	三〇〇	賦・詩・駢文	潘黃門集
歐陽建	堅石	渤海			三〇〇	詩	
石崇	季倫	南皮	五二	二四九	三〇〇	詩・駢文	
趙至	景眞	代郡				散文	
張載	孟陽	安平				詩・駢文	張孟陽景陽集
張協	景陽	安平				詩・駢文	張孟陽景陽集
張亢	季陽	安平				詩・駢文	張亢集
木華	玄虛	廣川				賦	
王讚	正長	義陽				詩	
左思	太沖	臨淄	五六	二五〇	三〇五	賦・詩	
左芬		臨淄				駢文・詩	
曹攄	顏遠	譙國・譙			三〇八	詩	

江統	應元	陳留			三一〇	散文	
潘尼	正叔	滎陽中牟			三一〇	詩，	潘太常集
張翰	季鷹	吳郡				賦・散文	
摯虞	仲洽	京兆長安	六〇	二五二	三一一	散文	文章志・文章流別集
束晳	廣微	陽平元城	四〇	二六一	三〇〇	詩	束陽平集
陸機	士衡	吳郡	四三	二六一	三〇三	賦・詩・駢文	陸平原集
陸雲	士龍	吳郡	四二	二六二	三〇三	詩・散文	陸士龍集
郭泰機		河南				詩	
張悛	士然	吳國				散文	
司馬彪	紹統	河內			三〇六	詩・散文	
東晉							
劉琨	越石	中山	四八	二七〇	三一七	詩・駢文	劉中山集
郭璞	景純	河東聞喜	四九	二七六	三二四	賦・詩	郭弘農集・爾雅注
干寶	令升	新蔡				駢文・小說	搜神記・晉紀
曹毗	輔佐	譙國				詩・賦	
李充	弘度	江夏				文學理論	翰林論

葛洪	稚川	句容	八〇	二八四	三六三	散文・文學批評	抱朴子
盧諶	子諒	范陽	六七	二八四	三五〇	詩・散文	莊子注
庾闡	仲初	鄢陵	五四	二八六	三三九	詩・賦・駢文	
庾亮	元規	鄢陵	五二	二八九	三四〇	駢文	
謝尚	仁祖	陽夏	五〇	三〇八	三五七	散文	
羅含	君章	耒陽				駢文	
王濛	仲祖	太原晉陽	三九	三〇九	三四七	散文	
桓溫	元子	譙國龍亢	六二	三一二	三七三	駢文	
支遁	道林	陳留	五三	三一四	三六六	詩	
孫綽	興公	太原中都	五八	三二〇	三七七	賦・詩	孫廷尉集
許詢	玄度	高陽				詩	
蘇蕙	若蘭	始平				詩	
王羲之	逸少	臨沂	五九	三二一	三七九	散文・詩	王右軍集
王嘉	子年	隴西安陽				小說	拾遺記
慧遠		雁門樓煩	八三	三三四	四一六	詩・散文	

	謝道韞		陳郡陽夏				詩・駢文	
	顧愷之	長康	無錫	六二	三四一	四〇二	詩	
	王獻之	子敬	臨沂	四五	三四四	三八八	散文・詩	王大令集
	殷仲文	仲文	陳郡			四〇七	詩・駢文	
	王康琚						詩	
	謝混	叔源	陽夏			四一二	詩	
	陶潛	淵明	尋陽柴桑	六三	三六五	四二七	詩・散文	陶淵明集
宋	劉裕	德輿	彭城	六七	三五六	四二二	駢文	
	何承天		東海・郯	七八	三七〇	四四七	散文	何衡陽集
	裴松之	世期	河東聞喜	八〇	三七二	四五一	散文	三國志注
	傅亮	季友	北地靈州	五三	三七四	四二六	駢文	傅光祿集
	宗炳	少文	南陽	六九	三七五	四四三	散文	
	顏延之	延年	臨沂	七三	三八四	四五六	駢文・詩	顏光祿集
	謝靈運	客兒	陽夏	四九	三八五	四三三	詩・駢文	謝康樂集
	謝瞻	宣遠	陽夏	三五	三八七	四二一	詩	

謝晦	宣明	陽夏	三七	三九〇	四二六	詩	
何長瑜		東海				詩	
謝惠連		陽夏	三七	三九七	四三三	賦・詩・駢文	謝法曹集
范曄	蔚宗	山陰	四八	三九八	四四五	散文	後漢書
裴駰	龍駒	河東聞喜				散文	史記集解
顏竣	士遜	臨沂				散文	
劉義慶		彭城	四二	四〇三	四四四	散文	世說新語
鮑照	明遠	東海	六二	四〇五	四六六	賦・詩・駢文	鮑參軍集
劉義隆	車兒	彭城	四七	四〇七	四五三	駢文	
袁淑	陽源	陽夏	四六	四〇八	四五三	詩	袁忠憲集
劉敬叔	敬叔	彭城				小說	異苑
顏測		臨沂				駢文	
劉義恭		彭城	五三	四一三	四六五	駢文	
王微	景玄	臨沂	二九	四一五	四四三	文學理論	鴻寶
袁粲	景倩	陽夏	五八	四二〇	四七七	散文	妙德先生傳

	韓蘭英		吳郡				詩	
	謝莊	希逸	陽夏	四六	四二一	四六六	賦・駢文	謝光祿集
	王僧達		臨沂	三六	四二三	四五八	詩・駢文	
	湯惠休	茂遠					詩	
	鮑令暉		東海				詩	
	劉鑠	玄休	彭城	二三	四三一	四五三	詩	
齊	褚淵	彥回	河南陽翟	四八	四三五	四八二	駢文	
	丘靈鞠		吳興				散文	江左文章錄序
	謝朏	敬沖	陽夏	六六	四三九	五〇四	駢文	
	周顒	彥倫	汝南			四八五	聲韻學	
	張融	思光	吳郡	五四	四四四	四九七	駢文・文學理論	張長史集
	孔稚珪	德璋	山陰	五五	四四七	五〇一	駢文・詩	孔詹事集
	王儉	仲寶	臨沂	三八	四五二	四八九	詩・散文・駢文	王文憲集
	劉繪	士章	彭城	四五	四五八	五〇二	詩・駢文	
	蕭子良	雲英	南蘭陵	三五	四六〇	四九四	詩・駢文	蕭竟陵集

	王屮	簡棲	臨沂			五〇五	駢文	
	謝朓	玄暉	陽夏	三六	四六四	四九九	詩・駢文	謝宣城集
	王融	元長	臨沂	二七	四六七	四九三	詩・駢文	王寧朔集
	陸厥	韓卿	吳郡・吳	二八	四七二	四九九	聲韻學	
梁	沈約	休文	吳興武康	七三	四四一	五一三	詩・駢文・散文	沈隱侯集・宋書
	劉勰	彥和	東莞		四六五		駢文・文學理論	文心雕龍
	江淹	文通	濟陽考城	六二	四四四	五〇五	賦・詩・駢文	江醴陵集
	何胤	子季	廬江	八六	四四六	五三一	散文	毛詩隱義・禮記隱義
	范雲	彥龍	南鄉舞陰	五三	四五一	五〇三	詩	
	陶弘景	通明	秣陵	八五	四五二	五三六	駢文・散文	帝王年歷・陶隱居集
	任昉	彥昇	博昌	四九	四六〇	五〇八	駢文・小說	任彥昇集・述異記・文章緣起
	劉峻	孝標	平原	六〇	四六二	五二一	駢文・散文	劉戶曹集・世說新語注
	庾於陵	子介	新野				詩	
	范縝	子眞	南鄉舞陰				駢文	
	蕭衍	叔達	南蘭陵	八六	四六四	五四九	駢文・散文	梁武帝集

丘遲	希範	吳興烏程	四五	四六四	五〇八	駢文・詩	丘中郎集
王僧孺	僧孺	東海	五八	四六五	五二二	駢文・散文	王左丞集
鍾嶸	仲偉	潁川長社				文學理論	詩品
徐勉	修仁	東海	七〇	四六六	五三五	散文	流別起居注
吳均	叔庠	吳興	五二	四六九	五二〇	駢文・散文	吳朝請集・續齊諧記
裴子野	幾原	河東聞喜	六二	四六九	五三〇	駢文・散文	衆僧傳
陸倕	佐公	吳郡・吳	五七	四七〇	五二六	駢文	
徐悱	敬業	東海			五二三	詩	
徐摛	士秀	東海	七八	四七二	五四九	詩	
何遜	仲言	東海	六一	四七五	五三五	詩	何記室集
張率	士簡	吳郡・吳	五三	四七五	五二七	散文	文衡
到沆	茂瀣	彭城	三〇	四七七	五〇六	詩・賦	
劉之遴	思貞	南陽	七二	四七八	五四九	駢文・散文	
阮孝緒	士宗	陳留	五八	四七九	五三六	目錄學	七錄削繁
王筠	元禮	臨沂	六九	四八一	五四九	詩・賦・駢文	王詹事集

	劉孝綽	孝綽	彭城	五九	四八一	五三九	駢文・詩・文學理論	劉秘書集
	劉令嫻		彭城				駢文	
	劉孝儀		彭城	六七	四八四	五五〇	駢文	劉孝儀集
	蕭子雲	景喬	南蘭陵	六四	四八六	五四九	駢文・散文	晉書・東宮新記
	庾肩吾	子慎	新野	六五	四八七	五五一	詩・駢文	庾度支集
	蕭子顯	景陽	南蘭陵	四九	四八九	五三七	散文・文學理論	南齊書
	劉孝威		彭城	五四	四九六	五四九	詩・駢文	劉孝威集
	張纘	伯緒	范陽方城	五一	四九九	五四九	駢文・散文	鴻寶
	宗懍	元懍	南陽	六四			散文	荊楚歲時記
	蕭統	德施	南蘭陵	三一	五〇一	五三一	詩・駢文・文學理論	梁昭明集
	蕭綱	世纘	南蘭陵	四九	五〇三	五五一	詩・駢文・文學理論	梁簡文集
	蕭繹	世誠	南蘭陵	四七	五〇八	五五四	詩・駢文・文學理論	梁元帝集
陳	周弘正	思行	汝南	七九	四九六	五七四	散文	周易講疏・莊子疏
	周弘讓		汝南				駢文	
	沈炯	初明	吳興武康	五九	五〇二	五六〇	駢文・詩	沈侍中集

徐陵	孝穆	東海	七七	五〇七	五八三	駢文・詩	徐孝穆集
陰鏗	子堅	武威姑臧	六九	五一三	五八一	詩	
孔奐	休文	山陰	七〇	五一四	五八三	駢文	
沈不害	孝和	吳興武康	六三	五一八	五八〇	散文・駢文	
顧野王	希馮	吳郡・吳	六三	五一九	五八一	駢文・小學	玉篇・續洞冥記
江總	總持	濟陽考城	七六	五一九	五九四	駢文・詩	江令君集
蔡景歷	茂世	濟陽考城	六〇	五一九	五七八	駢文	
張正見	見賾	清河				詩	張散騎集
褚玠	溫理	錢塘	五二	五二九	五八〇	駢文	
傅縡	宜事	北地靈州	五五	五三一	五八五	駢文	
阮卓		陳留	五九	五三一	五八九	詩	
陳頊	紹世	吳興	五二	五三一	五八二	駢文	
姚察	伯審	吳興武康	七四	五三三	六〇六	散文	
陸瓊	伯玉	吳郡・吳	五〇	五三七	五八六	駢文	
陸琰	溫玉	吳郡・吳	三四	五四〇	五七三	駢文	

	陸瑜	幹玉	吳郡・吳	四四	五四〇	五八三	駢文	
	伏知道		平昌安丘				駢文	
	何之元		廬江			五九三	散文・文學理論	梁典
	陳叔寶		吳興	五二	五五三	六〇四	詩・駢文	陳後主集
	孔範	法言	山陰				詩	
北魏	崔浩	伯淵	清河			四五〇	賦・散文	國書
	高允	伯恭	渤海	九八	三九〇	四八七	詩・散文・賦	高令公集・毛詩拾遺
	崔鴻	彥鸞	聞喜			五二五		十六國春秋
	酈道元	善長	范陽			五二七	散文	水經注
	溫子昇	鵬舉	濟陰	五三	四九五	五四七	詩・駢文・散文	文筆・永安記
	楊衒之		北平				散文	洛陽伽藍記
	蘇綽	令綽	武功	四九	四九八	五四六	散文	
北齊	邢邵	子才	河間		四九六		駢文	魏特進集
	祖鴻勳		范陽				駢文	
	裴讓之	士禮	聞喜			五五五	詩	

魏收	伯起	鉅鹿	六七	五〇六	五七二	駢文・散文	魏特進集・魏書
陽休之	子烈	無終	七四	五〇九	五八二	駢文	
楊愔	遵彥	華陰	五〇	五一一	五六〇	散文	文德論
祖珽	孝徵	范陽				詩・散文	修文殿御覽
蕭愨	仁祖	南蘭陵				詩	
朱瑒						散文	
劉逖	子長	彭城	四九	五二五	五七三	詩	
北周							
王褒	子淵	臨沂	六四	五〇〇	五六三	駢文・詩	王司空集
柳虯	仲蟠	河東	五四	五〇一	五五四	文學理論	
庾信	子山	新野	六九	五一三	五八一	駢文・詩・賦	庾子山集
顏之推	介	臨沂		五三一		賦・散文・小說	顏氏家訓・還冤記
盧思道	子行	范陽	五二	五三四	五八五	詩	盧武陽集

第二節　個人主義之唯美文學勃興

藝術可分爲兩大派：一爲人生派，一爲唯美派。爲人生的藝術（卽西洋所謂Art for life's sake）者，謂之人生派亦可謂之自然派。爲藝術的藝術（卽西洋所謂Art for art's sake）者，則謂之唯美派亦可謂之形式派。人生派的藝術，乃重視生活方面，不求作品之工巧，形式之美觀，但求淡雅純樸，合乎自然，蓋此派藝術純以表現人生爲極則者也。在吾國發揚此宗派而挺譽千秋者，一爲陶潛，一爲王維。而唯美派的藝術則不然，不但重視內容之充實，尤其重視形式之美觀，亦卽特別講求音律鏗鏘，詞采葱蒨，雕繢滿眼，刻畫入微，蓋此派藝術純以表現作品本身之華美爲極則者也。在吾國發揚此宗派而光映百代者，厥爲魏晉南北朝文學家。近人朱光潛氏云：

> 德國學者常把詩分爲民間詩（Volkpoesie）與藝術詩（Kunstpoesie）兩類，以爲民間詩全是自然流露，藝術詩纔根據藝術的意識與技巧，有意地刻畫美形相。論詩

可見藝術至上主義之文學固非中土所獨有也。

在文壇上，古典主義（Classicism）一派夙爲歐洲文藝思潮之主流，十八世紀中葉以後，逐漸爲浪漫主義（Romanticism）一派所取代，此派之特徵有三：

(1)主張發展個性，表現自我，重視主觀的情感與想像，破除一切形式規律。

(2)好奇尚美，强調文藝自由，以文藝美術爲人生最高尙的意義。

⑶具有革命精神，反抗一切束縛個人自由之因襲道德與社會法度。

實則此種個人主義之浪漫文學思想，早在一千七百年前卽已彌漫於中國矣。當時（卽魏晉之際）之文人，感於世亂日亟，生命無常，於是不遁於莊，卽遁於佛，而詩文則力求其美化，俾達於藝術美之極致，故謂六朝文人爲西歐浪漫主義之初祖亦無不可。

嚴格言之，吾國之唯美文學並不始於六朝，遠在詩經時代卽已肇其端緒，國風類皆里巷歌謠之純文學作品，一本性情之眞，發綿麗之旨，乃三百篇中最精彩之部分也。其後儒學獨尊，敎化大行，文學的載道思想與功用主義深中人心，牢不可破，卽十五國風亦被披上濃厚的倫理色彩矣。

惟自東漢建安以後，詩文辭賦逐漸脫離載道與致用之樊籠，而邁向藝術的唯美路線馳騁，使純文學獲得獨立之生機，由爲他人的功用文學一變而爲個人的言志文學，再變而爲藝術至上的唯美文學。易詞言之，卽是由周漢之功用主義變爲魏晉之個人主義，再變爲南朝之唯美主義。蓋自漢末干戈雲擾，下迄晉室傾覆，其間二百餘年，爲中國政治最紊亂，而思想又最自由之時代。篡奪相繼，夷狄交侵，民生窮困，社會不安。重以儒家學術之衰落，道佛思想之興起，於是人皆厭世，逸樂苟生，俗尚淸談，玄虛放誕，個人主義之浪漫思潮，遂氾濫於天下，伊古以來，得未曾有。文學爲時代之反映，自必亦擺脫往昔傳統觀念之束縛，獲得獨立發展之機會，而風華絕代、儀態萬千之作品遂應運而生矣。此種神秘玄虛之浪漫文學綿延至於南北朝，不僅未曾遭遇發展上之任何阻礙，且在此一百六十餘年間，無論政治環境，學術思想，以及外來因素，皆以直接的或間接的影響，使其在內容上推陳出新，千變萬化，外形上更是纂組輝華，宮商諧協，因而激起唯美主義之高潮，造成獨立自覺的純文學之黃金時代。蓋一般作者認爲文學有獨立之生命，以美爲最高價值，美之價值即藝術之價值。所謂美者，純指技巧之美與形式之美，一篇作品，祇須音韻鏗鏘，辭采紛披，即已達成文學之使命，並無經世與致用之要求，後人所謂『上以補察時政，下以洩導人情』，『篇篇無空文，皆歌生民痛』之觀念，皆不存在於彼等之腦際。推原其故，則國難迍邅，社會亂離有以致之也。荀子曰：

亂代之徵，文章匿而采。

可謂一語中的。吾師成楚望先生更暢論之曰：

南朝是一個變亂紛乘，人命微賤的時代，也是純文學高度發展的黃金時代。當時文人爲了苟全性命，都爭先恐後地鑽進了文學的象牙之塔，其逃避現實的心理，與名士之沈湎清談，隱士之養志田園，如出一轍。按理，國家的內憂外患，同胞的悲啼血淚，都是文學創作的大好題材，而南朝文士對這些似乎都視若無睹，在他們筆下出現的，不是田園山水，就是玄理神仙，再不然就是醇酒美人，這種種祥和安樂的幻景背後，實際上隱藏著一幢幢萎縮的靈魂。有人說文學是苦悶的象徵，就南朝文學而言，這眞是最好不過的解釋了。在這種環境下，漢魏文學那種古樸雅正、文質並重的作風，無疑要日趨沒落，而藝術至上的唯美主義自然要日漸擡頭。太康的駢偶對仗，元嘉的雕琢隸事，以至齊梁的宮商聲病，一波波高潮，把藝術技巧推展到了巔峯。詩品與鍾嶸

誠精當不易之論也。要而言之，此種旖旎風華之美術文學（belles-lettres），不但在文學表達之技術上出神入化，亦且將中國文學的形、音、義三者之美發揮無遺，是最足以表現中國文學之特色，其崇高地位與

永恆價值，非世界任何國家之文學所能相提並論，去此則中國文學將減價不少矣。近儒劉師培氏云：

儷文律詩為諸夏所獨有，今與外域文學競長，惟資斯體。（中古文學史）

王國維氏亦云：

凡一代有一代之文學，楚之騷，漢之賦，六代之駢語，唐之詩，宋之詞，元之曲，皆所謂一代之文學，而後世莫能繼焉者也。（宋元戲曲史自序）

言六朝唯美文學為中國文學之瑰寶，洵的論也。惟歷代文家之不慊意於斯體者甚多，隨聲附和者尤多，雖更僕亦難悉數。梁裴子野首先發難曰：

古者四始六藝，總而為詩，既形四方之風，且章君子之志。勸美懲惡，王化本焉。後之作者，思存枝葉，繁華蘊藻，用以自通。……爰及江左，稱彼顏謝。箴繡鞶帨，無取廟堂。宋初迄於元嘉，多為經史，大明之代，實好斯文。高才逸韻，頗謝前哲，波流相向，滋有竺焉。自是閭閻年少，貴遊總角，罔不擯落六藝，吟詠情性，學者以博依為急務，謂章句為專魯，淫文破典，斐爾為功。無被于管絃，非止乎禮義。深心主卉木，遠致極風雲。其興浮，其志弱，巧而不要，隱而不深，討其宗途，亦有宋之遺風也。若季子聆音，則非興國，鯉也趨室，必有不敢。荀卿有言：『亂代之徵，文章匿而采。』豈近之乎。（雕蟲論）

其論重在江左文人擯落六藝，以吟詠性情為務，內容不外卉木風雲，有乖王化之本。隋初李諤承襲裴氏之意曰：

降及後代，風教漸落。魏之三祖，更尚文詞，忽君人之大道，好雕蟲之小藝。下之從上，有同影響，競騁文華，遂成風俗。江左齊梁，其弊彌甚，貴賤賢愚，唯務吟詠。遂復遺理存異，尋虛逐微，競一韻之奇，爭一字之巧。連篇累牘，不出月露之形，積案盈箱，唯是風雲之狀。世俗以此相高，朝廷據茲擢士。祿利之路既開，愛尚之情愈篤。於是閭里童昏，貴遊總角，未窺六甲，先製五言。至如羲皇舜禹之典，伊、傅、周、孔之說，不復關心，何嘗入耳。以傲誕為清虛，以緣情為勳績，指儒素為古拙，用詞賦為君子。故文筆日繁，其政日亂，良由棄大聖之軌模，構無用以為用也。損本逐末，流徧華壤，遞相師祖，久而愈扇。（隋書本傳）

唐李翺亦曰：

建武以還，文卑質喪，氣萎體敗，剽剝不讓，儷花鬥葉，顛倒相尚。（祭韓侍郎文）

而宋蘇軾之論一出，尤足震撼文壇，聳人聽聞。

自東漢以來，道喪文弊，異端並起，歷唐貞觀開元之盛，輔以房杜姚宋而不能救。獨韓文公起布衣，談笑而麾之，天下靡然從公，復歸於正，蓋三百年於此矣。文起八代之衰，道濟天下之溺。（潮州韓文公廟碑）

鄙薄六朝唯美文學，不留餘地，甚且詆為『淫文破典』，『損本逐末』，『顛倒相尚』，『八代之衰』云云，完全站在教化與實用立場以立說，一筆抹殺純文學之崇高價值，是坐不知美術文與實用文之殊也。

蓋嘗論之，實用文與美術文略有差別，實用文原是一種工具，其作用大致可分為記載事物，發表意見，傳達思想，抒寫情感等。惟美術文則有時專為寫作而寫作，其作品並未打算與他人讀，乃至不希望有人讀。

然則此等作品更有何用處，不幾等於廢物矣乎。是又不然，蓋文學工具說乃知識作用，而人類於求知之外，尚有所謂精神，爲寫作而寫作之美術文，卽精神作用也。由是言之，則此類美術文之價値殊不減於實用之文，或有過之。惟此類作品，多屬於韻文與唯美文學方面。尤其是駢體文據梁啓勳說見中國韻文概論唯美文學設色穠麗，遣詞斑斕，窈曲往復，蘊涵萬端，無處不見良工心苦，雖不必篇篇盡是經國之鴻文，而其足資陶冶性情，移易氣質，則可斷言。譬之珠玉珍玩，飢不可食，寒不可衣，而人貴之者，以其美觀悅目，可供欣賞也。又如雅曲佳畫，皆非經世牖民之所急需，而各級學校責學子以必習者，以音樂可以移情，可以美化人生，丹靑可以賞心，可以淨化性靈也。然則唯美文學之功用，寧有異於是哉。

近儒王國維氏嘗以中國唯美文學於演進期間，屢遭阻厄，卒不得綿延發皇，久安於純化之境地，而深致慨歎曰：

『自謂頗騰達，立登要路津，致君堯舜上，再使風俗醇。』非杜子美之抱負乎。『胡不上書自薦達，坐令四海如虞唐。』非韓退之之忠告乎。『寂寞已甘千古笑，馳驅猶望兩河平。』非陸務觀之悲憤乎。如此者，世謂之大詩人矣。至詩人之無此抱負者，與夫小說、戲劇、圖畫、音樂諸家，皆以侏儒優倡自處，世亦以侏儒優倡畜之。所謂『詩外尙有事在』，『一命爲文人，便無足觀』，我國人之金科玉律也。烏呼，美術之無獨立之價値也久矣。此無怪歷代詩人多託於忠君愛國勸善懲惡之意以自解免，而純粹美術上之著述，往往受世之迫害，而無人爲之昭雪者也。以是之故，所謂詩歌者，則詠史、懷古、感事、贈人之題目，彌漫充塞於詩界，而抒情敍事之作，什百不能得一，其有美術上之價値者，僅其寫自然之美之一方面耳。甚至戲曲小說之純文學，亦往往以懲勸爲恉，其有純粹美術之目的，世非惟不知貴，且加貶焉。故曰『中國無純文學』也。靜庵文集

語氣何等沈痛，觀此可以知其癥結之所在，而載道與尙用之說，皆遮蔽文學之翳障，從亦可尋其根柢矣。

魏晉南北朝之唯美文學，無論內容形式，皆異於前代，亦異於後代，乃卓然獨立之特殊文體也，語其特徵，約得四端，分述之如下：

一　對偶精工

凡自然界之名物，本多對峙，如天地、河岳、男女、動植物等皆是。故詩文中排偶之詞句，各國皆有之，詳見拙著中國駢文發展史第一章第一節惟長篇對仗爲中國所特多，亦中國所獨有耳。良以中國文字爲孤立與單音（monosyllabic-isolating language），故長短取捨，至能整齊。言乎對仗之用，蓋與文字以俱來，苟無對仗，不但文有不美，亦且意有不達，故上自群經諸子，下逮小說白話，旁及語錄佛書，無論聖賢豪傑，英雄兒女，但欲爲文，但欲達意，必求利用對仗。而唯美文學固以對仗爲第一要件，匪惟字字相稱，句句相儷，而意義、詞性、音節、形體等亦無一不相稱相儷者，將對稱之整齊美發揮至於極峯，風行中國文壇達四百年之久，讀曾國藩之湖南文徵序可以知也。

自東漢至隋，文人秀士，大抵義不孤行，辭多儷語。卽議大政，考大禮，每每綴以排比之句，間以婀娜之聲。

東漢時代，雙行意念之表現於文詞者，雖已屢見不鮮，然皆『文章天成，妙手偶得』之作，尚未普及於世也。至建安時代，此種意念始漸入於作家之腦海中，故建安群材實唯美文學之前驅。玆遴載一二，俾知其凡。

髣髴兮若輕雲之蔽月，飄颻兮若流風之迴雪。曹植洛神賦

山岡有餘映，巖阿增重陰。王粲七哀詩

菱芡覆綠水，芙蓉發丹榮。曹丕於玄武陂作詩

君若清路塵，妾爲濁水泥。曹植七哀詩

時俗薄朱顏，誰爲發皓齒。曹植雜詩

從軍度函谷，驅馬過西京。曹植贈丁儀王粲詩

微風起閨闥，落日照階庭。徐幹情詩

苟全性命於亂世，不求聞達於諸侯。諸葛亮前出師表

漢賊不兩立，王業不偏安。諸葛亮後出師表

臣聞士之生世，入則事父，出則事君，事父尚於榮親，事君貴於興國，故慈父不能愛無益之子，仁君不能畜無用之臣。夫論德而授官者，成功之君也，量能而受爵者，畢命之臣也，故君無虛授，臣無虛受，虛授謂之謬舉，虛受謂之尸祿，詩之素餐所由作也。曹植求自試表

洎乎晉代，詞人才子，雲蒸泉湧，所作詩文，大抵編字不隻，捶句皆雙，修短取均，奇偶相配。故應以

一言蔽之者，輒增為二言，應以兩句成文者，必分為四句。而排比屬對，亦力求其工切與流利，較前期作品進步甚多。文心雕龍麗辭篇云：『魏晉群材，析句彌密，聯字合趣，剖毫析釐。』沈德潛說詩晬語亦云：『士衡詩開出排偶一派，西京以來空靈矯健之風不復存矣。』觀陸機等諸子之作，可以知其消息矣。

臣聞遯世之士，非受匏瓜之性，幽居之女，非無懷春之情。是以名勝欲，故偶影之操矜，窮愈達，故凌霄之節厲。（同上）

臣聞虐暑熏天，不減堅冰之寒，涸陰凝地，無累陵火之熱。是以吞縱之强，不能反蹈海之志，漂鹵之威，不能降西山之節。（陸機演連珠）

外無期功彊近之親，內無應門五尺之僮。（李密陳情表）

或取諸懷抱，晤言一室之內，或因寄所託，放浪形骸之外。（王羲之蘭亭集序）

金風扇素節，丹霞啓陰期。（張協雜詩）

峥嵘玄圃深，嵯峨天嶺峭。（張協遊仙詩）

鬱鬱澗底松，離離山上苗。（左思詠史詩）

朱實隕勁風，繁英落素秋。（劉琨重贈盧諶詩）

臨源挹清波，陵岡掇丹荑。（郭璞遊仙詩）

下逮南朝，對偶愈工，手法愈細，通篇屬對到底之篇什，觸目皆是，而句法靈動，變化莫測，尤非中朝諸子所能夢見。三唐四六之文，格律之詩，悉於此濬其源焉。新唐書宋之問傳云：

魏建安後迄江左，詩律屢變。至沈約庾信以音韻相婉附，屬對精密。

胡應麟詩藪亦云：

晉宋之交，古今詩道之大限乎。魏承漢後，雖寖尚華靡，而淳朴餘風，隱約尚在。……士衡安仁一變而排偶開矣，靈運延年再變而排偶盛矣，玄暉三變而排偶愈工，淳朴愈散，漢道盡矣。

觀此則南朝詩體由單趨複，由散趨駢之軌跡，乃釐然可尋。今略舉數首於次，以資比較。

少無適俗韻，性本愛丘山。誤落塵網中，一去三十年。羇鳥戀舊林，池魚思故淵。開荒南野際，守拙歸園田。方宅十餘畝，草屋八九間。楡柳蔭後檐，桃李羅堂前。曖曖遠人村，依依墟里烟。狗吠深巷中，雞鳴桑樹巔。戶庭無塵雜，虛室有餘閒。久在樊籠裏，復得返自然。陶潛歸園田居詩

步出西城門，遙望城西岑。連障疊巘崿，青翠杳深沈。曉霜楓葉舟，夕曛嵐氣陰。節往感不淺，感來念已深。羇雌戀舊侶，迷鳥懷故林。含情尚勞愛，如何離賞心。撫鏡華緇鬢，攬帶緩促衿。安排徒空言，幽獨賴鳴琴。謝靈運晚出西射堂詩

茲山亙百里，合沓與雲齊。隱淪既已託，靈異居然棲。上干蔽白日，下屬帶迴谿。交藤荒且蔓，樛枝聳復低。獨鶴方朝唳，饑鼯此夜啼。渫雲已漫漫，夕雨亦淒淒。我行雖紆組，兼得尋幽蹊。緣源殊未極，歸徑窅如迷。要欲追奇趣，即此陵丹梯。皇恩竟已矣，茲理庶無暌。謝朓遊敬亭山詩

夙齡愛遠壑，晚涖見奇山。標峯綵虹外，置嶺白雲間。傾壁忽斜豎，絕頂復孤圓。歸海流漫漫，出浦水濺濺。野棠開未落，山櫻發欲然。忘歸屬蘭杜，懷祿寄芳荃。眷言採三秀，徘徊望九仙。沈約早發定山詩

洞庭春溜滿，平湖錦帆張。沅水桃花色，湘流杜若香。穴去茅山近，江流巫峽長。帶天澄迴碧，映日動浮光。行舟逗遠樹，度鳥息危檣。滔滔不可測，一葦詎能航。（陰鏗渡青草湖詩）

別席慘無言，離悲兩相顧。君登蘇武橋，我見楊朱路。關山負雪行，河水乘冰渡。顧子著朱鳶，知余在玄菟。（庾信別張洗馬樞詩）

南朝駢儷之文，亦與詩體同一步調，而徐陵庾信且開四六間隔作對之風。蓋自陸機演連珠及豪士賦序出，而後文章之四六句法始日益繁多，惟其作對，不過上句對下句，卽偶有間隔作對，亦往往多用四言，至通篇以四六句間隔作對，則自徐庾始。玆特舉南朝晚期諸子之作，以見一斑。

臣聞封唐有聖，還承帝嚳之家，居代維賢，終纂高皇之祚。無爲稱於華舄，至治表於垂衣。而撥亂反正，非間前古。至如金行重作，源出東莞，炎運猶興，枝分南頓。豈得掩顯姓於軒轅，非才子於顓頊。莫不因時多難，俱繼神宗者也。（徐陵勸進元帝表）

昔仙人導引，尙刻三秋，神女將疏，猶期九日。未有龍飛劍匣，鶴別琴臺，莫不銜怨而心悲，聞猿而下淚。人非新市，何處尋家，別異邯鄲，那應知路。想鏡中看影，當不含啼，欄外將花，居然俱笑。分杯帳裏，卻扇牀前，故是不思，何時能憶。當學海神，逐潮風而來往，勿如織女，待塡河而相見。（庾信爲梁上黃侯世子與婦書）

鶴籥晨啓，雀釵曉映，恭承盛典。肅荷徽章。步動雲袿，香飄霧縠，媿纏豔粉，無情拂鏡。愁縈巧黛，息意臨牕。妾聞漢水贈珠，人間絕世，洛川拾翠，仙處無雙。或有風流行雨，窈窕初日，聲高一笑，價起兩環。乃可桂殿迎春，蘭房侍寵。借班姬之扇，未掩驚羞，假蔡琰之文，寧披悚戴。（江總爲陳六宮謝表）

至於對仗之法，文心雕龍麗辭篇列擧四對，以爲言對爲易，事對爲難，反對爲優，正對爲劣。並擧實例以明之曰：

言對者，雙比空辭者也。事對者，並擧人驗者也。反對者，理殊趣合者也。正對者，事異義同者也。長卿上林賦云：『修容乎禮園，翺翔乎書圃。』此言對之類也。宋玉神女賦云：『毛嬙鄣袂，不足程式，西施掩面，比之無色。』此事對之類也。仲宣登樓云：『鍾儀幽而楚奏，莊舄顯而越吟。』此反對之類也。孟陽七哀云：『漢祖想枌楡，光武思白水。』此正對之類也。凡偶辭胸臆，言對所以爲易也，徵人之學，事對所以爲難也，幽顯同志，反對所以爲優也。並貴共心，正對所以爲劣也。又以事對，各有反正，指類而求，萬條自昭然矣。

惟自劉宋以後，對仗之方法繁多，約略言之，有如下列：

(1)單句對

高唐礙雨，洛浦無舟。庾信望美人山銘

(2)偶句對

堯風沖天，潁陽振飲河之談，漢德括地，商陰峻餐芝之氣。陶宏景解官表

(3)借　對

雁行攸序，龍作闓才。江總陸尚書誄

(4)當句對

三臺妙跡，龍伸蠖屈之書，五色花牋，河北膠東之紙。徐陵玉臺新詠序

(5)雜　對

某窮途異縣，歧路他鄉，非無阮籍之悲，誠有楊朱之泣。蕭統中呂四月啓

(6)異名對

鳳不去而恆飛，花雖寒而不落。庚信謝趙王賚白羅袍袴啓

(7)雙聲對

想像崑山姿，緬邈區中緣。謝靈運登江中孤嶼詩

(8)疊韻對

荒林紛沃若，哀猿相叫嘯。謝靈運七星瀨詩

(9)雙聲對疊韻

琉璃硯匣，終日隨身，翡翠筆牀，無時離手。徐陵玉臺新詠序

(10)疊韻對雙聲

側逕既窈窕，環洲亦玲瓏。謝靈運於南山往北山經湖中瞻眺詩

(11)疊字對

日黯黯而將暮，風騷騷而渡河。梁元帝蕩婦秋思賦

(12)迴文對

春草暮兮秋風驚，秋風罷兮春草生。江淹恨賦

⒀聯綿對

邈若墜雨，翩似秋蔕。謝朓拜中軍記室辭隨王牋

⒁雙擬對

林慚無盡，澗愧不歇。孔稚珪北山移文

⒂正名對

即石成基，憑林起棟。祖鴻勳與陽休之書

⒃數字對

心契九秋榦，目玩三春荑。謝靈運登石門最高嶺詩

⒄彩色對

白雲抱幽石，綠篠媚清漣。謝靈運過始寧墅詩

二 韻律和諧

前已言之，中國文字之特質為孤立與單音，惟其為孤立，故宜於講對偶，亦即意義之排偶。惟其為單音，故宜於務聲律，亦即聲音之對仗。前者在先秦兩漢之詩文辭賦中已試用日繁，開啓駢儷之風。至於後者，古人雖亦注意及之如西京雜記載司馬相如之言曰：一經一緯，一宮一商，此賦之跡也。，不過重自然音調之和諧，猶未作人為聲律之限

制，卽沈約所謂『高言妙句，音韻天成，皆暗與理合，匪由思至』（宋書謝靈運傳論）者也。文心雕龍聲律篇曰：

夫音律所始，本於人聲者也，聲含宮商，肇自血氣，先王因之，以制樂歌。

又附會篇曰：

夫才量學文，宜正體制，必以情志爲神明，事義爲骨髓，辭采爲肌膚，宮商爲聲氣。

近儒黃侃先生更詳言之曰：

至於調和聲律，本恆人情。觀夫琴瑟專壹，不能爲聽，語言哽介，不能達懷。故絲竹有高下之均，宜唱貴清英之響。然則文詞之用，以代語言，或流絃管，焉能廢斯樂語，求諸鄙言，以調喉娛耳爲非，以蹇吃冗長爲是哉。（書後漢書論贊）

推勘文貴聲律之理，至爲昭晰。

至建安以後，曹植屬意佛經，深愛聲律（見高僧傳），李登復著聲類，音別清濁，韻判宮商，自是詩文之音節，日益諧美，與前代異趣。如曹操之苦寒行，讀之覺其蒼涼悲壯，曹丕之燕歌行，讀之覺其悠揚委婉。而曹植仙人篇之『四海一何局，九州安所如。』贈白馬王彪詩之『孤魂翔異域，靈柩寄京師。』聖皇篇之『鴻臚擁節旄，副使隨經營。』情詩之『游魚潛綠水，翔鳥薄天飛，始出嚴霜結，今來白露晞。』以至贈徐幹、送應氏、名都篇、美女篇諸詩，尤弦管調協，聲光並茂，變前修而啓後哲，爲五言轉捩之一樞，亦卽漢魏詩體所由判也。此一變也。

太康年間，陸機特起，除重視詩文之視覺效果外，更追求聽覺效果，其文賦云：

其爲物也多姿，其爲體也屢遷，其會意也尚巧，其遣言也貴妍。曁音聲之迭代，若五色之相宣。雖逝止之無常，固崎錡而難便。苟達變而識次，猶開流以納泉。如失機而後會，恆操末以續顛。謬玄黃之秩敘，故淟涊而不鮮。

言行文之次序，有如一首樂曲，其音調之組織排列，必力求悅耳動聽，始能達到和諧的音樂美。故『文徽徽以溢目，音泠泠而盈耳』（文賦）之作品，乃陸氏所最心醉者也。而兩晉作手如潘岳張協左思之倫，下逮劉琨郭璞孫綽諸子，其詩賦駢體，莫不比響聯詞，精協宮商，極抑揚頓挫之致。此再變也。

至於元嘉，范曄繼作，有意將自然之音調，制爲人工之音律。其與諸甥姪書云：

性別宮商，識清濁，斯自然也。觀古今文人多不會了此處，縱有會此者，不必從根本中來，言之皆有實證，非爲空談。

其論較陸機切實多矣。惟范氏殫精惇史，雕蟲之藝，寥寥數篇耳，無由觀其風貌。其踐履篤行而光大之者，當數謝靈運。靈運山水諸作，最足以表現宋初詩歌重視寫作技巧之特色，其詩除富有顏色美、圖案美外，尤富有聲音美。詩中多描摹大自然風、鳥、猿、禽之幽淒聲響，更靈活運用雙聲字、疊韻字、重疊字、重疊詞、聯邊字等，使句子特別嘹亮，以增加詩中之音響效果。下擧各詩，乃絕佳之左驗矣。

潛虬媚幽姿，飛鴻響遠音。（登池上樓）

池塘生春草，園柳變鳴禽。（同上）

活活夕流駛，噭噭夜猿啼。（登石門最高頂）

清霄颺浮煙，空林響法鼓。（過瞿溪山飯僧）

秋泉鳴北澗，哀猿響南巒。（登臨海嶠）

猿鳴誠知曙，谷幽光未顯。（從斤竹澗越嶺溪行）

嚶鳴已悅豫，幽居猶鬱陶。（酬從弟惠連）

早聞夕飈急，晚見朝日暾，崖傾光難留，林深響易奔。（石門新營所住四面高山迴溪石瀨茂林修竹）

鳥鳴識夜棲，木落知風發，異音同致聽，殊響俱清越。（石門巖上宿）

奔騰永嘉末，逼迫太元始。（述祖德詩）

感往慮有復，理來情無存。（石門新營所住四面高山迴溪石瀨茂林修竹）

蘋萍泛沈深，菰蒲冒清淺。（從斤竹澗越嶺溪行）

昏旦變氣候，山水含清暉，清暉能娛人，遊子憺忘歸。（石壁精舍還湖中作）

火逝首秋節，明經弦月夕，月弦光照戶，秋首風入隙。（七夕詠牛女）

苕苕歷千載，遙遙播清塵，清塵竟誰嗣，明哲垂經綸。（述祖德詩）

悽悽陵霜柏，網網衝風菌。（臨終詩）

餘若顏延之鮑照謝莊諸人之作，亦皆瓌詞雄響，音節高亮，與大謝同。此三變也。

永明之末，沈約謝朓王融以聲氣相通，而周顒善識音律。王融始以四聲爲詩，沈約繼之，遂啓唐律，謝朓尤多唐音，大爲古近詩體衍變之樞，一時號永明宮商之論。自是通國上下，競尚新裁，凡有製作，莫不字別平仄，音分清濁，絺章繪句，振藻揚葩，使文學面目煥然一新，更趨於形式與技術之極端唯美。阮元四六叢話後序云：

> 彥昇休文，肇開聲韻，輕重之和，擬諸金石，短長之節，雜以咸韶，蓋時會使然，故元音盡泄也。

大抵沈約之論，正與古體相反，故是近體之律，雖貽譏於明哲（如鍾嶸），實後賢之功魁。此四變也。

降及梁陳，文風大盛，駢文變為四六，古詩變為新體，一切雜文小品，無不趨於聲律化，駢偶化。梁書庾肩吾傳云：

> 齊永明中，文士王融謝朓沈約文章始用四聲，以為新變，至是轉拘聲韻，復踰於往時。

在詩方面，若蕭綱之折楊柳，何遜之慈姥磯，徐陵之別毛永嘉，庾信之詠畫屏風詩，陰鏗之晚泊五洲諸篇，已儼然唐律面目，置諸王楊沈宋集中，恐不復易辨。在駢文方面，則以徐陵庾信之成就最大，二人所作，頗變舊體，巍然為四六宗師。許槤評徐陵玉臺新詠序云：

> 駢語至徐庾，五色相宣，八音迭奏，可謂六朝之渤澥，唐代之津梁。（六朝文絜）

評庾信鏡賦云：

> 選聲鍊色，此造極巔，吾於子山無復遺恨矣。（同上）

又評燈賦云：

> 音節韻健，光采煥鮮，六朝中不可多得。（同上）

謂二人在調聲上有特殊成就，極為有見。今各舉一例，以見其體。

徐陵玉臺新詠序：

九日（仄）登高（平），時有（仄）緣情（平）之作（仄）。

萬年（平）公主（仄），非無（平）誄德（仄）之辭（平）。

庾信謝滕王集序啓：

蒲桃（平）繞館（仄），新開（平）碣石（仄）之宮（平）。

修竹（仄）夾池（平），始作（仄）睢陽（平）之苑（仄）。

沈約謂詩文『前有浮聲，則後須切響。』（見宋書謝靈運傳論）浮聲切響云者，卽謂平仄之事也。第永明諸子，雖心知其然，而不克親自實踐，必待徐庾二子出，而後始進入『字協平仄，音調馬蹄』之規範矣。此五變也。

三　典故繁多

文學乃緣歷史以發生，人不習知歷史，則不能從事文學之研究，此中國文史所以恆爲一體，不容分割也。夫典，事也，所謂典故，古之事也，亦卽歷史之事也。是以典之定義，凡引證歷史中事實及前人言語入於文者，皆曰典故，前者謂之『用事』，後者謂之『用詞』。苟不能禁人斷絕歷史知識，則不能禁人不引用古事，卽不能禁人不引用典故，矧用典且爲修辭之一法乎。（參用近人吳芳吉氏再論吾人眼中之新舊文學觀之說）文學作品之用典者，無間中外，所在多是，以言英文習見之典，報章雜誌中可時時發見之，譬如我國人言『千鈞一髮』，英文則言『the sword of Domocles』，我國人言『快刀斬亂麻』，英文則言『to cut the Gordian's Knot』，非大用而特用乎，亦何傷其為流暢之作品耶。是以典非不可以用，祇看各人能不能用，善不善用，詩文修辭之法，不止白描一端，固夫人而知之者也。文心雕龍事類篇曰：

> 事類者，蓋文章之外，據事以類義，援古以證今者也。

所謂『事類』，即引事比類，亦即舊時所謂『用典』，今世所謂『引用』是也。近人劉永濟釋之曰：

> 文家用古事以達今意，後世謂之用典，實乃修辭之法，所以使言簡而意賅也。故用典所貴，在於切意，切意之典，約有三美：一則意婉而盡，二則藻麗而富，三則氣暢而凝。（文心雕龍校釋麗辭篇）

又曰：

> 文家用典，亦修辭之一法。用典之要，不出以少字明多意，其大別有二：一用古事，二用成辭。用古事者，援古事以證今情也。用成辭者，引彼語以明此義也。（文心雕龍校釋事類篇）

黃侃先生於文家引言用事，尤多卓見：

> 齊梁而後，聲律對偶之文大興，用事采言，尤關能事。其甚者，捃拾細事，爭疏僻典，以一事不知為恥，以字有來歷為高。文勝而質漸以漓，學富而才為之累，此則末流之弊，故宜去甚去奢，以節止之者也。然質文之變，華實之殊，事有相因，非由人力。故前人之引言用事，以達意切情為宗，後有繼作，則轉以去故就新為主。陸士衡云：『雖杼軸於余懷，怵他人之我先，苟傷廉而愆義，故雖愛而必捐。』豈唯命意謀篇，有斯懷想，即引言用事，亦如斯矣。是以後世之文，轉視古人增其繁縟，非必文士之失，實乃本於自然。今之訾謷用事之文者，殆未之思也。（文心雕龍札記麗辭篇）

言徵引故實，比附今事，爲文章修辭之一助，非作者之失也。吾師成楚望先生更詳言之曰：

⑴用典可以減少文字上的累贅：因爲用典的目的，卽在以極少的字句來表達更多的意思，也就是要以最簡要的字句來說明很複雜和很曲折的意思。譬如『沐猴而冠』、『揠苗助長』、『守株待兎』、『得魚忘筌』、『愛屋及烏』、『投鼠忌器』等等，每一句成語都代表一個典故，也都蘊含著很豐富很複雜的意義，如果我們能把有關的故實，很適當地應用到文章裏去，便可省說許多不必要的話。

⑵爲議論找根據：一般人多少帶有一點『信古』心理，我們在文章裏發議論時，拿古人的話或事實來作議論的根據，可以爭取或加强讀者的信心，而使其同意文中的見解。劉彥和在文心雕龍事類篇所說的：『據事以類義，援古以證今』，以及他所列舉書昜以次歷代作者『擧人事』『引成辭』的種種情形，也都不外乎這個道理。

⑶便於比況和寄託：有些不易直率表達的意思，或者不願和不可明顯說出的話，祇有用比附、隱喩、暗射、襯託種種方法來委婉代言，而對這些方法在取材上給以便利的，自然要算歷史中『髳頣沈沈』的故事了。像李義山錦瑟詩裏的『莊生曉夢，望帝春心』，重過聖女祠詩裏的『蕚綠華來，杜蘭香去』，解者無慮千百家，但他究竟所說何事，所指何人，除起義山於九原，別人實在無法知道。此卽由於義山的身世和遭遇，頗多難言之隱，祇好借用典故來抒寫其『勞者自歌，非求傾聽』的心情，也就管不得別人的懂與不懂了。

⑷用以充足文氣：臨文之際，遇着意盡而文氣不足的時候，可借用典的方法來濟其窮。如孫德謙在六

朝麗指中所述：『文章運典，於駢體爲尤要。梁簡文叙南康簡王蕚上東宮啓：「伏維殿下愛睦恩深，棠棣天篤。北海云亡，騎傳餘藁，東平告盡，驛問留書。嗚呼此恨，復在玆日。」此陳況古今，並以足其文氣也。儻無北海兩人故事，文至愛睦二語，不將窮於辭乎，故古典不可不諳習也。有此古典，藉以收束，而文氣亦充滿矣。』便是一個很好的例子。（中國文學裏的用典問題）說明文學上何以須用典故之理由，闡幽抉隱，屈曲洞達，彼信口詆娸用典將錮蔽性靈者，允宜三復斯言。

用典隸事，起源甚古，屈宋諸騷，已著先鞭，揚劉張蔡（揚雄劉歆張衡蔡邕），試用日繁，然多屬意到筆隨之作，非有成竹在胸也。爰逮建安，始刻意經營，漸趨美備，觀應璩雜詩可以知其端倪矣。

細微可不愼，隄潰自蟻穴，腠理蚤從事，安復勞鍼石。哲人覩未形，愚夫闇明白，曲突不見賓，燋爛為上客。思願獻良規，江海倘不逆，狂言雖寡善，猶有如雞跖。雞跖食不已，齊王爲肥澤。

按第二句出淮南子人間訓及韓非子喻老篇，第三句出素問擧痛論，五六兩句出史記，七八兩句出漢書霍光傳，十三十四兩句出呂氏春秋用衆篇及淮南子說山訓。寥寥十四句而用典多達五起，故鍾嶸評其詩曰：『善爲古語，指事殷勤，雅意深篤，得詩人激刺之旨。』可謂知言。

太康以後，用典益繁，潘陸二子，導其先路。潘岳之西征賦幾於一字一典，金谷集作、悼亡、在懷縣作諸詩，亦古事盈篇。而陸機之豪士賦序、五等諸侯論、弔蔡邕文、弔魏武帝文以至短篇之連珠牋啓，隸事之多，匪惟漢魏所無，抑亦晉文中有數之作。例如：

彼洪川之方割，豈一簣之所堙，故尼父之惠訓，智必愚而後賢。諒知道之已妙，曷信道之未堅，忽寧

子之保己，效萇叔之違天。冀澄河之遠日，忘朝露之短年。（蔡邕弔文）

短短十語，幾無句不隸事。又如：

臣聞頓網探淵，不能招龍，振綱羅雲，不必招鳳。是以巢箕之叟，不眄邱園之幣，洗渭之民，不發傅巖之夢。（演連珠）

李兆洛云：『隸事之富，始於士衡。』（駢體文鈔）良然。是後風氣一開，作家遞相追逐，有非用典不足以言佳作之勢焉。率舉數例，繫諸左方。

周任有遺規，其言明且清。（張華答何劭二首之二）

感彼雍門言，悽愴哀往古。（張載七哀詩二首之一）

折衝樽俎間，制勝在兩楹。（張協雜詩十首之五）

馮公豈不偉，白首不見招。（左思詠史八首之一）

荊軻飲燕市，酒酣氣益振。哀歌和漸離，謂若旁無人。（左思詠史八首之六）

惠連非吾屈，首陽非吾仁。（左思招隱二首之二）

廉藺門易軌，田竇相奪移。（曹攄感舊詩）

白登幸曲逆，鴻門賴留侯，重耳任五賢，小白相射鉤。（劉琨重贈盧諶）

李牧鎭邊城，荒夷懷南懼。趙奢正疆埸，秦人折北慮。（盧諶贈崔溫）

漆園有傲史，萊氏有逸妻。（郭璞遊仙詩十四首之一）

是則欲於兩晉詩文中尋求純白描之篇幅，已不可多覯矣。

南朝文士因受前代淸談與玄學之影響，作品遂由情韻之表現，轉爲事理之鋪陳，而又處心積慮，欲在修辭技巧上突過前人，於是吐膽嘔心，全力經營，因而造成用典隸事風氣之全盛，使詩文形式完全改觀。其首唱者當推宋之顏延之謝莊，將古詩比興之法，純以用典代之，變其本而新其貌者，則任昉王融也。鍾嶸詩品序云：

觀古今勝語，多非補假，皆由直尋。顏延謝莊，尤爲繁密，于時化之。故大明泰始中，文章殆同書抄。近任昉王元長等，詞不貴奇，競須新事，爾來作者，寖以成俗。遂乃句無虛語，語無虛字。

蕭子顯南齊書文學傳論亦云：

今之文章，作者雖衆，總而爲論，略有三體。……次則緝事比類，非對不發，博物可嘉，職成拘制。或全借古語，用中今情，崎嶇牽引，直爲偶說。

履霜之漸，蓋非一朝一夕之故矣。後進之士，不惟以用典爲能事，甚且廣羅秘書，爭疏僻典，以爲一事不知，學者之恥，一事無據，不以爲高。綿延至於徐庾，用典已臻於登峯造極、出神入化之域，而集六朝之大成，導三唐之先路。試觀以下數聯：

楚王宮內，無不推其細腰，衞國佳人，俱言訝其纖手。徐陵玉臺新詠序

畏南山之雨，忽踐秦庭，

讓東海之濱，遂餐周粟。庾信哀江南賦序

高臺已傾，稷下有聞琴之泣，
壯士一去，燕南有擊筑之悲。庾信思舊銘序

無不神機獨運，妙到毫顛，而又出以典雅之筆，可謂古今獨絕，唯美文學至此，令人歎觀止矣。

考南朝隸事風氣之所以獨盛，原因甚多，累紙所不能盡，要而言之，則編纂類書與隸事競賽是已，今分別述其崖略。

(1)關於編纂類書者　捃摭群書，以類相從，便於檢閱之書曰類書。我國類書編纂最早者為魏之皇覽，三國志魏志劉劭傳云：

劭黃初中受命集五經群書，以類相從，作皇覽。

是為類書之濫觴，編纂目的在供詞章家獵取辭藻、綴輯故實之用。其後代有繼作，極盛於梁朝。惟其書多已亡佚，不能見其廬山眞面，憾孰甚焉。玆據隋書經籍志、唐書藝文志、四庫全書總目提要所載類書略目表列如次：

(一○)魏晉南北朝類書略表

書名	時代	主編者
皇覽	魏	繆襲等
文章流別集	晉	摯虞
皇覽	宋	何承天
纂要	宋	顏延之
四部要略	南齊	蕭子良
袖中記	梁	沈約
袖中略集	梁	沈約
珠叢	梁	沈約
採璧	梁	庾肩吾
皇覽	梁	
合皇覽目	梁	徐爰
皇覽抄	梁	蕭琛
類苑	梁	劉峻
梁七錄	梁	

備註

(一)歐陽詢藝文類聚序云：『流別文選，專取其文，皇覽偏略，直書其事。』則流別文選亦類書也。

(二)錦帶一書，陳振孫直齋書錄解題題梁元帝撰，而四庫提要則疑為宋人所撰而附會蕭統耳。未知孰是。

華林徧略	梁	徐僧權
要錄	梁	
壽光書苑	梁	劉杳
科錄	梁	元暉
法寶聯璧	梁	蕭子顯等
文衡	梁	張率
文選	梁	蕭統
文章英華	梁	蕭統
錦帶	梁	蕭統
長春義記	梁	蕭綱
古今同姓名錄	梁	蕭繹
圖書泉海	陳	張式
典言	北魏	李穆叔
修文殿御覽	北齊	祖珽
長州玉鏡		虞綽等
書鈔		

按隸事與類書乃互爲因果，用典多，則類書必應運而生，類書多，則用典之風愈盛，作者不復以自鑄新詞爲高，而以多用事典爲博矣。如鍾嶸詩品評顏延之云：

一句一字，皆致意焉。又喜用古事，彌見拘束，雖乖秀逸，是經綸文雅才。

又評任昉云：

昉既博物，動輒用事。……少年士子，效其如此。

南史王僧孺傳云：

其文麗逸，多用新事，人所未見者，時重其富博。

陳書姚察傳云：

每有製述，多用新奇，人所未見，咸重富博。

當時風氣，於斯可見，嘗鼎一臠，足概其餘矣。

⑵關於隸事競賽者　類書雖肇始於魏之皇覽，然以深藏秘府，一般文人無由得見，自難以尋檢入文，故隸事之風猶未極盛也。南朝吟詠大盛，操觚者衡文角藝，蔚爲風尙，馴至『以一事不知爲恥，以字有來歷爲高』，開此風氣之先者，則非齊之王儉莫屬。自此文士馳騁詞場，競相隸事，呈現空前絕後之奇觀。試稽史册，以窺其凡。

南史王摛傳：

尙書令王儉嘗集才學之士，總校虛實，類物隸之，謂之隸事，自此始也。儉嘗使賓客隸事多者賞之，事皆窮，唯廬江何憲爲勝，乃賞以五花簟、白團扇。坐簟執扇，容氣甚自得。摛後至，儉以所隸示之，曰：『卿能奪之乎。』摛操筆便成，文章既奥，辭亦華美，擧坐擊賞。摛乃命左右抽憲簟，手自掣取扇，登車而去。儉笑曰：『所謂大力者負之而趨。』竟陵王子良校試諸學士，唯摛問無不對。

又陸澄傳：

王儉自以博聞多識，讀書過澄。澄謂曰：『僕少來無事，唯以讀書爲業，且年位已高。令君少便鞅掌王務，雖復一覽便諳，然見卷軸未必多僕。』儉集學士何憲等盛自商略，澄待儉語畢，然後談所遺漏數百十條，皆儉所未覩。儉乃歎服。儉在尚書省出巾箱几案雜服飾，令學士隸事，事多者與之，人人各得一兩物。澄後來，更出諸人所不知事，復各數條，并奪將去。

王儉門下才士如雲，皆隸事高手，要當以王摛陸澄爲第一流，何憲爲第二流，雖淵博如儉者，亦不得不甘拜下風矣。又劉顯傳：

沈約爲丹陽尹，命駕造焉。於坐策顯經史十事，顯對其九。約曰：『老夫昏忘，不可受策，雖然，聊試數事，不可至十。』顯問其五，約對其二。陸倕聞之擊席喜曰：『劉郎子可謂差人，雖吾家平原詣張壯武，王粲謁伯喈，必無此對。』其爲名流推賞如此。

沈約與劉顯相見，互相策試經史中事，亦隸事競賽也。又劉峻傳：

梁武帝招文學之士，有高才者多被引進，擢以不次。峻率性而動，不能隨衆沈浮。武帝每集文士策經史事，時范雲沈約之徒皆引短推長，帝乃悅，加其賞賚。會策錦被事，咸言已罄，帝試呼問峻，峻時貧悴冗散，忽請紙筆，疏十餘事，坐客皆驚，帝不覺失色。自是惡之，不復引見。

按梁武爲六朝帝王之佼佼者，在位四十八年，文治武功，彪炳史册，唐宗漢武，差可比隆。惟賦性褊狹，不能容納勝己者，致有江淹『才盡』（見南史本傳）於前，劉峻『寂寞』（見南史本傳）於後。尤其劉峻博極群書，文藻秀出，崔慰祖譽爲『書淫』，又編定類苑一百二十卷，而竟爲武帝所惡，固無怪其有『余逢命世英主，亦擯斥當年』（亦見南史本傳）之歎也。又沈約傳：

約嘗侍宴，會豫州獻栗，徑寸半。帝奇之，問栗事多少，與約各疏所憶，少帝三事。約出謂人曰：『此公護前，不讓卽羞死。』帝以其言不遜，欲抵其罪，徐勉固諫乃止。

君臣以隸事較短長，本屬雅事，以梁武嫉忌，沈約幾乎因此獲罪，易雅事爲僨事矣。又北史藝術徐之才傳：

嘗與朝士出游，遙望群犬競走，諸人試令目之。之才卽應聲云：『爲是宋鵲，爲是韓盧，爲逐李斯東走，爲負帝女南徂。』

北朝受南方風氣影響，亦盛行隸事。脫非之才『聰敏強識，有兼人之敏』，又平日『尤好劇談體語，公私言聚，多相嘲謔』，已成習慣，未必能應聲數典。況且之才幼有神童之目，八歲時造梁周捨宅，聽老子，捨爲設食，乃戲之曰：『徐郎不用心思義，而但事食乎。』之才卽以老子中語答曰：『蓋聞聖人虛其心而實其腹。』捨大嗟歎。年十三卽與南朝士大夫劉孝綽、裴子野、張嵊相往還，隸事之藝固早已爛熟矣。

隸事之風，既彌漫文壇，學者寖以成俗，日久則弊亦隨之，而轉爲穿鑿矣。南史任昉傳云：

既以文才見知，時人云『任筆沈詩』。昉聞甚以爲病。晚節轉好著詩，欲以傾沈，用事過多，屬辭不得流便，自爾都下士子慕之，轉爲穿鑿，於是有才盡之談矣。

於是引起鍾嶸與裴子野之不滿，大張撻伐，分別撰詩品及雕蟲論以非之。惟劉勰則取折衷，所論較爲平允，不涉意氣。劉氏首先說明用典對文章之重要，其次强調用典須切合文章之主題與內容，達到『徵義』『明理』之目的。惟載籍浩繁，欲求靈活運用，必須充實學問，知所抉擇，乃能匠心獨運，純美無疵。其文心雕龍事類篇云：

> 夫薑桂同地，辛在本性，文章由學，能在天資。才自內發，學以外成。有學飽而才餒，有才富而學貧，學貧者迍邅於事義，才餒者劬勞於辭情，此內外之殊分也。是以屬意立文，心與筆謀，才爲盟主，學爲輔佐，主佐合德，文采必霸，才學褊狹，雖美少功。

學既優贍，且須貫通，始能推陳出新，作獨創性的發揮。事類篇云：

> 是以綜學在博，取事貴約，校練務精，捃理須覈，衆美輻輳，表裏發揮。劉劭趙都賦云：『公子之客，叱勁楚令歃盟，管庫隸臣，呵强秦使鼓缶。』用事如斯，可謂理得而義要矣。

又云：

> 凡用舊合機，不啻自其口出，引事乖謬，雖千載而爲瑕。……夫山木爲良匠所度，經書爲文士所擇，木美而定於斧斤，事美而制於刀筆，研思之士，無慚匠石矣。

夫驅遣古事，固盡人所能，惟優劣之判，則胥視各人之巧思耳。

玆參酌前賢及吾師成楚望先生之中國文學裏的用典問題，將六朝文士用典之工劣者列舉如左：

㈠用典之工者

(1)高妙

便望釋蘿襲衮，出野登朝。（沈約爲武帝與謝朏敕）

按上句驟視之如未用典，實則暗用晉書謝安傳論：『褫薜蘿而襲朱組，去衡泌而踐丹墀。』此卽所謂暗典，亦卽禪家所謂『著鹽水中，無跡有味』是也。邢邵云：『沈侯文章，用事不使人覺，若胸臆語。』（北史本傳）洵非過譽。

(2)適當

風樹之酷，萬始莫追，霜露之哀，百憂總萃。（梁元帝答群下勸進初令）

按首句用韓詩外傳：『皐魚曰：樹欲靜而風不止，子欲養而親不待。』言父皇初崩，已亦有蓼莪之痛，若皐魚之不能事親也。三句用禮記祭義，亦確切不可移易。

(3)顯豁

昔伯牙絕絃於鍾期，仲尼覆醢於子路，痛知音之難遇，傷門人之莫逮。（曹丕與吳質書）

按首句出呂氏春秋本味篇，二句出禮記檀弓篇，皆自引而自說明，上下之意，聯貫爲一，令人可以互知，而無晦澀破碎之病。

(4)自然

奢恥宋臣，儉笑王孫。陶潛自祭文

按前句用春秋宋桓司馬自為石椁，三年而不成，如此豪奢，卒為孔子所譏故事，見禮記檀弓篇。後句用漢楊王孫臨終時命子將之嬴葬，以身親土故事，見漢書本傳。陶氏謂己死後埋葬，既不必如宋臣之奢，亦不必若王孫之儉，語極自然。

(5)普　遍

日黯黯而將暮，風騷騷而渡河，妾怨回文之錦，君思出塞之歌，相思相望，路遠如何。梁元帝蕩婦秋思賦

按第三句用晉書列女傳蘇蕙思夫故事，第四句用西京雜記戚夫人歌出塞曲故事，皆家喻戶曉，平易通行，稍讀書者，類能解之。

(6)寄　託

毛修之埋於塞表，流落不存，陸平原敗於河橋，死生慚恨。反公孫之柩，方且未期，歸連尹之尸，竟知何日。遊魂羈旅，足傷溫序之心，玄夜思歸，終有蘇韶之夢。遂使廣平之里，永滯寃魂，汝南之亭，長聞夜哭。庾信周大將軍吳明徹墓誌銘

按此十六句中每兩句用一典，共有典故八起，皆非泛泛引用以示淵博，正以藉此哀其魂羈異國之恨，而亦所以自哀也。良以庾氏丁年出使，飄淪異邦，鄉關之思，無時或紓，與明徹誠屬同病相憐，故撰寫本文，乃能言哀入痛，而惺惺相惜之情，洋溢楮墨之間，李兆洛謂為誌文絕唱，固不誣矣。

(7)靈　動

鶯鸞冶袖，時飄韓掾之香，飛燕長裾，宜結陳王之佩。徐陵玉臺新詠序

按第二句用賈充女偷西域貢香與其男友韓壽故事，見晉書賈充傳。第三句指趙飛燕。西京雜記：『趙飛燕立爲皇后，其弟合德上遺織成裾。』第四句指曹植。曹植洛神賦：『願誠素之先達兮，解玉佩以要之。』趙飛燕與曹植相距二百餘年，本不相涉，而作者用『宜』字予以綰合，極新穎靈動之致。

(8)輕　倩

想鏡中看影，當不含涕，欄外將花，居然俱笑。庾信爲梁上黃侯世子與婦書

按范泰鸞鳥詩序：『昔罽賓王獲彩鸞鳥，三年不鳴，夫人曰：嘗聞鳥見其類而後鳴，何不懸鏡以照之。王從其言，鸞睹影悲鳴，哀響中宵，一奮而絕。』首句卽用此事。此爲蕭曄捉刀之作也，丰神飄逸，意態輕盈，柔情綺語，黯然魂銷，其欲不見妒於鴛鴦者，殆不可得，故庾氏不但爲駢體宗師，亦一代香奩高手也。

(二)用典之拙者

(1)浮　濫

吳曾祺涵芬樓文談：『漢魏六朝人文中，更有一種習用語，如稱人之介必曰由夷，稱人之智必曰良平，稱人之孝必曰曾閔，稱人之忠必曰龍比，稱人之辨必曰蘇張，稱人之勇必曰賁育，稱人之貴必曰金

張，稱人之富必曰陶猗。此等語數見不鮮，在今日已成芻狗，不如不用爲妙。』

按成先生云：『例如稱人才學之高，動曰「五車」「八斗」，繩人詩文之美，動曰「繡虎」「雕龍」。不惟浮泛不切，夸飾失常，且已變成「人云亦云」的陳腔濫調。』

(2)生僻

何殊九枝蓋，薄暮洞庭歸。（徐陵春日詩）

按『九枝蓋』不詳所指。徐孝穆集中若此類者尚多，如奉和山池詩之『鬱島屢遷移』，爲貞陽侯重與王太尉書之『內相外相，終當相屈』等，皆不可解。而梁之王僧孺，陳之姚察，尤多用新事，人所未見，時人既不明其意，後人亦無從查考，是等於杜撰也。蓋文章貴在達意，用典當有所本而爲人所共喻者爲首要，生僻與冷僻之典故固不可用，卽當代新事而爲人所罕知者亦不可用。

(3)割裂

痛心拔腦，有如孔懷。（陸機與長沙顧母書）

按顏氏家訓文章篇云：『詩云：孔懷兄弟。孔，甚也，懷，思也，言甚可思也。陸機與長沙顧母書述從祖弟士璜死，乃言痛心拔腦，有如孔懷。心既痛矣，卽爲甚思，何故言有如也。觀其此意，當謂親兄弟爲孔懷。詩云：父母孔邇。而呼二親爲孔邇，於義通乎。』又成先生云：『如以「友于」爲兄弟，「貽厥」爲孫謀，「則哲」爲知人，「曾是」爲在位，古人雖有屢用之者，但割裂文義，究非所宜，吾輩未可貿然蹈襲。』

⑷訛誤

焉得忘憂草，言樹背與襟。陸機詩

按顏師古匡謬正俗云：『伯兮篇云：焉得萱草，言樹之背。毛傳：背，北堂也，謂於堂北種之以忘憂耳。而陸士衡詩云：焉得忘憂草，言樹背與襟。便謂身體前後種之，此亦誤也。』

又成先生云：『凡用某一典故，必先洞悉其內容，明瞭其意義，絕對不可一知半解，稍涉粗疏，或者張冠李戴，妄加引用。』

⑸擬於不倫

昔李斯之受罪兮，歎黃犬而長吟。悼嵇生之永辭兮，顧日影而彈琴。向秀思舊賦

按文心雕龍指瑕篇云：『君子擬人，必於其倫。而崔瑗之誄李公，比行於黃虞，向秀之賦嵇生，方罪於李斯，與其失也，雖寧僭無濫，然高厚之詩，不類甚矣。』

又顏氏家訓文章篇云：『陳思王武帝誄：遂深永蟄之思。潘岳悼亡賦：乃愴手澤之遺。是方父於蟲，譬婦爲考也。蔡邕楊秉碑云：統大麓之重。潘尼贈盧景宣詩云：九五思飛龍。孫楚王驃騎誄云：奄忽登遐。陸機父誄云：億兆宅心，敦叙百揆。姊誄云：俔天之和。今爲此言，則朝廷之罪人也。王粲贈楊德祖詩云：我君餞之，其樂洩洩。不可妄施人子，況儲君乎。』

又成先生云：『凡以故事擬人，必須雅稱其人的行誼與身分。若擬於不倫，聚非其類，即可構成文中極大的瑕疵。』

⑹合掌

宣尼悲獲麟，西狩泣孔丘。劉琨重贈盧諶詩

按『合掌』卽劉勰所謂『正對』也，其文心雕龍麗辭篇云：『反對爲優，正對爲劣。』對仗合掌，固非上品，隸事合掌，亦非佳篇也。

四、辭藻華麗

昔孔子論文，曰言之無文，行而不遠。又曰文質彬彬，然後君子。皆重視文采之意也。故古來載筆之倫，莫不重文采而尚色澤，其尤慧敏者，甚且吐膽嘔心，織錦成文，務使作品之外形臻於藝術美之極峯，期予讀者以視覺（sense of sight）與嗅覺（olfactory sensation）之雙重美感（sense of beauty），良工心苦，令人起敬。善乎劉彥和之言曰：

聖賢書辭，總稱文章，非采而何。……若乃綜述性靈，敷寫器象，鏤心鳥跡之中，織辭魚網之上，其爲彪炳，縟采名矣。故立文之道，其理有三：一曰形文，五色是也。二曰聲文，五音是也。三曰情文，五性是也。五色雜而成黼黻，五音比而成韶夏，五情發而爲辭章，神理之數也。文心雕龍情采篇

又曰：

莊周云辯雕萬物，謂藻飾也。韓非云豔采辯說，謂綺麗也。綺麗以豔說，藻飾以辯雕，文辭之變，於斯極矣。同上

皆強調辭華爲文章之要素，亦修辭之一法，其與西洋修辭學之目的論、必要論、功能說若合符節，可謂中西

一揆，遙相輝映矣。

詩賦文章之日趨華麗，蓋始於東漢，觀文選所錄傅毅、班固、張衡、蔡邕之作，面目迥異西京，可以知也。潛夫論務本篇云：

東漢學問之士，好語虛無之事，爭著雕龍之文。

然多半純任自然，未作人工之刻意塗澤。建安以下，文士有一種新的覺醒，文學亦擺脫儒學之羈勒，而飛速向唯美之途邁進。當時作者一致主張追逐綺縟、纂組藻采爲文學之第一條件，玆援錄一二，以見大凡。

魏曹丕典論論文：

詩賦欲麗。

晉陸機文賦：

詩緣情而綺靡，賦體物而瀏亮。

其會意也尚巧，其遣言也貴姸，曁音聲之迭代，若五色之相宣。

藻思綺合，清麗芊眠，炳若縟繡，悽若繁絃。

梁蕭統文選序：

若夫椎輪爲大輅之始，大輅寧有椎輪之質，增冰爲積水所成，積水曾微增冰之凜，何哉。蓋踵其事而增華，變其本而加厲，物既有之，文亦宜然。

若其讚論之綜緝辭采，序述之錯比文華，事出於沈思，義歸乎翰藻，故與夫篇什，雜而集之。

梁蕭繹金樓子立言篇：

至如文者，惟須綺縠紛披，宮徵靡曼，脣吻遒會，情靈搖蕩。

夫文學之由樸而華，由平淡而絢爛，亦猶人事之由簡而繁，物質之由粗而精，爲自然之趨勢，進化之公例，蕭統所論，是其明證已。

六朝文士在思想上既普遍重視文學之藝術美，在行動上亦多能劍及履及，於是刻意逞才，鏤心敷藻，逐景承流，蔚爲風尚，著其先鞭者，厥爲建安諸子。劉師培中古文學史云：

建安文學，革易前型，遷蛻之由，可得而說。……獻帝之初，諸方棋峙，乘時之士，頗慕縱橫，騁詞之風，肇端於此。又漢之靈帝，頗好俳詞（見楊賜蔡邕傳），下習其風，益尚華靡，雖迄魏初，其風未革。

從此文學風貌爲之一變。其中最重華彩，絡繹形之於詩文辭賦者，又當推王粲曹植。例如：

曲池揚素波，列樹敷丹榮。（王粲雜詩）

幽蘭吐芳烈，芙蓉發紅暉。（王粲雜詩四首之二）

秋蘭被長坂，朱華冒綠池。（曹植公讌詩）

凝霜依玉除，清風飄飛閣。（曹植贈丁儀詩）

詞藻妍練，工於設色，已非東京舊觀矣。鍾嶸評王粲詩曰：

發愀愴之詞，文秀而質羸。（詩品）

所言深中竅要。又評曹植詩曰：

魏陳思王植，其原出於國風。骨氣奇高，詞采華茂，情兼雅怨，體被文質，粲溢今古，卓爾不群。嗟乎，陳思之於文章也，譬人倫之有周孔，鱗羽之有龍鳳，音樂之有琴笙，女工之有黼黻，俾爾懷鉛吮墨者，抱篇章而景慕，映餘暉以自燭。故孔氏之門如用詩，則公幹升堂，思王入室，景陽潘陸自可坐於廊廡之間矣。詩品

推挹曹氏，亦云至矣。此外，若王粲之神女賦，曹植之洛神賦，均以穠麗詞句，刻畫神女，楚楚動人，至今猶傳為美談。

逮晉世尙文，而潘岳陸機肆以繁縟，遠紹曹王之芳軌，蓋同流而異波也。沈約宋書謝靈運傳論：

降及元康，潘陸特秀，律異班賈，體變曹王。縟旨星稠，繁文綺合，綴平臺之逸響，采南皮之高韻。遺風餘烈，事極江右。

可證潘陸之作，固沿建安之流而加綺密者，故旣稱『體變曹王』，又曰『采南皮之高韻』也。潘陸雖並稱，而時論亦有同異。鍾嶸詩品云：

晉黃門郎潘岳，其原出於仲宣，翰林嘆其翩翩然如翔禽之有羽毛，衣服之有綃縠，猶淺於陸機。謝混云：『潘詩爛若舒錦，無處不佳，陸文如披沙簡金，往往見寶。』嶸謂益壽輕華，故以潘為勝，翰林篤論，故嘆陸為深。余常言：陸才如海，潘才如江。

卽此可見潘岳偏重辭華甚於陸機。潘陸而外，詞采並趨綺麗者尙有張華、左思、夏侯湛、陸雲、應璩、傅咸、三張張載張協張亢、孫綽、摯虞、成公綏等，故文心雕龍時序篇云：

茂先搖筆而散珠，太沖動墨而橫錦，岳湛曜聯璧之華，機雲標二俊之采，應傅三張之徒，孫摯成公之屬，並結藻清英，流韻綺靡。

蓋唯美思想之浪潮已逐漸漫溢太康永嘉文壇，不可遏抑矣。玆任舉數例，藉覘其概。

白蘋齊素葉，朱草茂丹華。張華雜詩三首之三

南望泣玄渚，北邁涉長林。陸機赴洛詩二首之一

雅步嫋纖腰，巧笑發皓齒。陸雲爲顧彥先贈婦往返詩四首之二

幽谷茂纖葛，峻巖敷榮條。潘岳河陽縣作詩

濃朱衍丹脣，黃吻瀾漫赤。左思嬌女詩

悲歌結流風，逸響迴秋氣。張載霖雨詩

浮陽映翠林，迴飆扇綠竹。張協雜詩十首之二

潛穎怨青陽，陵苕哀素秋。郭璞遊仙詩

觀其抽秘逞妍，儷紅媲白，使人恍如置身金谷園中，流連忘返，其予人在視覺與嗅覺方面之美感，有非楮墨所能形容者矣。

降及劉宋，風貌又變，氣變而韶，句變而琢，鑄詞益麗，塗澤益濃，詩則於律漸開，文則於排愈甚，是唯美文學全盛之起步也。當時大家除陶潛所作色彩較淡外，若傅亮之爲宋公修張良廟教、爲宋公至洛陽謁五陵表，謝惠連之雪賦、祭古冢文，顏延之之三月三日曲水詩序、祭屈原文，謝靈運之山水詩，鮑照之蕪城賦、

樂府詩，謝莊之月賦、宋孝武宣貴妃誄等，莫不錯采鏤金，琳瑯滿目，美不勝收矣。其中以鮑顏謝三家最號雄傑，蕭子顯南齊書文學傳論評鮑照云：

發唱驚挺，操調險急，雕藻淫豔，傾炫心魂。亦猶五色之有紅紫，八音之有鄭衞，斯鮑照之遺烈也。

此則史學家泰甚之辭也。今觀參軍集中，辭采詄麗，盡態極姸，固所在多是，謂之『淫豔』，則有失公允。李兆洛駢體文鈔評顏延之云：

織詞之縟，始於延之。

極爲有見，蓋延年之作，固以『貴尚巧似』『雕繢滿眼』著稱於世者也。鍾嶸詩品評謝靈運云：

名章迥句，處處間起，麗典新聲，絡繹奔會。譬猶青松之拔灌木，白玉之映塵沙，未足貶其高絜也。

文心雕龍時序篇亦云：

顏謝重葉以鳳采。

『采』字最要，大謝詩力求表現，故描寫極其刻肖，劉勰所謂『情必極貌以寫物，辭必窮力而追新。』（文心雕龍明詩篇）修辭之術，愈益精細。其最著者，則大謝常用色彩字以渲染其辭是也。古今詩人各有其習用之字，李賀喜用『白』字，小謝喜用『綠』字，大謝則諸色字悉用之，而皆得其妙。茲列舉於下：

【白】 白日出悠悠　白圭尙可磨　巖高白雲屯　恒覺白日短　白日麗江皐　白雲抱幽石　星星白髮垂　白花皜陽林　白芷競新苔

【綠】 陵隰繁綠杞　綠篠媚淸漣　綠蘋齊初葉　初篁包綠籜　春晚綠野秀　原隰荑綠柳

【青】青青野田草　未厭青春好　託身青雲上　青翠杳深沉　援蘿聆青巖

【紅】墟囿粲紅桃　石磴瀉紅泉　山桃發紅萼

【赤】赤亭無淹薄

【丹】曉霜楓葉丹　躧步陵丹梯　結架非丹甍

【朱】已覩朱明移　落日次朱方

【紫】紫翮曄春流　新蒲含紫茸　綠蘞漸紫苞

【碧】水碧綴流溫　銅陵映碧澗　遨遊碧沙渚

【黑】朝遊窮曛黑

【黃】風悲黃雲起

（參用近人葉瑛謝靈運文學，見學衡第三十三期。）

明李夢陽稱大謝詩是六代之冠，徐氏文章辨體亦然其說。蓋大謝一身實繫漢魏古體之亡，與齊梁新體之興之大關鍵也。

劉宋以後，迄於陳亡，百年之間，對偶愈變愈工，音律愈變愈細，而辭采則愈變愈華，是唯美文學全盛之高潮也。其中摛辭最麗，刻鏤最甚者，於詩則推『宮體』，於文則數『徐庾體』。宮體之什，關係文學思想至為深鉅，容俟後論，玆但擧數首如下，以見梁陳文學並趨於綺豔云。

北窗聊就枕，南簷日未斜，攀鉤落綺障，插捩舉琵琶。夢笑開嬌靨，眠鬟壓落花，簟文生玉腕，香汗浸

紅紗。夫壻恆相伴，莫誤是倡家。詠內人晝眠

佳麗盡關情，風流最有名，約黃能效月，裁金巧作星。粉光勝玉靚，衫薄擬蟬輕，密態隨流臉，嬌歌逐軟聲。朱顏半已醉，微笑隱香屏。美女篇。上二首梁簡文帝作。

蕩子從遊宦，思妾守房櫳，塵鏡朝朝掩，寒衾夜夜空。若非新有悅，何事久西東，知人相憶否，淚盡夢啼中。怨閨

昆明夜月光如練，上林朝花色如霞，花朝月夜動春心，誰忍相思不相見。春別應令。上二首梁元帝作。

倡人歌吹罷，對鏡覽紅顏，拭粉留花稱，除釵作小鬟。綺燈停不滅，高扉掩未關，良人在何處，光唯見月還。徐陵和王舍人送客未還閨中有望

翠眉未畫自生愁，玉臉含啼還似笑，角枕千嬌薦芬香，若使琴心一曲奏。幽蘭度曲不可終，陽臺夢裏自應通，秋樹相思一枝綠，爲插賤妾兩鬢中。秋日新寵美人新令

步步香飛金薄履，盈盈扇掩珊瑚脣，已言採桑期陌上，復能解佩就江濱。宛轉歌。上二首江總作。

樓上多嬌豔，當牕并三五，爭弄遊春陌，相邀開繡戶。轉態結紅裙，含嬌拾翠羽，留賓乍拂絃，託意時移柱。舞媚娘

麗宇芳林對高閣，新妝豔質本傾城，映戶凝嬌乍不進，出帷含態笑相迎。妖姬臉似花含露，玉樹流光照後庭。玉樹後庭花

大婦怨空閨，中婦夜偸啼，小婦獨含笑。正柱作烏棲，河低帳未掩，夜夜畫眉齊。三婦豔詞。上三首陳後主作。

至『徐庾體』則指徐陵與庾信之駢文而言。北史文苑庾信傳云：

父肩吾，爲梁太子中庶子，掌管記。東海徐摛爲右衞率。摛子陵及信並爲抄撰學士。父子在東宮，出入禁闥，恩禮莫與比隆。既文並綺豔，故世號爲徐庾體焉。

駢文至南朝，可謂全盛時期，至徐庾始臻極峯。故徐庾實集駢文之大成，稱駢文之泰斗焉。四庫全書庾開府集箋注提要云：

其駢偶之文，則集六朝之大成，而導四傑之先路，自古迄今，屹然爲四六宗匠。初在南朝，與徐陵齊名，故李延壽北史文苑傳序稱：『徐陵庾信其意淺而繁，其文匿而采，詞尚輕險，情多哀思。』王通中說亦曰：『徐陵庾信古之夸人也，其文誕。』令狐德棻作周書，至詆其『誇目侈於紅紫，蕩心逾於鄭衞。』斥爲詞賦之罪人。然此自指臺城應敎之日，二人以宮體相高耳。至信北遷以後，閱歷既久，學問彌深，所作皆華實相扶，情文兼至，抽黃對白之中，灝氣舒卷，變化自如，則非陵之所能及矣。張說詩曰：『蘭成追宋玉，舊宅偶詞人，筆涌江山氣，文驕雲雨神。』其推挹甚至。杜甫詩曰：『庾信文章老更成，凌雲健筆意縱橫，後來嗤點流傳賦，不覺前賢畏後生。』則諸家之論，甫固不以爲然矣。

據此，則庾信之文似優於徐陵，實則二子所作，並皆纂組輝華，緝裁巧密，上達唯美文學之絕詣，固難以等第其甲乙也。

徐陵駢製，典重矞皇，麗采照映者有梁禪陳詔、陳公九錫文、勸進梁元帝表。瓌辭博練，奧義環深者有與王僧辯書、在北齊與楊僕射書。雕文織采，旖旎風華者有玉臺新詠序。清迴韶秀，風骨高騫者有與李那書。迻錄一二，以識其凡。

五運更始，三正迭代，司牧黎庶，是屬聖賢。用能經緯乾坤，彌綸區宇，大庇黔首，闡揚鴻烈。革晦以明，積代同軌，哲王踵武，咸由此則。梁德湮微，禍亂薦發，太清云始，見困長蛇，承聖之季，又罹封豕。爰立天成，重竊神器，三光亟沈，七廟乏祀，含生已泯，鼎命斯墜。我武元之祚，有如綴旒，靜惟屯剝，夕惕載懷。（梁禪陳詔）

至若寵聞長樂，陳后知而不平，畫出天仙，閼氏覽而遙妬。且如東鄰巧笑，來侍寢於更衣，西子微顰，將橫陳於甲帳。陪游馺娑，騁纖腰於結風，長樂鴛鴦，奏新聲於度曲。妝鳴蟬之薄鬢，照墮馬之垂鬟，反插金鈿，橫抽寶樹，南都石黛，最發雙蛾，北地燕脂，偏開兩靨。（玉臺新詠序）

刻畫女子之佳麗，頗爲細膩，故是一代香奩高手。

許槤評曰：

駢語至徐庾，五色相宣，八音迭奏，可謂六朝之渤澥，唐代之津梁。而是篇尤爲聲偶兼到之作，鍊格鍊詞，綺綰繡錯，幾於赤城千里霞矣。

王文濡亦曰：

玉臺開詩集之始，陳文居六朝之殿，其時徐庾之風大行，聲病之律彌盛，風雲月露，塡塞行間，香草美人，空言寄意，妖豔浮靡，至玆而極。然玉臺一集，可補昭明文選之窮，孝穆玆序，亦爲精心結譔之作。雖藻彩紛披，輝煌奪目，而華不離實，腴不傷雅，麗詞風動，妙語珠圓。乾坤清氣，欲沁於心脾，脂墨餘香，常存於齒頰。斯亦駢文之雄軍，豔體之傑構也。斯鑑賞家三昧語也。

庾信儷體，詞藻紛綸，文采煒燁之作，若春賦、鏡賦、燈賦、七夕賦、對燭賦、鴛鴦賦，與夫行雨山、玉帳山、至仁山、望美人山、明月山諸銘，皆居南朝所爲。此類作品，內容雖嫌空泛，但其狀物寫景寫情之想像力，以及辭藻音律之美妙，就純藝術而言，確有其卓越之才思與技巧，目之爲藝術品可也。玆舉三則，以例其餘。

宜春苑中春已歸，披香殿裏作春衣，新年鳥聲千種囀，二月楊花滿路飛，河陽一縣併是花，金谷從來滿園樹，一叢香草足礙人，數尺游絲卽橫路。開上林而競入，擁河橋而爭渡，出麗華之金屋，下飛燕之蘭宮，釵朶多而訝重，髻鬟高而畏風。眉將柳而爭綠，面共桃而競紅，影來池裏，花落衫中。春賦

玉帳寥廓，崑山抵鵲，總葉成帷，連珠起幕。玉葚難移，金花不落，隱士彈琴，仙人看博。巖留舊鼎，竈聚新荆，礬石初爛，燒丹欲成。桑田屢變，海水頻盈，長聞鳳曲，永聽簫聲。東宮玉帳山銘

竹亭標嶽，四面臨虛，山危簷迥，葉落窗疎。看椽有笛，對樹無風，風生石洞，雲出山根。霜朝唳鶴，秋夜鳴猿，堤梁似堰，野路疑村。船橫埭下，樹夾津門，寧殊華蓋，詎識桃源。明月山銘

逮入北以後，屈體魏周，賦境大變，惟象戲、馬射兩篇，尚仍舊貫。他如小園、竹杖、枯樹、傷心諸賦，與夫吳明徹、思舊諸銘，無不託物興懷，寄慨遙深。尤其是長篇鉅製、橫絕古今之哀江南賦，幾於句句有所指

喻，字字加以錘鍊，明麗中出蒼渾，綺縟中有流轉。而在表現之手法上，更已臻於爐火純青，出神入化之極詣，後人雖倣效之，然終難追其逸步也。周滕王序其集，深致推服，而曰：『信降山嶽之靈，縕煙霞之秀，器量侔瑚璉，志性甚松筠。妙善文詞，尤工詩賦，窮緣情之綺靡，盡體物之瀏亮。誄奪安仁之美，碑有伯喈之情，箴似揚雄，書同阮籍。』（庾開府集序）蓋深知庾氏者也。

※　　※　　※

綜上以觀，六朝唯美文學之特重辭華，自屬不爭之事實。是知唯美文學構成之要素，約而言之，厥有四焉：一曰辭華，二曰韻律，三曰對偶，四曰典故。其中以辭華爲最要，韻律次之，對偶又次之，而典故則其殿焉者也。今爲清晰計，再依時代先後爲序，將此三百餘年中辭華最美之俳賦作品臚列於後，以資比較，並藉此以覘辭華愈變愈美之軌跡焉。

魏曹植洛神賦：

其形也，翩若驚鴻，婉若游龍，榮曜秋菊，華茂春松，髣髴兮若輕雲之蔽月，飄颻兮若流風之迴雪。遠而望之，皎若太陽升朝霞；迫而察之，灼若芙蕖出淥波。穠纖得中，修短合度，肩若削成，腰如約素，延頸秀項，皓質呈露，芳澤無加，鉛華弗御。雲髻峨峨，修眉聯娟，丹脣外朗，皓齒內鮮，明眸善睞，靨輔承權。瓌姿豔逸，儀靜體閑，柔情綽態，媚於語言。奇服曠世，骨像應圖，披羅衣之璀粲兮，珥瑤碧之華琚，戴金翠之首飾，綴明珠以耀軀。踐遠游之文履，曳霧綃之輕裾，微幽蘭之芳藹兮，步踟躕於山隅。

晉潘岳寡婦賦：

嗟余生之不造兮，哀天難之匪忱，少伶俜而偏孤兮，痛忉怛以摧心。覽寒泉之遺歎兮，詠蓼莪之餘音，情長慼以永慕兮，思彌遠而逾深。伊女子之有行兮，爰奉嬪於高族，承慶雲之光覆兮，荷君子之惠渥。顧葛藟之蔓延兮，託微莖於樛木，懼身微而施重兮，若履冰而臨谷。遵義方之明訓兮，憲女史之典戒，奉蒸嘗以效順兮，供灑掃以彌載，彼詩人之攸歎兮，徒願言而心痗，何遭命之奇薄兮，遘天禍之未悔。榮華曄其始茂兮，良人忽以捐背，靜闔門以窮居兮，塊煢獨而靡依。易錦茵以苫席兮，代羅幬以素帷，命阿保而就列兮，覽巾箑以舒悲。口嗚咽以失聲兮，淚橫迸而霑衣，愁煩冤其誰告兮，提孤孩於坐側。時曖曖而向昏兮，日杳杳而西匿，雀群飛而赴楹兮，雞登棲而斂翼。歸空館而自憐兮，撫衾裯以歎息，思纏綿以瞀亂兮，心摧傷以愴惻。

宋鮑照蕪城賦：

若夫藻扃黼帳，歌堂舞閣之基，璇淵碧樹，弋林釣渚之館。吳蔡齊秦之聲，魚龍爵馬之玩，皆薰歇燼滅，光沉影絕。東都妙姬，南國麗人，蕙心紈質，玉貌絳唇，莫不埋魂幽石，委骨窮塵，豈憶同輿之愉樂，離宮之苦辛哉。

梁蕭繹採蓮賦：

紫莖兮文波，紅蓮兮芰荷，綠房兮翠蓋，素實兮黃螺。於是妖童媛女，蕩舟心許，鷁首徐迴，兼傳羽杯，棹將移而藻挂，船欲動而萍開。爾其纖腰束素，遷延顧步，夏始春餘，葉嫩花初，恐沾裳而淺笑，畏傾船而斂裾，故以水濺蘭橈，蘆侵羅襦，菊澤未及，梧臺迥見，荇溼霑衫，菱長繞釧，泛柏舟而容與，歌採蓮於枉渚。歌曰：碧玉小家女，來嫁汝南王，蓮花亂臉色，荷葉雜衣香，因持薦君子，願襲芙蓉裳。

北周庾信鏡賦：

天河漸沒，日輪將起，鷩噪吳王，烏驚御史，玉花簟上，金蓮帳裏。始摺屛風，新開戶扇，朝光晃眼，早風吹面，臨桁下而牽衫，就箱邊而着釧。宿鬟尙捲，殘粧已薄，無復脣珠，纔餘眉萼，靨上星稀，黃中月落。鏡臺銀帶，本出魏宮，能横卻月，巧挂廻風，龍垂匣外，鳳倚花中。鏡乃照膽照心，難逢難値，鏤五色之蟠龍，刻千年之古字。山雞看而獨舞，海鳥見而孤鳴，臨水則池中月出，照日則壁上菱生。暫設裝奩，還抽鏡屜，競學生情，爭憐今世，鬢齊故略，眉平猶剃。飛花磚子，次第須安，朱開錦蹹，黛蘸油檀，脂和甲煎，澤漬香蘭。量髻鬢之長短，度安花之相去，懸媚子於搔頭，拭釵梁于粉絮。梳頭新罷照着衣，還從粧處取將歸。暫看絃繫，懸知纈縵，衫正身長，裙斜假襻，眞成個鏡特相宜，不能片時藏匣裏，暫出園中也自隨。

曹植此作，悱惻纏綿，哀感頑豔，美人香草，上繼屈宋比興之思，儷字駢音，下牖江鮑綺縟之習。而造語之精，敷采之麗，匪惟漢代所無，抑亦魏文之冠。中國文學之由『自然藝術』轉爲『人爲藝術』，由不假雕琢轉爲有意刻畫，曹氏實有以先之也。

潘岳此篇，係同情少年守寡之姨母而作，除麗句繽紛外，側重心理之摹寫，將寡婦深沈之憂鬱，哀怨之愁情，一一躍現紙上，寫作技巧又較前邁進一大步矣。

鮑賦可得而言者有二：一曰，詞句鑄鍊之痕跡愈益彰顯，尤其是『比喻格』之大量運用，使作品彌增姿采，例如『璇淵碧樹』、『蕙心紈質』、『玉貌絳脣』之類，斯乃鮑氏之匠心巧思，故能有此傑構，突過前人多矣。二曰，著重聲色臭味之渲染，如『藻』、『黼』、『歌』、『聲』、『璇』、『碧』、『薰』、『燼』、『光』、『影』、『麗』、『玉』、『絳』之類，俳賦之趣於富麗，此其先唱焉。（參用近人朱光潛之說，見詩論第十一章。）

蕭繹此賦，上承鮑照遺風，選擇富有采色之詞彙，推敲諸美動聽之聲調。惟結構之謹嚴，形式之錯綜，則非鮑氏所能望其項背。前四句詠蓮，觀察入微，刻畫巧似。中間一段，點染成趣，以江南地方特有之旖旎風光作背景，襯出舟棹之輕搖慢盪，又能注意採蓮者之心理活動，期使情景相互協調，內質與外形歸於統一，故寥寥數語，即將舟船之動勢，小兒女之嬌態，依稀呈現於前，而構成非常柔和美好的畫面。末復以五言民歌作結，錯落多致，尤饒有革新精神，與庾信之春賦並稱俳賦雙絕。

至庾氏之鏡賦，更是精雕細琢，織錦成文，有美皆備，無麗不臻，而集前者之大成，江山文藻，信為不朽矣。許槤嘗有意推為壓卷而為之低首曰：『選聲鍊色，此造極巔，吾於子山無復遺恨矣。』又曰：『旖語閒情，紛蕤相引，如入石季倫錦步障中，令人心醉目炫。』（均見六朝文絜）亶其然乎。

※　※　※

構成唯美文學之要件，除上舉對偶、韻律、典故、辭華四者外，下列七事亦不可或缺。七事者，一曰奇詭，二曰練字，三曰代字，四曰聯邊，五曰回文，六曰雙關，七曰新變。今分述之。

(1)奇詭

孤臣危涕，孽子墜心。江淹恨賦

按文選李善注：『心當云危，涕當云墜，江氏愛奇，故互文以見義。』

意奪神駭，心折骨驚。江淹別賦

按心可驚而不可折，骨可折而不可驚，亦互文也。

雹碎春紅，霜凋夏綠。劉令嫻祭夫徐敬業文

按『紅』當作『花』，『綠』當作『草』，愛奇之習，波及才媛，固不限於男士也。

月入歌扇，花承節鼓。庾信春賦

按此用班婕好怨歌行：『裁爲合歡扇，團團似明月。』用『似』則熟，用『入』則奇。

草綠衫同，花紅面似。庾信梁東宮行雨山銘

按句法當云『衫同草綠，面似花紅。』庾氏顚倒之如此，在取新奇也。六朝文士率以艱深爲矜貴，以平易爲凡庸，殆卽劉勰所謂『意翻空而易奇，文徵實而難工』歟。文心雕龍通變篇曰：『宋初訛而新。』定勢篇又詳言之曰：『自近代辭人，率好詭巧，原其爲體，訛勢所變，厭黷舊式。故穿鑿取新，察其訛意，似難而實無他術也，反正而已。故文反正爲乏，辭反正爲奇，效奇之法，必顚倒文句，上字而抑下，中辭而出外，回互不常，則新色耳。』觀此，則訛之爲用，在取新奇，而奇之爲用，在取新色也。六朝文中類此者，觸處皆是，蓋追求文學之形式美乃當時之巨大潮流也。

(2)練字

凝霜依•玉除，清風飄•飛閣。曹植贈丁儀詩

驚風飄•白日，光景馳•西流。曹植箜篌引

按古詩不假烹鍊，曹植則用字獨工，如上舉『依』、『飄』、『馳』之類，皆使字尖穎，百鍊而出，故知六朝練字之風蓋始於曹氏也。

榮采曜•中林，流馨入•綺羅。張華雜詩

佇眄要•遐景，傾耳玩•餘聲。陸機於承明殿作與弟士龍詩

歸鳥映•蘭時，游魚動•圓波。潘岳河陽縣作詩

朱實隕•勁秋，繁英落•素秋。劉琨重贈盧諶詩

丹泉漂•朱沫，黑水鼓•玄濤。郭璞遊仙詩

神淵寫•時雨，晨色奏•景風。陶潛和戴主簿詩

日華窗上動•，風光草際浮•。謝朓和徐都曹中新亭渚詩

瓊樹落晨紅•，瑤塘水初淥•。王融淥水曲

隨風飄•岸葉，行雨暗•江流。何遜送八五城聯

棠枯絳葉盡•，蘆凍白花輕•。陰鏗和傅郎歲末還湘州詩

鶯隨•入戶樹，花逐•下山風。陰鏗開善寺詩

卷簾天自高，海水搖空綠。（梁武帝西洲曲）

露浸山扉月，霜開石路煙。（江總贈袁朗別詩）

按以上各詩皆能巧妙運用動詞，而使句法活潑靈動，後人所謂『句眼』『詩眼』，或即指此。又練字之風，南朝特盛，文心雕龍有聲律、章句、麗辭、比興、夸飾、練字等篇，內容不外重視練字，講究形式之美。至陰何而達於極峯，故杜甫有『頗學陰何苦用心』之歎也。

(3)代字

日薄星迴，穹天所以紀物，山盈川沖，后土所以播氣。（陸機演連珠）

按代字法者，擧文字中同義同類之字以代本字，乃避陳翻新之道，亦修辭之一法也。李善文選注：『沖，虛也。播，散也。』此以『沖』代『虛』，以『播』代『散』。

禎莖素毳，幷柯共穗之瑞，史不絕書。（顏延之三月三日曲水詩序）

按此以『禎莖』代『朱草』，『素毳』代『白虎』，『幷柯』代『連理』，『共穗』代『嘉禾』。（見文選李善注）用字避陳翻新，開駢文雕繪之習，知李兆洛謂『織詞之縟，始於延之』，非漫言也。

東都妙姬，南國麗人，蕙心紈質，玉貌絳脣。（鮑照蕪城賦）

按文選李善注：『蘭蕙同類，紈素兼名，文士愛奇，故變文耳。』

述職期闌暑，理棹變金素。（謝靈運永初三年之郡初發都詩）

按此以『金素』代『秋』。

明月入綺窗，髣髴想蕙質。（江淹雜體詩）

按文選李善注：『蕙，蘭類，故變之耳。』

籠張趙於往圖，架卓魯於前籙。孔稚珪北山移文

按此以『架』代『駕』。

六朝人愛美之情特著，尤以文學表現爲然，前述練字一道，不過在句法上靈活調配已耳，猶不足以饜其欲也，乃又在語言之選擇上用工夫，於是代字、代詞乃大量湧出矣。蓋六朝文士多精小學，喜用新字，喜鑄新詞，放言落紙，運用假借或同義字詞，自覺典雅。惟用之不愼，故求生僻，至於費解，則將失之晦澀，甚且進入魔道，而反不美矣。近儒黃侃駱鴻凱二氏於代字一道，論之甚精，特錄之以資參鏡。

黃氏文心雕龍札記指瑕篇：

晉來用字有三弊：一曰造語依稀，……戒嚴曰纂嚴，送別曰瞻送，解識曰領悟，契合曰會心。至如品藻稱譽之詞，尤爲模略。如嵇紹劭長，高坐淵箸，王微邁上，卞壼峯距，王恭亭亭直上，王忱羅羅清疎，叩其實義，殊欠分明，而世俗相傳，初不探究。

駱氏文選學餘論：

六代好用代語，觸手紛綸。擧『日』義言之，曰曜靈，曰靈暉，曰懸景，曰飛轡（並見演連珠），曰陽烏（蜀都賦），皆替代之辭也。此外言『月』則曰素娥，曰望舒，曰玄兎，曰蟾魄，此以典故代也。言山則曰巒、岑、巘、岡、陵，言舟則曰航、舫、舸、艫，言池塘則曰瀦、沼，言車則曰軺、

轅，此以訓詁代也。託始於卿固，中興於潘陸，顏謝繼作，綴緝尤繁。而溯其緣起，大抵由文人厭黷舊語，欲避陳而趨新，故課虛以成實。抑或嫌文辭之坦率，故用替代之詞，以期化直為曲，易逕成迂。雖非文章之常軌，然亦修辭之妙訣也，安可輕議乎。

(4) 聯　邊

征夫心多懷，悽愴令吾悲。（王粲從軍詩）

崢嶸玄圃深，嵯峨天嶺峭。（張協遊仙詩）

感物情悽惻，慷慨遺安愈。（陸機赴洛詩）

拊膺攜客泣，掩淚敍溫涼。（陸機門有車馬客行）

瀾漫潭洞波，合沓崿嶂雲。（鮑照自勵山東震澤詩）

悽悽聲中情，慊慊增下俚。（鮑照代門有車馬客行）

按利用中國文字獨具之字形美以創造詩文之藝術效果，主要修辭法有二：一曰駢詞麗句，一曰聯邊字。駢詞麗句前已論之甚詳，茲不贅述。聯邊字乃是利用文字構造之基本原理在象形、形聲、會意上加强意象及情緒感受。如上舉六例，或利用文字之偏旁複疊以描寫景物，使讀者經目視而產生美感效果，或利用同為以心會意之文字而加强情緒效果，使人味之意趣盎然，娓娓忘倦。（參用今人廖蔚卿氏鍾嶸詩品析論見文學評論第二集）文心雕龍練字篇云：『聯邊者，半字同文者也。狀貌山川，古今咸用，施於常文，則齟齬為瑕，如不獲免，可至三接，三接之外，其字林乎。』黃叔琳注云：『按三接者，如張景陽雜詩「洪潦浩方割」，沈休文和謝宣城詩「別羽汎清源」之類。三接之外，則曹子建雜詩「綺縞何繽紛」，陸士衡日出東南隅行「璚珮結瑤璠」，五字而聯邊者四，宜有字林之譏也。若賦則更有十接二十接不止者矣。』

(5)回　文

臣無祖母，無以至今日，祖母無臣，無以終餘年。（李密陳情表）

後之視今，亦猶今之視昔。（王羲之蘭亭集序）

春草暮兮秋風驚，秋風罷兮春草生。（江淹恨賦）

秋何月而不清，月何秋而不明。（梁元帝蕩婦秋思賦）

枝分柳塞北，葉暗榆關東，垂條逐絮轉，落蕊散花叢。池蓮照曉月，幔錦拂朝風，低吹雜綸羽，薄粉豔妝紅，離情隔遠道，歎結深閨中。（王融春遊回文詩）

按回文詩有廣狹二義：廣義的回文詩，只須詞句回環，而無須往復成句，如上官儀詩『情新因得意，得意遂情新』是也，上舉前四則亦屬此格。狹義的回文詩，則詩中字句，回環往復，讀之無不可通者，如上舉王融春遊詩是也。

(6)雙　關

霧露隱芙蓉，見蓮不分明。（子夜歌）

按蓮憐雙關。

桐樹生門前，出入見梧子。同上

按梧吾雙關。

三更書石闕，憶子夜題碑。讀曲歌

按題啼雙關，碑悲雙關。

朝霜語白日，知我爲歡消。同上

按吾師潘石禪先生樂府詩粹箋：『雙關語。晨霜因白日而消融，人爲所歡而消瘦。』

朝看莫牛跡，知是宿蹄痕。同上

按蹄啼相關。

雙燈俱時盡，奈許兩無由。同上

按由油雙關。

風吹合歡帳，直動相思琴。王金珠子夜夏歌

按琴情雙關。

晝夜理機絲，知欲早成匹。子夜夏歌

按『匹』雙關布匹與匹偶。

黃蘗向春生，苦心隨日長。子夜春歌

按『苦』雙關苦味與苦情。

飛龍落藥店，骨出只爲汝。（讀曲歌）

按『骨』雙關飛龍之骨與思婦之骨。

雙關語多見於樂府民歌清商曲辭中吳聲歌曲與西曲歌，係作者用一語詞同時關顧兩種不同事物之修辭方式，令人讀之有言外見意之趣，與回文同屬文人之文字遊戲。

(7)新變

朔氣傳金柝，寒光照鐵衣。（木蘭詞）

白雲抱幽石，綠篠媚清漣。（謝靈運過始寧墅詩）

池塘生春草，園柳變鳴禽。（謝靈運登池上樓詩）

木落江渡寒，雁還風送秋。（鮑照登黃鶴磯詩）

餘霞散成綺，澄江靜如練。（謝朓晚登三山還望京邑詩）

忘歸屬蘭杜，懷綠寄芳荃。（沈約早發定山詩）

零雨送秋，輕寒迎節，江楓曉落，林葉初黃。（蕭綱與蕭臨川書）

暮春三月，江南草長，雜花生樹，群鶯亂飛。（丘遲與陳伯之書）

江南燠熱，橘柚冬青，渭北沍寒，楊榆晚葉。（周弘讓與王少保書）

按六朝文士率皆絞盡腦汁，追求『新』與『變』，故詩文風貌，迥異兩京，上舉詩文，無論寫景抒情，皆非漢人所能想像。王國維人間詞話云：『文體通行既久，染指遂多，自成習套，豪傑之士亦難於其中自出新意，故遁而作他體，以自解脫。』蓋文學隨時代而轉移，至六朝有不得不變之勢。況尚新求變，乃人之常情，兩漢樸質之風，相沿既久，令人昏睡耳目，六朝群彥霞蔚雲蒸，忽焉丕變，亦文學之復興也。近人許文雨持論甚精，錄之以爲本節之殿焉。

許文雨詩品講疏：

文心雕龍明詩篇曰：『宋初文詠，體有因革，莊老告退，而山水方滋。儷采百字之偶，爭價一句之奇，情必極貌以寫物，辭必窮力而追新，此近世之所競也。』案孫許玄言，其勢易盡，故殷謝振以景物，淵明雜以風華，浸欲復規洛京，上繼鄴下。康樂以奇才博學，大變詩體，一篇既出，都邑競傳，所以弁冕當時，扢揚雅道。於時俊彥，尚有顏鮑二謝（謝瞻 謝惠連）之倫，要皆取法中朝，辭禁輕淺。雖偶傷刻飾，亦矯枉之理也。夫極貌寫物，有賴於深思，窮力追新，亦質於博學。將欲排除膚語，洗盪庸音，於此假塗，庶無迷路。世人好稱漢魏，而以顏謝爲繁巧，不悟規摹古調，必須振以新詞，若虛響盈篇，徒生厭倦，其爲蔽害，與勦襲玄語者政復不殊。以此知顏謝之術，乃五言之正軌矣。

第三節　散文別樹一幟

魏晉南北朝乃唯美文學彌漫之時代，亦卽爲文學而文學之全盛時代也。卽以文章一道而論，當時作者，誠如劉知幾所謂：『大抵編字不隻，捶句皆雙，修短取均，奇偶相配，故應以一言蔽之者，輒足爲二言，應以三句成文者，必分爲四句。』史通敍事篇　如曹植與楊德祖書中之『當此之時，人人自謂握靈蛇之珠，家家自謂抱荆山之玉，吾王於是設天網以該之，頓八紘以掩之，今悉集玆國矣』六句，嚴格言之，減去三五兩句，意思亦已表達無遺，而作者不憚煩碎而用之者，在求字句之平衡，意義之對稱也。後進之士，競相研摹，變本加厲，駢麗之文遂如日中天，光芒四射矣。惟當駢文獨秀之時，亦有若干作家冥心孤往，別樹一幟，不逐波揚瀾而兼重文質者，或注經，或修史，或談玄，或論政，或紀事，或議典禮，或述名勝，有非駢辭所能暢加表達者，輒以散行之筆出之。故魏晉南北朝之文，雖盛行駢體，而散體亦未嘗衰歇。惟此類文章，多屬應用之作，亦卽蕭繹所謂之『筆』，而非蕭繹所謂之『文』而已。今各爲條論，繫諸左方。

一　經學家之散文

經學至東漢而臻於極盛，物窮則變，盛極則衰，此自然之理，亦情勢之常也。六朝時代，經學大師如許鄭之流雖不復能見，而注疏之學則多能推陳出新，自成一說。如魏何晏之解論語，吳陸璣之疏毛詩，魏王弼之注周易，晉杜預之解春秋經傳，范寧之釋穀梁，梁皇侃之疏論語，是其犖犖較著者，其書泰半列入十三經注疏中，共江河而不廢矣。自餘名家若虞翻、王朗、董遇、王肅等，皆獨持己見，與漢儒分庭而抗。經師之作，蓋以立意爲宗，不以能文爲本，故英辭博練，奧義環深，是其特色。試舉范寧之穀梁傳序爲例：

> 昔周道衰陵，乾綱絕紐，禮壞樂崩，彝倫攸斁，弒逆篡盜者國有，淫縱破義者比肩。是以妖災因釁而作，民俗染化而遷，陰陽爲之愆度，七曜爲之盈縮，川岳爲之崩竭，鬼神爲之疵厲。故父子之恩缺，則小弁之刺作，君臣之禮廢，則桑扈之諷興，夫婦之道絕，則谷風之篇奏，骨肉之親離，則角弓之怨彰，君子之路塞，則白駒之詩賦。天垂象，見吉凶，聖作訓，紀成敗，欲人君戒愼厥行，增修德政，蓋誨爾諄諄，聽我藐藐，履霜堅冰，所由者漸。四夷交侵，華戎同貫，幽王以暴虐見禍，平王以微弱東遷，征伐不由天子之命，號令出自權臣之門，故兩觀表而臣禮亡，朱干設而君權喪，下陵上替，僭逼理極，天下蕩蕩，王道盡矣。孔子覩滄海之橫流，迺喟然而歎曰：『文王旣沒，文不在玆乎。』言文王之道喪，興之者在己。於是就大師而正雅頌，因魯史而修春秋，列黍離於國風，齊王德於邦君，所以明其不能復雅政，化不足以被羣后也。

觀其筆力古勁，氣韻沈雄，宛然經師本色，與唯美作家之偏重辭華者，大異其趣。

二　史學家之散文

六代史學，蔚然大盛，晉陳壽之三國志，宋范曄之後漢書，最爲絕倫，與班馬之作並稱四史。陳壽屬文不事雕飾，而波瀾老成，若無意爲工，而時有奇情壯采可見，蓋深得蘊藉之致者。例如諸葛亮傳評：

諸葛亮之爲相國也，撫百姓，示儀軌，約官職，從權制，開誠心，布公道。盡忠益時者雖讎必賞，犯法怠慢者雖親必罰，服罪輸情者雖重必釋，游辭巧飾者雖輕必戮。善無微而不賞，惡無纖而不貶，庶事精練，物理其本，循名責實，虛僞不齒。終於邦域之內，咸畏而愛之，刑政雖峻而無怨者，以其用心平而勸戒明也。可謂識治之良才，管蕭之亞匹矣。然連年動衆，未能成功，蓋應變將略，非其所長歟。

時人稱其善敘事，有良史之才，於史漢而外，自成一格。蓋史記短長相生，而出以雄肆，漢書奇偶錯綜，而求爲雅練。三國則雄肆不逮史公，雅鍊亦遜班氏，而不矜才氣，自然溫潤，平流躍波，曲折都到，此其大較也。

范氏自寧以來，世傳經學，曄獨覃思惇史，後漢書之作，自謂體大思精。又云，諸序論筆勢放縱，實天下之奇作。今舉其黨錮傳序論之一段爲例：

及漢祖杖劍，武夫勃興，憲令寬賒，文禮簡闊，緒餘四豪之烈，人懷陵上之心，輕死重氣，怨惠必讎，令行私庭，權移匹庶，任俠之方，成其俗矣。自武帝以後，崇尙儒學，懷經協術，所在霧會，至有石渠分爭之論，黨同伐異之說，守文之徒，盛於時矣。至王莽專僞，終於篡國，忠義之流，恥見纓紼，遂乃榮華丘壑，甘足枯槁。雖中興在運，漢德重開，而保身懷方，彌相慕襲，去就之節，重於時矣。逮桓靈之閒，主荒政繆，國命委於閹寺，士子羞與爲伍，故匹夫抗憤，處士橫議，遂乃激揚名聲，互相題拂，品覈公卿，裁量執政，婞直之風，於斯行矣。

夫上好則下必甚，矯枉故直必過，其理然矣。若范滂、張儉之徒，淸心忌惡，終陷黨議，不其然乎。其他爲世所傳誦者，尙有獨行傳序論、皇后紀序論、宦者傳序論、逸民傳序論、二十八將傳論，細籀所作，抑揚爽朗，英華外發，比班書稍加典縟，而比陳志之平鋪直敍，筆欠華贍者，則有間矣。

自餘史家，若梁沈約撰宋書，蕭子顯撰齊書，北齊魏收撰後魏書，皆列名二十五史。他若晉干寶之晉紀，袁宏之後漢紀，孫盛之魏氏春秋、晉陽秋，宋裴松之之三國志注，裴駰之史記集解，梁裴子野之宋略，陳何之元之梁典、北魏崔鴻之十六國春秋等，率以單行之筆出之，足爲正史陪臺焉。

三　子學家之散文

六朝子學之盛，不下史學，幾與玄學並稱。自漢末徐幹撰中論以後，子部之學，代有名篇。其中以魏劉劭之人物志，王弼之老子注，晉傅玄之傅子，葛洪之抱朴子、神仙傳，郭象之莊子注，梁陶宏景之眞誥，梁元帝之金樓子，後魏賈思勰之齊民要術，北齊顏之推之顏氏家訓等最爲世重，並皆列入四庫全書。其書多以單行之筆，或闡儒學，或論人物，或述老莊之玄意，或正時俗之謬失，林林總總，不可殫記。而以陶宏景顏之推之文最爲自然，絕去雕飾，還我眞淳，陶以輕倩短章見長，顏則以疏宕長篇爭勝，皆六朝散文中最高成就之一。試舉一二，以概其全。

相者蓋性命之著乎形骨，吉凶之表乎氣貌，亦猶事先謀而後動，心先動而後應，表裏相感，莫知所以然。且富貴壽夭，各值其數。董賢甫在弱冠，便位過三公，貲半於國，而裁出三十，身摧家破。馮唐袴穿郎署，揚雄壁立高閣，而並至白首，或垂老玉食，而官不過尉史。或穎慧若神，僅至齠齔，或不辨菽麥，更保黃耇，此又明其偏有得也。陶宏景相經序

人在少年，神氣未定，所與款狎，薰漬陶染，言笑擧動，無心於學，潛移暗化，自然似之，何況操履藝能，較明易習者也。是以與善人居，如入芝蘭之室，久而自芳也。與惡人居，如入鮑魚之肆，久而自臭也。墨翟悲於染絲，是之謂矣。君子必愼交遊焉。孔子曰：無友不如己者。顏閔之徒，何可世得，但優於我，便足貴之。世人多蔽，貴耳賤目，重遙輕近。少長周旋，如有賢哲，每相狎侮，不加禮敬。他鄉異縣，微藉風聲，延頸企踵，甚於飢渴。校其長短，覈其精粗，或彼不能此矣。所以魯人謂孔子爲東家丘。昔虞國宮之奇，少長於君，君狎之，不納其諫，以至亡國，不可不留心也。顏氏家訓慕賢篇

四　詩家之散文

六朝詩人崇尚唯美，純粹散體之文，殊不易得，在此寥寥篇什中，求其絕去雕飾，疏爽自然者，不過數篇而已，晉陶潛、宋鮑照之作皆足以當之。

陶氏爲魏晉思想之淨化者，亦吾國自然派詩人之宗師，其作品無論詩文辭賦，均保持其特有個性及一貫平淡自然之作風，於唯美文學之狂飇巨潦中，自成波瀾，不求人知，不邀人賞，翛然獨出於埃堨之外，誠古今不可多得之文學家，不僅以詩稱也。鍾嶸評其詩文曰：

宋徵士陶潛，文體省淨，殆無長語。篤意眞古，辭興婉愜，每觀其文，想其人德，世嘆其質直。至如『歡言酌春酒』，『日暮天無雲』，風華淸靡，豈直爲田家語耶，古今隱逸詩人之宗也。（詩品）

蕭統序其集亦曰：

其文章不羣，辭采淸拔，跌宕昭彰，獨超衆類，抑揚爽朗，莫之與京。橫素波而傍流，干青雲而直上。語時事則指而可想，論懷抱則曠而且眞。加以貞志不休，安道苦節，不以躬耕爲恥，不以無財爲病。……嘗謂有能觀淵明之文者，馳競之情遣，鄙吝之意袪，貪夫可以廉，懦夫可以立。豈止仁義可蹈，抑乃爵祿可辭，不必傍遊泰華，遠求柱史，此其有助於風敎也。

其儷體之作，如歸去來辭、閑情賦、感士不遇賦、自祭文、祭從弟敬遠文諸篇，類皆掃除繁縟，棄絕華綺，而爲宋人四六之先唱。若乃散體之製，則以桃花源記、五柳先生傳、孟府君傳、祭程氏妹文、與子儼等疏諸篇最膾炙人口，蓋以其委心任運，忘懷得失，著文章以自娛而已，非藉以釣聲名，取利祿，此其所以爲高也。讀桃花源記，令人油然而興東方式烏托邦（Utopia）之遐想，嚮往一個極自由極安和之『愛的社會』，卽荀子所謂『美善相樂』者也。讀與子儼等疏，懇切叮嚀，至情無僞，慈煦之容，若在紙上。讀祭程氏妹文，覺其手足情深，發自天性。讀五柳先生傳，可以想見其人品之高潔焉。昔敖器之評陳師道詩云：『九皐鶴唳，深林孤芳，沖寂自妍，不求賞識。』移以贊潛，當更確切。錄一首以見體。

先生不知何許人也，亦不詳其姓字，宅邊有五柳樹，因以爲號焉。閑靜少言，不慕榮利，好讀書，不求甚解，每有會意，便欣然忘食。性嗜酒，家貧不能常得，親舊知其如此，或置酒而招之，造飮輒盡，期在必醉，既醉而退，曾不吝情去留。環堵蕭然，不蔽風日，短褐穿結，簞瓢屢空，晏如也。常著文章自娛，頗示己志，忘懷得失，以此自終。

贊曰：黔婁有言：『不戚戚於貧賤，不汲汲於富貴。』其言茲若人之儔乎。銜觴賦詩，以樂其志，無懷氏之民歟，葛天氏之民歟。

鮑照駢體，高視六代，故純散體之作，未之能見，駢散夾雜者，亦惟登大雷岸與妹書等三數篇耳。此書模山範水，情文駿發，煙雲變滅，奇觀勝景，絡繹奔赴，卽李思訓數月之功，亦恐畫所難到，山水小品屈指可數之傑構也。茲錄其寫景之一段如左：

向因涉頓，憑觀川陸，遨神清渚，流睇方曛，東顧五洲之隔，西眺九派之分，窺地門之絕景，望天際之孤雲，長圖大念，隱心者久矣。南則積山萬狀，爭氣負高，含霞飲景，參差代雄，凌跨長隴，前後相屬，帶天有匝，橫地無窮。東則砥原遠隰，亡端靡際，寒蓬夕卷，古樹雲平，旋風四起，思鳥羣歸，靜聽無聞，極視不見。北則陂池潛演，湖脈通連，苧蒿攸積，菰蘆所繁，棲波之鳥，水化之蟲，智吞愚，强捕小，號噪驚聒，紛牣其中。西則迴江永指，長波天合，滔滔何窮，漫漫安竭，創古迄今，舳艫相接，思盡波濤，悲滿潭壑，煙歸八表，終爲野塵，而是注集，長寫不測，修靈浩盪，知其何故哉。

彭兆蓀評曰：『古秀在骨。士龍答車茂安書、吳均與宋元思書均不逮也，能彷彿其造句者，水經注而外，惟柳州小記近之。』（南北朝文鈔）可謂崇仰備至矣。

五　駢文家之散文

六朝駢文家兼工散文者甚多，舉其要者，有魏之曹丕、曹植、王粲、陳琳、阮瑀，晉之潘岳、陸機、葛洪，宋之謝靈運、顏延之，梁之武帝、簡文帝、元帝、昭明太子、劉峻、沈約、任昉、吳均等，均不愧一代高手。籀其所作，或經國之鴻文，或廟堂之鉅製，或史傳之偉篇，或輕倩之小品。玆遴載騰播萬口之小品文數篇以見體。

琳死罪死罪。昨加恩辱命，并示龜賦，披覽粲然。君侯體高世之材，秉青萍干將之器，拂鐘無聲，應機立斷，此乃天然異稟，非鑽仰者所庶幾也。音義既遠，清辭妙句，焱絕煥炳，譬猶飛兎流星，超山越海，龍驤所不敢追，況於駑馬可得齊足哉。夫聽白雪之音，觀綠水之節，然後東野巴人，蚩鄙益著，載歡載笑，欲罷不能。謹韞櫝玩耽，以爲吟頌。琳死罪死罪。（陳琳答東阿王牋）

雖寥寥短章，而語語精絕，殆以少許勝人多許者。曹丕典論論文云：『琳瑀之章表書記，今之雋也。』又與吳質書云：『孔璋章表殊健，微爲繁富。』『殊健』誠是，『繁富』則不盡然。

會境既豐山水，是以江左嘉遁，並多居之。但季世慕榮，幽棲者寡，或復才爲時求，弗獲從志。至若王弘之拂衣歸耕，踰歷三紀，孔淳之隱約窮岫，自始迄今，阮萬齡辭事就閑，纂戎先業，浙河之外，棲遲山澤，如斯而已。既遠同羲唐，亦激貪厲競。殿下愛素好古，常若布衣，每意昔聞，虛想巖穴，若遺一介，有以相存，眞可謂千載盛美也。（謝靈運與廬陵王義眞牋）

靈運以衣冠世胄，俯仰新朝，情勢既乖，意殊不愜，遂乃流連法業，優游泉石，故山水詩什，充牣集中，卽散體之作，亦多類是。蓋其先祖旣匡輔晉室，又時時不忘東山之遊，或深致歆慕歟。

峻字孝標，平原人也，生於秣陵縣，朞月歸故鄉。八歲，遇桑梓顚覆，身充僕圉，齊永明四年二月逃還京師，後爲崔豫州刑獄參軍。梁天監中，詔峻東掌石渠閣，以病乞骸骨，隱東陽金華山。

余嘗自比馮敬通，而有同之者三，異之者四，何則。敬通雄才冠世，志剛金石，余雖不及之，而亮節慷慨，此一同也。敬通値中興明君，而終不試用，余逢命世英主，亦擯斥當年，此二同也。敬通有忌妻，至於身操井臼，余有悍室，亦令家道轗軻，此三同也。

敬通當更始之世，手握兵符，躍馬食肉，余自少迄長，戚戚無歡，此一異也。敬通有子仲文，官成名立，余禍同伯道，永無血胤，此二異也。敬通膂力剛强，老而益壯，余有犬馬之疾，溘死無時，此三異也。敬通雖芝殘蕙焚，終塡溝壑，而爲名賢所慕，其風流郁烈芬芳，久而彌盛。余聲塵寂寞，世不吾知，魂魄一去，將同秋草，此四異也。所以力自爲序，遺之好事云。（劉峻自序）

孝標以高世之才，竟見斥於英主（梁武帝），於是侘傺不偶，憔悴金華，發爲文章，故多悲號激楚之音，令人讀之，鮮有不一唱而三歎者。此篇兩兩比較，三同四異，激昂悲憤，慨當以慷，直若哀鸞軋軋，抽機中獨繭絲矣。

賢兄學業該通，涖事明敏，雖倚相之讀墳典，郤縠之敦詩書，惟今望古，蔑以斯過。自列宮朝，二紀將及，義惟僚屬，情實親友，文筵講席，朝遊夕宴，何嘗不同玆勝賞，共此言寄。如何長謝，奄然不追，且年甫强仕，方中才力，摧苗落穎，彌可傷惋。念天倫素睦，一旦相失，如何可言。言及增哽，

擥筆無次。（蕭統與張緬弟纘書）

得書知便遠追疏董，超然高蹈，雖朝旨殷勤，而輕棹已遠，供餞莫申。瞻言增慨，善保嘉猷，比致音息，懷人望古，潸然久之。（任昉爲昭明太子答何胤書）

以上三篇，格調不凡，句法挺異，俱能特立清新之意，刪削靡曼之詞，六朝小品至此已臻絕詣，謂之神品亦無不可也。

※　※　※

六朝時代工爲散文者，除上擧數十家外，書法家若鍾繇、衞恆、謝安、王羲之、王獻之，地學家若郭璞、酈道元，軍事家若諸葛亮、劉琨、桓溫，清談家若山濤、劉伶、嵇康、阮籍、王衍、樂廣，名家若何承天、顧愿、范縝、沈約，以至耽情禪悅之支遁、道安、慧遠、法顯、楊衒之、釋僧祐等，皆有佳篇傳世。李格非嘗論之曰：

諸葛孔明出師表，劉伶酒德頌，陶淵明歸去來辭，李令伯乞養親表，皆沛然如肺腑中流出，殊不見有斧鑿痕。（冷齋夜話引）

斯言諒矣。惟王羲之之蘭亭集序、酈道元之水經江水注亦足與上擧四篇等量齊觀，皆家弦戶誦之名作，而與駢文分鑣並馳者也。

永和九年，歲在癸丑，暮春之初，會于會稽山陰之蘭亭，修禊事也。羣賢畢至，少長咸集。此地有崇山峻嶺，茂林修竹，又有清流激湍，映帶左右，引以爲流觴曲水，列坐其次。雖無絲竹管絃之盛，一觴一詠，亦足以暢敍幽情。

是日也，天朗氣清，惠風和暢，仰觀宇宙之大，俯察品類之盛，所以游目騁懷，足以極視聽之娛，信可樂也。

夫人之相與，俯仰一世，或取諸懷抱，悟言一室之內，或因寄所託，放浪形骸之外。雖趣舍萬殊，靜躁不同，當其欣於所遇，暫得於己，快然自足，不知老之將至。及其所之既倦，情隨事遷，感慨係之矣。向之所欣，俛仰之間，已爲陳跡，猶不能不以之興懷。況修短隨化，終期於盡。古人云，死生亦大矣，豈不痛哉。

每覽昔人興感之由，若合一契，未嘗不臨文嗟悼，不能喩之於懷。固知一死生爲虛誕，齊彭殤爲妄作，後之視今，亦猶今之視昔，悲夫。故列敍時人，錄其所述，雖世殊事異，所以興懷，其致一也。後之覽者，亦將有感於斯文。（王羲之蘭亭集序）

晉書王羲之傳云：『羲之雅好服食養性，不樂在京師，初渡浙江，便有終焉之志。會稽有佳山水，名士多居之，謝安未仕時亦居焉。孫綽、李充、許詢、支遁等皆以文義冠世，並築室東土，與羲之同好。嘗與同志宴集於會稽山陰之蘭亭，羲之自爲之序以申其志。』即此篇也。又云：『或以潘岳金谷詩序方其文，羲之比於石崇，聞而甚喜。』蓋得意之作也。惟文選及後世諸選本多擯而不收，論者以爲篇中連用絲竹管絃四字，絲竹即管絃爲重複。又『天朗氣清』，春言秋景，有乖時序。其或然歟。謝立夫評曰：

山水清幽，名流雅集，寫高曠之懷，吐金石之聲，樂事方酣，何至遽爲說死說痛。不知樂至於極，未

有不流入於悲者，故文中說生死之痛，說今與昔同感，後之與今同悲，總是寫樂之極致耳。（古文筆法百篇引）

林雲銘亦曰：

通篇筆意，疏曠跌宕，如雲氣空濛，往來紙上，後惟陶靖節文庶幾近之。（同上）

又曰：

右軍何等人物，生死關頭，寧勘不破。不知時尚清談，剽竊老莊，仁義爲土梗，名敎爲桎梏，因而風俗頹敗，國步改移。右軍有心人也，故一旦於此勝會，痛加感慨，長歌當哭，隱然有維持世敎之心，古人之文，其不苟作有如此。（同上）

皆深通其旨者也。彼拘拘於管絃節序之末者，毋乃太迂乎。

自三峽七百里中，兩岸連山，略無闕處，重巖疊嶂，隱天蔽日，自非亭午夜分，不見曦月。至於夏水襄陵，沿泝阻絕，或王命急宣，有時朝發白帝，暮到江陵，其間千二百里，雖乘奔御風不以疾也。春多之時，則素湍綠潭，迴清倒影。絕巘多生檉柏，懸泉瀑布，飛漱其間。清榮峻茂，良多趣味。每至晴初霜旦，林寒澗肅，常有高猿長嘯，屬引淒異，空谷傳響，哀轉久絕。故漁者歌曰：『巴東三峽巫峽長，猿鳴三聲淚沾裳。』（酈道元水經江水注）

自劉宋以還，山水文學勃興，謝靈運最稱宗工，惟靈運之作，大抵卽景遣興，藉物詠懷，初未作系統的描述，故其價值爲文學的，而非學術的。至酈氏水經注則不然，其寫景之佳，冠絕古今，在文學上固有其崇高價值，而山川風物，依次紹介，尤爲研究古代地理之重要著作。不寧惟是，後世工於寫景之文學家如柳宗元輩，率自水經注出。其沾溉學圃，衣被詞人，豈一世也哉。

第四節　魏晉南北朝文學分類

自宋嚴羽首創論詩體詳見滄浪詩話以後，踵武者代有其人，至今已蔚爲大觀矣。細按其說，所謂某某體者，皆時人稱一時風氣或作品風格相類各家之名，分別歸類，以便觀覽，用意良善。其立名或以時代，或以姓名，或以官秩……林林總總，不一而足。今以魏晉南北朝而論，例如：

⑴依朝代分類

魏晉體（魏晉兩代）　魏晉兩代之詩文

齊梁體（齊梁兩代）　齊梁兩代之詩文

六朝體（魏晉六朝）　魏晉六朝之詩文

南朝體（南朝四代）　南朝四代之詩文

南北朝體（南朝北朝）　合南北兩朝之詩文

⑵依年號分類

建安體（漢獻帝年號） 曹操父子及鄴下諸子之詩

黃初體（魏文帝年號） 與建安相接之一體

正始體（魏齊王年號） 嵇康阮籍等之詩

太康體（晉武帝年號） 三張二陸兩潘一左等之詩

永嘉體（晉懷帝年號） 劉琨郭璞等之詩

義熙體（晉安帝年號） 殷仲文謝混陶潛等之詩

元嘉體（宋文帝年號） 謝靈運顏延之等之詩

大明體（宋武帝年號） 王儉王摛陸澄等之詩

泰始體（宋明帝年號） 王儉王摛陸澄等之詩

永明體（齊武帝年號） 沈約謝朓王融等之詩

(3)依姓氏分類

曹劉體（魏） 曹植劉楨之詩

嵇阮體（魏） 嵇康阮籍之詩

潘陸體（晉） 潘岳陸機之詩

陶　體（晉） 陶潛之詩

謝　體（宋） 謝靈運之詩

吳均體（梁）　吳均之詩文

徐庾體（梁）　徐陵庾信之駢文

陰何體（梁）　陰鏗何遜之詩

(4)依官秩分類

陳思王體（魏）　曹植之詩

鮑參軍體（宋）　鮑照之詩

庾開府體（北周）　庾信之詩

(5)依風格分類

選　體　文選詩體

玉臺體　玉臺新詠集之豔詩

宮　體　梁簡文帝等之豔詩

(6)綜合分類

統觀六朝，凡有四體：有以時言者，則曰永明體，有以地言者，則曰宮體，有以人言者，則曰吳均體，徐庾體。何謂永明體，齊書陸厥傳所謂永明末盛爲文章，吳興沈約，陳郡謝朓，瑯琊王融，以氣類相推轂。汝南周顒，善識聲韻。約等文皆用宮商，以平上去入爲四聲，以此制韻，不可增減，世呼爲永明體。是也。何謂宮體，隋志所謂梁簡文之在東宮，亦好篇什，清辭巧製，止乎衽席之間，雕琢蔓藻，思極閨闈之內。後生好事，遞相放習，朝野紛紛，號爲宮體。是也。吳均體者，梁書均本傳：均文體清拔，有古氣，好事者或斆之，謂爲吳均體。徐庾體者，周書庾信本傳：旣有盛才，文並綺豔，故世號爲徐庾體。綜此四體，六朝作者，當不外乎是矣。孫德謙六朝麗指

如此分類，雖可見一代之派別與習尚，究之，其說終嫌籠統，無關宏旨，蓋一人可以同時兼具幾種風格，如陶潛庾信之前後期作品，神貌悉異，是其確證，故不具論，其可論述者，作品之內容而已。

惟是魏晉南北朝爲一大動亂時代，亦爲文學自覺時代，學術丕變，思想開放，加以時更六葉，年近四百，故文學內容之錯綜複雜，當可推而知之。其中如玄言、遊仙、田園、佛理、山水諸什，皆非周漢所有。其題材之多，涵蓋之廣，雖窮畢生之力，亦難窺其涯略。爰就古詩及樂府詩粗加分類，表列如次：

(二)魏晉南北朝詩分類略表

派別	主要作家 姓名	時代	代表作品
①遊仙	曹植	魏	升天行．仙人篇
	嵇康	魏	遊仙
	何劭	西晉	遊仙
	郭璞	東晉	遊仙十四首
	庾信	北周	奉和趙王遊仙

②招隱	張載	西晉	招隱
	陸機	西晉	招隱二首
	左思	西晉	招隱二首
③山水	潘尼	西晉	遊西岳
	殷仲文	東晉	南州桓公九井作
	謝混	東晉	遊西池
	謝靈運	宋	過始寧墅・登廬山・登石門最高頂・登江中孤嶼・遊南亭・七里瀨・初去郡
	顏延之	宋	車駕幸京口侍遊蒜山作・北使洛
	鮑照	宋	登廬山二首・蒜山被始興王命作・還都道中作・登黃鶴磯
	謝朓	齊	敬亭山詩・休沐重還道中・晚登三山還望京邑・遊東田・之宣城詩
	吳均	梁	詠雲・山中雜詩三首・至湘州望南嶽
	蕭綱	梁	和湘東王後園迴文詩・玩漢水・山池・登烽火樓
	周弘正	陳	入武關

④田園	陶潛	東晉	庚戌歲九月中於西田穫早稻・勸農・歸園田居五首・移居・遊斜川
	謝靈運	宋	種桑詩
⑤詠史	王粲	魏	詠史
	曹植	魏	三良詩
	左思	西晉	詠史八首
	張協	西晉	詠史
	盧諶	東晉	覽古
	曹毗	東晉	詠史
	陶潛	東晉	詠二疏・詠三良・詠荊軻・詠貧士・讀山海經・
	謝瞻	宋	張子房詩
	顏延之	宋	秋胡詩・五君詠
	鮑照	宋	詠史
	虞羲	梁	詠霍將軍北伐

⑥詠物	王融	齊	琵琶・詠幔
	沈約	梁	詠湖中雁・詠桃・詠青苔
	何遜	梁	詠早梅・詠扇・詠舞
	庾肩吾	梁	詠美人・詠舞・詠長信宮中草
	蕭綱	梁	詠螢・詠芙蓉・詠疏楓・蜂・詠獨舞
	陰鏗	陳	詠伎
	庾信	北周	詠畫屏風二十五首・舟中望月・梅花
⑦敍事	蔡琰	魏	悲憤詩
	曹植	魏	白馬篇・名都篇
	王粲	魏	七哀詩
	佚名	北朝	木蘭詩
⑧玄言	郭璞	東晉	贈溫嶠
	王羲之	東晉	蘭亭

謝尙	東晉	大道曲
孫綽	東晉	蘭亭・贈溫嶠・答許詢
謝安	東晉	蘭亭
庾友	東晉	蘭亭
庾闡	東晉	孫登隱居詩
袁宏	東晉	從征行方頭山
許詢	東晉	竹扇
陶潛	東晉	形贈影・影答形・神釋
⑨擬古		
張華	西晉	擬古
傅玄	西晉	豔歌行・有女篇豔歌行・擬四愁詩四首
陸機	西晉	擬行行重行行・擬今日良宴會・擬迢迢牽牛星・擬青青河畔草
陶潛	東晉	擬古九首
鮑照	宋	擬古八首・擬行路難十八首・學劉公幹體五首

謝靈運	宋	擬鄴中詠
袁淑	宋	效白馬篇・效古
劉鑠	宋	擬古
王僧達	宋	和琅邪王依古
范雲	梁	效古
庾信	北周	擬詠懷二十七首

⑩詠懷

曹操	魏	秋胡行二首
曹植	魏	箜篌引・薤露行・白馬篇・名都篇・美女篇・送應氏之二
劉楨	魏	贈從弟三首
阮籍	魏	詠懷八十二首
嵇康	魏	述志
陶潛	東晉	飲酒・始作鎮軍參軍經曲阿作・雜詩・讀山海經
謝惠連	宋	秋懷

沈約	梁	別范安成
徐陵	陳	別毛永嘉
江總	陳	南還尋草市宅
陰鏗	陳	江津送劉光祿
蕭愨	北齊	秋思
裴讓之	北齊	有所思
庾信	北周	詠懷二十七首・和何儀同講竟述懷・和張侍中述懷
⑪浪漫		
鮑照	宋	代朗月行・代少年時至衰老行・代白紵曲二首
劉鑠	宋	三婦豔詩・白紵曲
湯惠休	宋	白紵歌二首
王融	齊	三婦豔詩・古意・巫山高
謝朓	齊	夜聽妓
蕭衍	梁	子夜歌・白紵辭

	蕭綱	梁	豔歌篇・妾薄命篇・美女篇・大垂手・烏棲曲・詠內人晝眠・孌童・美人晨妝
	蕭繹	梁	晚棲烏・閨怨・烏棲曲・春別應令・春夜看妓・代舊姬有怨
	沈約	梁	洛陽道・夜夜曲・四時白紵歌・六憶
	吳均	梁	古意・妾安所思・楚妃曲
	江淹	梁	悼室人十首・詠美人春遊
	陳叔寶	陳	三婦豔詞・舞媚娘・玉樹後庭花・烏棲曲
	江總	陳	雜曲・宛轉歌・秋日新寵美人應令・新入姬人應令・閨怨篇
	盧思道	北周	日出東南隅行・采蓮曲・櫂歌行
	庾信	北周	舞媚娘・夢入堂內・燕歌行
⑫閨情	徐幹	魏	室思
	曹植	魏	妾薄命・種葛篇・浮萍篇・怨歌行・棄婦詩
	繁欽	魏	定情詩
	傅玄	西晉	昔思君・車遙遙篇・雜言

	張華	西晉	情詩五首・雜詩三首
	陸機	西晉	班婕妤・爲顧彥先贈婦二首
	湯惠休	宋	怨詩行・秋思引
	謝朓	齊	玉階怨
	王融	齊	自君之出矣
	吳均	梁	閨怨
	陳叔寶	陳	長相思二首・自君之出矣
	徐陵	陳	和王舍人送客未還閨中有望
	温子昇	北魏	擣衣
	邢卲	北齊	思公子
	魏收	北齊	挾琴歌
⑬諷刺	曹植	魏	名都篇
	應璩	魏	百一詩・雜詩・三叟

⑭理想	曹植	魏	鰕䱇篇
	郭璞	東晉	遊仙詩十四首之二及之三
	陶潛	東晉	桃花源詩
⑮達觀	王羲之	東晉	蘭亭集詩
	謝安	東晉	蘭亭集詩
	陶潛	東晉	庚子歲五月中從都還阻風於規林・挽歌辭三首
⑯詠人	左思	西晉	嬌女詩二首
⑰憂憤	曹植	魏	贈白馬王彪
	嵇康	魏	幽憤詩
	夏侯建	西晉	臨終詩
	謝靈運	宋	臨終詩・臨川被收
⑱厭世	何晏	魏	擬古・失題
	嵇康	魏	贈秀才入軍十九首之十九・答二郭

⑲厭戰	王粲	魏	從軍
	陳琳	魏	飲馬長城窟行
	應瑒	魏	朝雁
	江淹	梁	征怨
⑳社會	曹操	魏	薤露・蒿里行・苦寒行・卻東西門行
	曹植	魏	送應氏二首之一・雜詩六首之二・泰山梁甫行
	阮瑀	魏	駕出北郭門行
	傅玄	西晉	苦相篇豫章行
	張華	西晉	輕薄篇・遊獵篇
	顏延之	宋	還至梁城作
㉑佛理	支遁	東晉	詠懷詩五首・述懷詩二首
	慧遠	東晉	廬山東林雜詩
	廬山諸道人	東晉	遊石門詩

竺僧度	東晉	答苕華詩
苕華	東晉	贈竺度
王融	齊	淨行詩
蕭衍	梁	十喻
㉒比興		
曹植	魏	野田黃雀行
劉楨	魏	贈從弟三首之三
何晏	魏	擬古
傅玄	西晉	短歌行・西長安行
鮑照	宋	代東門行・代放歌行
㉓遊宴		
曹植	魏	公讌詩
王粲	魏	公讌詩
劉楨	魏	公讌詩
陸雲	西晉	大將軍讌會被命作詩

	應貞	西晉	晉武帝華林園集詩
	范曄	宋	樂游應詔
	丘遲	梁	侍讌樂遊苑送張徐州應詔
	沈約	梁	應詔樂遊餞呂僧珍
㉔寫景	曹丕	魏	丹霞蔽日行・釣竿行・芙蓉池作
	曹植	魏	苦熱行
	劉楨	魏	贈徐幹
	陶潛	東晉	辛丑歲九月赴假還江陵・癸卯歲十二月中作
	謝靈運	宋	石室山詩・登永嘉綠嶂山詩・郡東山望溟海詩
	王融	齊	臨高臺
	沈約	梁	泛永康江
	庾肩吾	梁	奉和春夜應令
	何遜	梁	春夕早泊

	蕭綱	梁	折楊柳
	陰鏗	陳	開善寺
	江總	陳	贈洗馬袁朗別
㉕說理	曹植	魏	當事君行
	張華	西晉	勵志
	干寶	東晉	白志詩
	謝混	東晉	誡族子
	吳隱之	東晉	酌貪泉賦詩
㉖軍戎	王粲	魏	從軍詩
	左延年	魏	從軍行
	鮑照	宋	代東武吟・代出自薊門行
	江淹	梁	從征虜始安王道中
	吳均	梁	從軍行

張正見	陳	星名從軍詩
王褒	北周	飲馬長城窟・關山月・從軍行

㉗哀傷

曹丕	魏	雜詩二首・寡婦
曹植	魏	七哀・吁嗟篇
潘岳	西晉	悼亡詩・哀詩・思子詩
張載	西晉	七哀詩
曹攄	西晉	感舊詩
陶潛	東晉	悲從弟仲德
謝靈運	宋	廬陵王墓下作
顏延之	宋	拜陵廟作
謝朓	齊	同謝諮議銅雀臺
任昉	梁	出郡傳舍哭范僕射
沈約	梁	悼亡

	王褒	北周	贈周處士
	庾信	北周	傷王司徒褒
㉘豪放	曹操	魏	短歌行・碣石篇
	劉琨	東晉	扶風歌・重贈盧諶
	陶潛	東晉	詠荆軻・歌種桑
	王褒	北周	關山篇・出塞・入塞・渡河北
㉙閨秀	甄后	魏	塘上行
	蔡琰	魏	胡笳十八拍
	孟珠	魏	陽春歌
	左芬	西晉	啄木詩・答兄感離
	蘇伯玉妻	西晉	盤中詩
	綠珠	西晉	懊儂歌
	桃葉	東晉	團扇歌
	蘇蕙	東晉	璿璣圖

謝道韞	東晉	登山・擬嵇中散詠松・詠雪聯句
謝芳姿	東晉	團扇歌
鮑令暉	宋	擬青青河畔草・擬客從遠方來・擬自君之出矣・古意贈今人
韓蘭英	齊	西陵歌
劉令嫻	梁	和婕妤怨・春閨怨。詠佳人・聽百舌・答外二首
王金珠	梁	子夜四時歌
包明月	梁	前溪歌
㉚雜體		
孔融	魏	離合作郡姓名字詩
鮑照	宋	建除詩・數名詩・字謎二首
王融	齊	藥名詩・星名詩・四色詠・後園作迴文詩・雙聲詩・離合賦物爲詠
蕭綱	梁	藥名詩
蕭繹	梁	宮殿名詩・縣名詩・姓名詩・獸名詩・鳥名詩・樹名詩・歌曲名詩・針穴名詩・屋名詩・車名詩・船名詩・將軍名詩・龜兆名詩・草名詩・相名詩・卦名詩・藥名詩
范雲	梁	建除詩・數名詩・州名詩・奉和齊竟陵王郡縣名詩・四色詩

第三章　魏晉南北朝文學思想之內因外緣(一)

第一節　引　論

任何一種學說思想，決非劈空自天而降，文學思想亦然。蓋一種文學思想之產生，必有所以產生此種文學思想之內因外緣，初非憑虛而起，揆其原因，約有二端：

(一)作家所受之時代思想

(二)作家所處之社會環境

綜此二因，卽曰文學思想之內因外緣。如魏晉之際，政局動盪，世亂相尋，名士少有全者，於是人皆厭世，而好騁懷於虛無窈眇之神仙世界，富有濃厚道家色彩的遊仙思想之文學作品遂應運而生矣。又如齊梁之際，偏安旣久，吟詠遂盛，文士競騁巧思，追琢曼藻，至於末流，不免『淄澠並泛，朱紫相奪。』(鍾嶸詩品序語)而吾國文學批評之雙璧——文心雕龍與詩品乃乘時而起，期能導文學於正軌，不致流於靡濫。自餘作品及其思想，徵諸文集，斁斁可覩。要皆各以時代背景與社會環境所在，作風異致，思想異趨也。是則文學思想固不能離時代背景社會環境而獨立，終則隨時代背景社會環境之不同而分鑣競爽焉。

魏晉南北朝文學思想爲兩漢與三唐文學思想轉變之樞紐，對後世文學思想之影響，較漢唐兩代尤爲深切。蓋漢唐爲大一統之盛世，疆域遼闊，國威遠揚，政局安定，社會富庶，人人精神抖擻，對國家充滿希望，均以作大漢大唐子民爲榮，故其時代與環境所貽與文學思想之影響較爲單純。尤其在兩漢郅治之世，文學作品不過用以潤色鴻業，增華邦國已耳，固無繁複思想之可言也。而魏晉南北朝則爲大動亂之衰世，始則干戈相屬，烽燹頻傳，繼則釋道大行，玄風彌漫，終則偏促江左，逸樂苟安。其間政治之良窳，經濟之豐斂，社會之盛衰，以至宗敎之信仰，人生觀之改變，在在均足以促使文學思潮起伏不定，而作多元性之迸射，以視漢唐兩代，固有間矣。爰將此一時代各種背景、各種思潮、各種環境所予文學思想之影響者，不憚繁瑣，縷析條分，作一詳盡之評述，以明其整個因緣。

第一節　文學與時代環境

民族、環境（空間）與時代（時間）三者爲文學之背景，此西哲泰納（Taine）氏之名言也。民族性乃一種超時間之抽象物，能永久存在，而不可以斷代論，與本題無甚關係，請姑置之。環境足以支配文學，盡人皆知，國强則詞壯，世衰則文靡，一時代之思想潮流，政治情勢，與夫民間風尙，作者無形中恆受其薰染，並受其左右。雖或超奇之辭人，發其神秘之玄想，極思有以遏抑時代思潮，正猶蚍蜉之撼樹，其不心苦力絀者，未之有也。至於時代，其重要性則與環境等，二者皆構成文學家之外在因素（說詳本編第一章魏晉南北朝情勢前言），某一時代，某種環境，只能產生某一類文學家。如辭賦家特盛於漢武帝時，其時國家强盛，民得衣食豐足而以文學爲娛，故辭賦乃呈空前絕後之奇觀。迨時過境遷，文學家之類型卽隨之而異。故文學家與其所處之時代環境，關係至爲密切。趙翼論詩有云：

李杜詩篇萬口傳，至今已覺不新鮮，江山代有才人出，各領風騷數百年。

明白指出文學有其時代性，文學家之思想與作品亦代代不同。

文學常爲時代之反影，環境之託形，故亦隨時代環境爲轉移，玆先言時代。孟子離婁篇云：

王者之跡熄而詩亡，詩亡然後春秋作。

詩經關雎序亦云：

治世之音安以樂，其政和。亂世之音怨以怒，其政乖。亡國之音哀以思，其民困。

又云：

至於王道衰，禮義廢，政教失，國異政，家殊俗，而變風變雅作矣。

說明時代之盛衰對於文學作品之影響，語至切要。柳冕申之曰：

文生於情，情生於哀樂，哀樂生於治亂，故君子感哀樂而爲文章，以知治亂之本。（與盧大夫書）

又曰：

古之作者，因治亂而感哀樂，因哀樂而爲詠歌，因詠歌而成比興，故大雅作，則王道盛矣，小雅作，

則王道缺矣，雅變風，則王道衰矣，詩不作，則王澤竭矣。謝杜相公論房杜二相書

可謂深得詩序之意，而善體作者之情已。至若漢代考經術，而經師輩出，六朝重藻采，而美文爛然，唐以詩取士，故吟詠滋繁，明清崇八股，故制藝全盛。是亦時代之影響於文學也。

時代既足以支配文學，故歷代文學之風貌與內容多不相若，文心雕龍時序篇論之至詳，其結論云：

故知文變染乎世情，興廢繫乎時序，原始以要終，雖百世可知也。

又通變篇云：

黃唐淳而質，虞夏質而辨，商周麗而雅，楚漢侈而艷，魏晉淺而綺，宋初訛而新。

近儒顧炎武、焦循、王國維三氏皆强調一代有一代之文學，不容有所假借，並推究其所以遞變之原因，語至精賅，分別迻錄如下：

顧炎武日知錄：

三百篇之不能不降而楚辭，楚辭之不能不降而漢魏，漢魏之不能不降而六朝，六朝之不能不降而唐也，勢也。用一代之體，則必似一代之文，而後爲合格。卷十九

又：

詩文之所以代變，有不得不變者。一代之文，沿襲已久，不容人人皆道此語，今且千數百年矣，而猶取古人之陳言一一而摹倣之，以是爲詩，可乎。故不似則失其所以爲詩，似則失其所以爲我。李杜之詩，所以獨高於唐人者，以其未嘗不似，而未嘗似也。知此者可與言詩也已矣。卷二十一

焦循易餘籥錄：

一代有一代之所勝，舍其所勝，以救其所不勝，是寄人籬下者耳。余嘗欲自楚騷以下至明八股撰爲一集，漢則專錄其賦，魏晉六朝至隋則專錄其五言詩，唐則專錄其律詩，宋專錄其詞，元專錄其曲，明專錄其八股，一代還其一代之所勝，然而未暇也。

王國維人間詞話：

四言敝而有楚辭，楚辭敝而有五言，五言敝而有七言，古詩敝而有律絕，律絕敝而有詞。蓋文體通行既久，染指遂多，自成習套，豪傑之士，亦難於其中自出新意，故遁而作他體，以自解脫，一切文體所以始盛終衰者，皆由於此。故謂文學後不如前，余未敢信，但就一體論，則此說固無以易也。

推勘時代意識之重要，可謂深切著明，文體變遷之總因，實循此公例。而世所謂今不逮古，其理亦明，所謂不逮者，非才力之所限，實不變則無以爭勝前人焉耳。

文學家與文學作品之產生，除有其時代關係外，尚有環境關係，而時代亦是造成環境的原因之一。所謂環境，可分政治環境，經濟環境，社會環境，地理環境等，其說散見於本書第三、第四、第五各章中，茲不贅述。

近代英國文學批評家艾略特（T.S.Eliot）特別重視文學家所需要之環境，以爲產生文學家之環境，其重要條件之一，即是一個文學家能信仰、能接受之時代。惟其能接受，故能各盡其才，集中注意於各時代之人所共有之人性上，而不致集中注意於其差別上（即當時的特殊腐敗上），因而創造出具有永恆價值之偉大作品，莎士比亞（W. Shakespeare）但丁（Dante Alighieri）之環境皆具備此種條件，故能飲譽世界文壇，歷久不衰。艾氏又以爲產生一部盡善盡美作品之環境，更須具備三個條件：一曰成熟之文明，二曰成熟之語言，三曰成熟之文學。由艾氏之論述，使吾人更明白文學家之成就與其所處環境關係之密切。（參閱錢學熙艾略特批判思想體系的研討，見學原第二卷第五期。黎正甫文學家與其時代環境之關係，見思想與時代第一二〇期。）

觀之吾國，他勿具論，卽以六朝文學而言，無論形式內容，均深受佛教影響，蓋當時佛教已逐漸流行華夏，文學家生活在此充滿禪味之環境中，能不受其感染乎。（詳見本編第四章第三節印度佛教東來）孫德謙氏於此有極精闢之言論，其六朝麗指云：

> 六朝好佞佛，見於文選者，有王簡棲頭陀寺碑，實於釋理甚深。彼若邢邵景明寺碑、陸佐公天光寺碑，如此類者，無不通於佛典矣。梁元帝內典碑銘集林序曰：『予幼好雕蟲，長而彌篤，游心釋典，寓目詞林，頃常搜聚，有懷著述。』是知上有好者，下必甚焉。六朝佛學之盛，由於在上者爲之提倡，無怪彼時文儒，皆能以華豔之辭，闡空寂之理，特惜元帝此編散佚不傳耳。然學術文章互爲表裏，蓋可識矣。

嘗鼎一臠，可概其餘矣。

第三節　政治環境

魏晉南北朝之政治環境，繁複極矣，舉其尤要者歸納之，約得四端：一曰政局動盪，二曰英主絕少，三曰政風敗壞，四曰誅戮大行。政局動盪所予文學思想之影響最為直接，亦最為深遠，前已論之綦詳（詳見本編第一章各節），故不復贅。特就後三項分別述其崖略。

一　英主絕少

一部二十五史，荒淫暴虐之主，以魏晉南北朝之世為多，而在魏晉南北朝近四百年中，英明之主除魏之文帝、明帝，蜀之先主，吳之大帝，東晉之元帝、孝武帝，宋之武帝、文帝，齊之武帝，梁之武帝，陳之宣帝，北魏之孝文帝而外，指難再屈矣。茲將此一時代君主之不德者列表如次：

㈢魏晉南北朝昏君一覽表

朝代名		帝號	姓名	簡明事蹟	備註
魏	蜀	後主	劉禪	顢頇無能，惑於閹豎，終於亡國。	三國志本傳
	吳	吳主	孫皓	淫虐不修國政，終於亡國。	三國志本傳
晉	西晉	武帝	司馬炎	自太康以後，不復留心萬幾，惟耽酒色，始寵后黨，請謁公行，政風自此敗壞。	晉書本紀
		惠帝	司馬衷	天性癡騃，天下荒亂，百姓餓死，乃曰何不食肉糜，其蒙蔽皆此類。	晉書本紀

	東晉	哀帝	司馬丕	信方士言，斷穀餌藥，以求長生，以藥發，不能親萬機，權遂旁落。	晉書本紀
南朝	宋	廢帝	劉義符	列肆華林園，親自酤賣，所爲多乖戾。又開瀆聚爲土岡，與左右引船，唱呼笑樂。	宋書本紀
		前廢帝	劉子業	太后疾篤呼帝，帝曰，聞病人處有鬼，那可往。爲姊山陰公主置面首左右三十人。又縱糞於父陵，掘殷貴妃墓。	宋書本紀
		後廢帝	劉昱	每出遊，持錢與挽車小兒群飲，又偷狗食之。嘗聞孫超有蒜氣，剖其腹視之。	宋書本紀
	齊	廢帝	蕭昭業	毀宮殿作馬埒，以寶物相擊碎爲笑樂。又與左右無賴共臥起。皇后淫亂，通夜重門洞開，內外無別。	南齊書本紀
		東昏侯	蕭寶卷	出入無定，行人避不及者，應手格殺。有婦人當產，剖其腹審其男女。	南齊書本紀
	陳	後主	陳叔寶	荒於酒色，不恤政事，臣下所奏軍事，每置牀下不啓封。又作玉樹後庭花等豔曲，終於覆亡。	陳書本紀
北朝	北齊	文宣帝	高洋	自矜功業，肆行淫暴，每醉必殺人，楊愔選死囚給之，謂之供御囚。又凡高氏婦女，無論親疏，令左右交亂之。	北齊書本紀
		後主	高緯	蒼頭封王，狗馬鷹犬皆有儀同、郎君之號。好採新聲，作無愁曲，時人謂之無愁天子。晚寵馮淑妃，周兵入侵，縱獵忘戰，國亡被殺。	北齊書本紀
	北周	宣帝	宇文贇	驕奢無道，營洛陽爲東都，勞費無算。初即位，即檢視武帝宮人，逼與爲淫欲。群臣稍有忤意，輒加誅戮，黜免者不可彈記。	周書本紀

以上不過舉其犖犖大者，然即此可概其餘，已足以覘六代帝王之素質爲何如也。趙翼嘗慨乎言之曰：

古來荒亂之君，何代蔑有，然未有如江左宋齊兩朝之多者。宋武以雄傑得天下，僅三年而即有義符。文帝元嘉三十年，號稱治平，而末有元凶劭之悖逆。孝武僅八年，而有子業。明帝亦八年而有昱。齊高武父子僅十五年而有昭業。明帝五年而有寶卷。統計八九十年中，童昏狂暴，接踵繼出，蓋刼運之中，天方長亂，創業者不永年，繼體者必敗德，是以一朝甫興，不轉盼而輒覆滅，此固氣運使然也。（廿二史劄記宋齊多荒主）

昏主暴君，接踵代興，不覆亡於俄頃，已屬萬幸，求其北定中原，揚旌河洛，寧非語商賈以道德，責倡伎以貞操乎。昔齊國仲孫氏有言曰：『國將亡，本必先顛，而後枝葉從之。』（左傳閔公元年）王夫之亦曰：『國之亡，類亡於淫昏暴虐之主。』（船山遺書）誠顛撲不破之論也。

二　政風敗壞

魏晉南北朝政風之窳敗，可謂達於極點，推原禍始，當上溯炎漢之末世。自武帝廣置博士弟子員，設科試策，動以利祿，學術彬彬稱盛，流風所被，吏道士習，均極淳厚。逮王莽居攝，一般趨時之流，如蟻附羶，競獻符命，雖以揚雄之賢，亦折節景從。光武中興，知此風之不可長，乃表章氣節，敦厲名實。尊顯巖穴之士，如嚴光卓茂等，皆加禮遇。而又躬行儉約，爲天下倡，於是風俗爲之一變。明章嗣統，益崇儒學，尊師隆禮，然後大義昌明，風化敦美。顧炎武謂三代以下，風俗之美，無尚於東京者。（日知錄兩漢風俗）可謂知言。惟自桓靈以後，朝政昏濁，國事蜩螗，閹宦用事，賄賂公行，政風於焉大壞。葛洪嘗深致慨歎曰：

> 歷覽前載，逮乎近代，道微俗弊，莫劇漢末也。當塗端右閹官之徒，操弄神器，秉國之鈞，廢正興邪，殘仁害義，蹲踏背憎，即聾從昧，同惡成羣，汲引姦黨，吞財多藏，不知紀極，而不能散錙銖之

薄物，施振清廉之窮儉焉。進官則非多財者不達也，獄訟則非厚貨者不直也，官高勢重，力足拔才，而不能發毫釐之片言，進益時之翹俊也。其所用也，不越於妻妾之戚屬，其惠澤也，不出乎近習之庸瑣。莫戒臧文竊位之譏，靡追解狐忘私之義，分祿以擬王林，致事以由方回。故列子比屋，而門無鄭陽之恤，高概成羣，而不遭暴生之薦。抑挫獨立，推進附己，此樊姬所以掩口，馮唐所以永慨也。于時率皆素餐偷容，掩德蔽賢，忌有功而危之，疾清白而排之，諱忠讜而陷之，惡特立而擯之，柔媚者受崇飾之祐，方稜者蒙訕棄之患，養豺狼而殲騶虞，殖枳棘而翦椒桂。（抱朴子過漢篇）

又歎士風之澆薄曰：

於是傲兀不檢，丸轉萍流者，謂之弘偉大量。苛碎峭嶮，懷螫挾毒者，謂之公方正直。令色警慧，有貌無心者，謂之機神朗徹。利口小辯，希指巧言者，謂之標領清妍。猝突萍鶩，驕矜輕侻者，謂之巍峨瑰傑。嗜酒好色，闒茸無疑者，謂之率任不矯。求取不廉，好奪無足者，謂之淹曠遠節。蓬髮褻服，遊集非類者，謂之通美汎愛。反經詭聖，順非而博者，謂之莊老之客。嘲弄嗤妍，凌尚侮慢者，謂之蕭豁雅韻。毀方投圓，面從響應者，謂之絕倫之秀。憑倚權豪，推貨履徑者，謂之知變之奇。懶看文書，望空下名者，謂之業大志高。仰賴强親，位過其才者，謂之四豪之匹。輸貨勢門，以市名爵者，謂之輕財貴義。結黨合譽，行與口違者，謂之以文會友。左道邪術，假託鬼怪者，謂之通靈神人。卜占小數，誑飾禍福者，謂之知來之妙。盤馬弄矟，一夫之勇者，謂之上將之元。合離道聽，偶俗而言者，謂之英才碩儒。若夫體亮行高，神清量遠，不謟笑以取悅，不曲言以負心，含霜履雪，義不苟合，據道推方，嶷然不羣，風雖疾而枝不撓，身雖困而操不改，進則切辭正論，攻過箴闕，退則端誠杜私，知無不爲者，謂之闇騃徒苦。夙興夜寐，退食自公，憂勞損益，畢力爲政者，謂之小器俗吏。於是明哲色斯而幽遁，高俊括囊而佯愚，疏賤者奮飛以擇木，縶制者曲從而朝隱。知者不肯吐其秘算，勇者不爲致其果毅，忠謇離退，姦凶得志，邪流溢而不可遏也，僞塗闢而不可杜也，以臻乎凌上替下，盜賊多有，宦者奪人主之威，三九死庸豎之手。（同上）

大抵末世之吏，以奸爲良，末世之士，視賢爲騃，相習成風，積重難返，則運履危亡，寧待著卜耶。

下逮建安，朝綱解紐，法紀陵替，一般官吏多尚功利而無操守，重現實而乏理想。曹操秉政之後，頗欲挽此頹風，以爲非用申韓之術無以撥亂返治，於是尚法輕儒，仇視高門，裁抑世族，禁絕清議。其在政治上所標榜者，乃切切實實的人才主義，而鄙棄舊日之道德政治，由皇皇建安四令中可以識其大凡。建安八年庚申令曰：

> 議者或以軍吏雖有功能，德行不足堪任郡國之選，所謂『可與適道，未可與權。』管仲曰：『使賢者食於能則上尊，鬬士食於功則卒輕于死，二者設於國則天下治。』未聞無能之人，不鬬之士，並受祿賞，而可以立功興國者也。故明君不官無功之臣，不賞不戰之士，治平尚德行，有事賞功能。論者之言，一似管窺虎歟。（三國志魏書武帝紀注引魏書）

此卽其用人之大原則，明示舊道德之落伍，不合時代需要。又建安十五年令：

> 自古受命及中興之君，曷嘗不得賢人君子與之共治天下者乎。及其得賢也，曾不出閭巷，豈幸相遇

哉，上之人不求之耳。今天下尚未定，此特求賢之急時也。『孟公綽爲趙、魏老則優，不可以爲滕、薛大夫。』若必廉士而後可用，則齊桓其何以霸世。今天下得無有被褐懷玉而釣于渭濱者乎，又得無盜嫂受金而未遇無知者乎，二三子其佐我明揚仄陋，唯才是舉，吾得而用之。三國志魏書武帝紀

此更明言才能與德行若不能得兼，寧捨德行而用才能。又建安十九年令：

夫有行之士未必能進取，進取之士未必能有行也。陳平豈篤行，蘇秦豈守信邪，而陳平定漢業，蘇秦濟弱燕。由此言之，士有偏短，庸可廢乎。有司明思此義，則士無遺滯，官無廢業矣。同上

時當黃巾暴亂之後，四宇塵飛，百廢待舉，需才孔殷，在飢不擇食之情況下，自然祇重進取之士而輕有行之士。又建安二十二年令：

昔伊摯、傅說出於賤人，管仲，桓公賊也，皆用之以興。蕭何、曹參，縣吏也，韓信、陳平負汙辱之名，有見笑之恥，卒能成就王業，聲著千載。吳起貪將，殺妻自信，散金求官，母死不歸，然在魏，秦人不敢東向，在楚則三晉不敢南謀。今天下得無有至德之人放在民間，及果勇不顧，臨敵力戰，若文俗之吏，高才異質，或堪爲將守，負汙辱之名，見笑之行，或不仁不孝而有治國用兵之術。其各舉所知，勿有所遺。三國志魏書武帝紀注引魏書

堂堂政府詔令，竟一再強調朝廷用人不拘流品，雖不仁不孝之徒，盜嫂受金之輩，亦得以躋秩公輔，回翔廊廟。此雖曹氏經營霸業，權宜一時之計，然其影響所及，則消極方面破壞世人對於舊禮教之信仰，社會因而失去道德之瞻依。積極方面則在建立新的道德觀念，作爲政府以後用人取捨之標準。殊不知新道德觀念之建

立難，而舊禮教信仰之破壞易，此風一開，有若黃河決堤，沛然無復能禦。漢鼎既革，曹丕基命，崇奉黃老，敝屣名教，又改前代舉孝廉爲九品中正，推波揚瀾，變本加厲，而兩漢三百餘年所苦心培植之倫理觀念、與道德哲學，至此蕩焉以盡。故終六朝之世，政風敗壞，人心澆漓，曹氏父子之摧殘節義，鄙棄名教，實不能辭其咎也。傅玄云：

> 近者魏武好法術，而天下貴刑名，魏文慕通達，而天下賤守節。其後綱維不攝，而虛無放誕之論盈於朝野，使天下無復清議，而亡秦之病復發於今。晉書本傳

顧炎武言之尤爲剴切：

> 孟德既有冀州，崇獎跅弛之士，觀其下令再三，至於求負汙辱之名，見笑之行，不仁不孝，而有治國用兵之術者，於是權詐迭進，姦逆萌生。故董昭太和之疏，已謂當今年少，不復以學問爲本，專更以交游爲業。國士不以孝悌清修爲首，乃以趨勢求利爲先。至正始之際而一二浮誕之徒，騁其智識，蔑周孔之書，習老莊之教，風俗又爲之一變。夫以經術之治，節義之防，光武明章數世爲之而未足，毀方敗常之俗，孟德一人變之而有餘。後之人君，將樹之風聲，納之軌物，以善俗而作人，不可不察乎此矣。日知錄兩漢風俗

痛惜之情，溢於楮墨，殆亦春秋責備賢者之意乎。

三國既往，典午踵興，武帝得國不以正，卽位之後，又耽於逸樂，縱情聲色，流風所及，士大夫競尙浮華，窮極奢侈，馴至綱紀頹敝，禮法蕩然，蓋視桓靈之世爲尤甚。雖間有一二廉能之士，亦但知守己中立，

明哲保身已耳，固無蹇諤之節，狷介之操，以風行天下者。如山濤爲吏部，啓擬數人，隨帝所欲，屢表遜讓，不安於位，而見鄙於孫綽。

> 綽嘗鄙山濤，而謂人曰：『山濤吾所不解，吏非吏，隱非隱，若以元禮門爲龍津，則當點額暴鱗矣。』（晉書孫綽傳）

譏其依違取容，隨俗浮沈，既不能進，又不能退也。晉書王戎傳云：

> 尋轉司徒。以王政將圮，苟媚取容，屬愍懷太子之廢，竟無一言匡諫。

> 戎以晉室方亂，慕蘧伯玉之爲人，與時舒卷，無蹇諤之節。自經典選，未嘗進寒素，退虛名，但與時浮沈，戶調門選而已。

位廁鼎司，而昏憒若此，固無怪司隸傅咸奏之曰：『書稱三載考績，三考黜陟幽明。今內外羣官，居職未朞而戎奏還，既未定其優劣，且送故迎新，相望道路，巧詐由生，傷農害政。戎不仰依堯舜典謨，而驅動浮華，虧敗風俗，非徒無益，乃有大損。宜免戎官，以敦風俗。』（晉書王戎傳）又樂廣傳云：

> 廣與王衍俱宅心事外，名重於時。故天下言風流者，謂王樂爲稱首焉。

值世道多虞，朝章紊亂，清己中立，任誠保素而已。時人莫有見其際焉。

世說新語賞譽篇注引名士傳云：

> 庾敳雖居職任，未嘗以事自嬰，從容博暢，寄通而已。是時天下多故，機事屢起，有爲者拔奇吐異，而禍福繼之。敳常默然，故憂喜不至也。

上舉諸人，皆中朝大臣，亦皆一代清談宗師，而韜精斂芒，委蛇自晦如此。風氣所播，朝野景慕，莫不脫略世務，自命清高，置身名場祿位之中，而侈談出世玄遠之學，因而形成一批既據要津，又無宦情，既求聞達，又思隱遁之特殊人物，王衍則其著焉者也。

> 泰始八年，詔舉奇才可以安邊者，衍初好論從橫之術，故尚書盧欽舉爲遼東太守。不就，於是口不論世事，唯雅詠玄虛而已。（晉書王衍傳）

可見王衍本好蘇張之術，非全無意於用世者，及見宦海波譎，仕途雲詭，方務韜晦之計，不以蒼生爲念耳。

> 累居顯職，後進之士，莫不景慕放效。選舉登朝，皆以爲稱首。矜高浮誕，遂成風俗焉。……成都王穎以衍爲中軍師，累遷尚書僕射，領吏部，後拜尚書令、司空、司徒。衍雖居宰輔之重，不以經國爲念，而思自全之計。說東海王越曰：『中國已亂，當賴方伯，宜得文武兼資以任之。』乃以弟澄爲荊州，族弟敦爲青州。因謂澄敦曰：『荊州有江漢之固，青州有負海之險，卿二人在外，而吾留此，足以爲三窟矣。』識者鄙之。（同上）

自餘身居要職之名士，亦皆爲時勢所迫，而抱消極態度，用以避禍。例如：

晉書王澄傳：

> 少歷顯位，累遷成都王穎從事中郎。……時王敦、謝鯤、庾敳、阮修皆爲衍所親善，號爲四友，而亦與澄狎，又有光逸、胡毋輔之等亦豫焉。酣讌縱誕，窮歡極娛。
>
> 惠帝末，衍白越以澄爲荊州刺史。……澄將之鎮，送者傾朝。澄見樹上鵲巢，便脫衣上樹，探鷇而

弄之，神氣蕭然，傍若無人。劉琨謂澄曰：『卿形雖散朗，而內實動俠，以此處世，難得其死。』

澄默然不答。

澄既至鎮，日夜縱酒，不親庶事，雖寇戎急務，亦不以在懷。

又胡毋輔之傳：

累轉司徒左長史。復求外出，爲建武將軍、樂安太守。與郡人光逸晝夜酣飲，不視郡事。成都王穎爲太弟，召爲中庶子，遂與謝鯤、王澄、阮脩、王尼、畢卓俱爲放達。

又畢卓傳：

卓少希放達，爲胡毋輔之所知。太興末，爲吏部郎，常飲酒廢職。比舍郎釀熟，卓因醉，夜至其甕間盜飲之，爲掌酒者所縛，明旦視之，乃畢吏部也。遽釋其縛。卓遂引主人宴於甕側，致醉而去。

蓋政局多變，諸王爭權，士大夫往往朝膺軒冕之榮，夕遭族滅之禍。晉書顧榮傳云：『榮與楊彥明書曰：吾爲齊王主薄，恆慮禍及，見刀與繩，每欲自殺。』可見當時仕宦中朝者之心理。居官任職者自易養成畏葸苟安，不負責任之習慣，而相率祖尙浮虛，遺落世事。其後則貨賂公行，讒邪得志（說詳晉書惠帝紀及良吏傳），遂致中朝傾覆，淪爲左衽。干寶晉紀總論論述西晉衰亡之故，謂晉之得天下，與姬周之積德累仁而得者迥異，加以風敎陵遲，政治廢弛，雖以中庸之才，守文之主治之，亦將自取禍敗。語極沈痛，於當時之政風，言之洞若觀火，可爲殷鑑。節錄其言如次：

武皇既崩，山陵未乾，而楊駿被誅，母后廢黜。尋以二公、楚王之變，宗子無維城之助，師尹無具瞻之貴，至乃易天子以太上之號，而有冤官之謠。民不見德，惟亂是聞，朝爲伊周，夕成桀蹠，善惡陷於成敗，毀譽脅於世利，內外混淆，庶官失才，名實反錯，天綱解紐。國政迭移於亂人，禁兵外散於四方，方岳無鈞石之鎮，關門無結草之固。戎羯稱制，二帝失尊，何哉，樹立失權，託付非才，四維不張，而苟且之政多也。

創基立本，異於先代。……加以朝寡純德之人，鄉乏不貳之老，風俗淫僻，恥尙失所，學者以老莊爲宗而黜六經，談者以虛蕩爲辨而賤名檢，行身者以放濁爲通而狹節信，進仕者以苟得爲貴而鄙居正，當官者以望空爲高而笑勤恪。是以劉頌屢言治道，傅咸每糾邪正，皆謂之俗吏，其倚杖虛曠，依阿無心者皆名重海內。若夫文王日旰不暇食，仲山甫夙夜匪懈者，蓋共嗤黜以爲灰塵矣。由是毀譽亂于善惡之實，情慝奔于貨欲之塗。選者爲人擇官，官者爲身擇利，而執鈞當軸之士，身兼官以十數。大極其尊，小錄其要，而世族貴戚之子弟，陵邁超越，不拘資次。悠悠風塵，皆奔競之士，列官千百，無讓賢之舉。……禮法刑政於此大壞，如水斯積而決其隄防，如火斯畜而離其薪燎也。國之將亡，本必先顚，其此之謂乎。

故觀阮籍之行，而覺禮教崩弛之所由也。察庾純、賈充之爭，而見師尹之多僻，考平吳之功，而知將帥之不讓，思郭欽之謀，而寤戎狄有釁，覽傅玄、劉毅之言，而得百官之邪，核傅咸之奏、錢神之論，而覩寵賂之彰。民風國勢如此，雖以中庸之才，守文之主治之，辛有必見之於祭祀，季札必得之於聲樂，范燮必爲之請死，賈誼必爲之痛哭，又況我惠帝以放蕩之德臨之哉。

是則中朝之亡，乃必然之勢，履霜堅冰，非一朝一夕之故，蓋其所由來者漸矣。

洛京既陷，中州士女避亂渡江者十六七，造成中國民族之大遷移。中朝清談名士如阮孚、阮放、謝鯤、胡毋輔之、畢卓、羊曼等亦紛紛南來，並負時譽，而玄風又隨之扇於江左。如晉書阮孚傳云：

孚避亂渡江，元帝以為安東參軍。蓬髮飲酒，不以王務嬰心。時帝既用申韓以救世，而孚之徒未能棄也。雖然，不以事任處之。轉丞相從事中郎。終日酣縱，恒為有司所按，帝每優容之。

按東晉承西晉敗亡之餘，重建新邦，頗欲振刷秕政，一新世人耳目，故申韓治術，復為世主所尚，宅心國是，亦為士子所重。晉書王導傳云：

導為政務在清靜，每勸帝克己勵節，匡主寧邦。於是尤見委杖，情好日隆，朝野傾心，號為『仲父』。帝嘗從容謂導曰：『卿，吾之蕭何也。』對曰：『昔秦為無道，百姓厭亂，巨猾陵暴，人懷漢德，革命反正，易以為功。自魏氏以來，迄于太康之際，公卿世族，豪侈相高，政教陵遲，不遵法度，羣公卿士，皆饜於安息，遂使姦人乘釁，有虧至道。然否終斯泰，天道之常。大王方立命世之勳，一匡九合，管仲、樂毅，於是乎在，豈區區國臣所可擬議。願深弘神慮，廣擇良能。顧榮、賀循、紀贍、周玘，皆南士之秀，願盡優禮，則天下安矣。』帝納焉。

同時之陳頵、卞壼、應詹、熊遠等，皆以為前朝敝風宜革除淨盡，然後可圖中興大業。陳頵與王導書云：

中華所以傾弊，四海所以土崩者，正以取才失所，先白望而後實事，浮競驅馳，互相貢薦，言重者先顯，言輕者後敘，遂相波扇，乃至陵遲。加有莊老之俗傾惑朝廷，養望者為弘雅，政事者為俗人，王職不恤，法物墜喪。夫欲制遠，先由近始，故出其言善，千里應之。今宜改張，明賞信罰，拔卓茂於密縣，顯朱邑於桐鄉，然後大業可舉，中興可冀耳。（晉書本傳）

卞壼則以當時貴游子弟多慕王澄謝鯤爲達，欲奏推之，而厲色於朝曰：

悖禮傷教，罪莫斯甚，中朝傾覆，實由於此。（晉書本傳）

而劉琨、陶侃、庾亮、庾冰、庾翼等，或禁絕玄談，銳意事功，或綜覈名實，勤於吏治，要其所歸，皆欲以嚴厲矯寬弛，以法治藥虛浮。憂時急進之士且倡廢莊之論，晉書王坦之傳載坦之之言曰：

若夫莊生者，望大庭而撫契，仰彌高於不足，寄積想於三篇，恨我懷之未盡，其言詭譎，其義恢誕。君子內應，從我游方之外，衆人因藉之，以爲弊薄之資。然則天下之善人少，不善人多，莊子之利天下也少，害天下也多。故曰魯酒薄而邯鄲圍，莊生作而風俗頹。禮與浮雲俱征，僞與利蕩並肆，人以克己爲恥，士以無措爲通，時無履德之譽，俗有蹈義之愆。驟語賞罰不可以造次，屢稱無爲不可與適變。雖可用於天下，不足以用天下人。

蓋坦之以扶持名教爲己任，以爲欲挽頹風，須從病源入手，故有此激烈之論也。他若隱士戴逵亦著論鄙薄放達（見晉書隱逸傳），而道士葛洪在抱朴子外篇中尤多斥責淸談誤國、崇尚世務之論。一時朝野步調一致，頗有中興氣象。惟沈痼已深，積習難改，玄家勢力依然暗中滋長蔓延，左右政治。當時盤據要津、脫略物務之名士除上學阮放、謝鯤諸人外，尚有殷融、王尼、桓彝、謝尙、周顗、孔羣、司馬道子、王蘊、王忱、王獻之、王徽之、阮修、桓玄、胡毋謙之、周勰等。如世說新語文學篇注引中興書云：

殷融字洪遠，陳郡人。桓彝有人倫鑒，見融甚歎美之。著象不盡意、大賢須易論，理義精微，談者稱焉。兄子浩，亦能清言。每與浩談，有時而屈，退而著論，融更居長。爲司徒左西屬。飲酒善舞，終日嘯詠，未嘗以世務自嬰。累遷吏部尚書、太常卿卒。

舉此一例，足概其餘，其予行嚴厲之政者之阻礙，可以想見。雖賢如王導謝安亦不得不向現實妥協，矧二子原係清談界之大名士乎。晉書阮放傳云：

放少與孚並知名，中興，除太學博士、太子中舍人、庶子，時雖戎車屢駕，而放侍太子，常說老莊，不及軍國，明帝甚友愛之。……王導庾亮以其名士，常供給衣食。

此王導之優容名士也。世說新語賞譽篇注引續晉陽秋云：

謝安初攜幼穉同好，養志海濱，襟情超暢，尤好聲律。然抑之以禮，在哀能至。弟萬之喪，不聽絲竹者將十年。及輔政，而修室第園館，麗車服，雖期功之慘，不廢妓樂。王坦之因苦諫焉。

此謝安以宰輔而兼名士之作風也。齊王儉常謂人曰：『江左風流宰相，唯有謝安。』（南齊書本傳）其爲士流景慕如此。

綜括以上所論述，可知東晉初葉，確有懲前毖後之心，改弦更張之意，雖崇老莊，而亦兼重政治，故吏道士風，視中朝爲美。蓋清談派所理想之政治家，乃是具名士之風韻，兼經濟之才能者。易言之，即既具超世曠遠之懷，而又能建淑世康民之業者。當時在芸芸宰臣中，堪膺首選者，厥爲王導、謝安，次則庾亮、庾冰、桓溫、殷浩是已。東晉人論賢相，必推王謝，其故在此。即以謝安而論，安少時寓居會稽，有高世之志，遊放山水三十餘年。及出而執政，既善玄言，兼能濟世，有魄力，有擔當，以夷曠之懷，膺危難之任，卒能安內攘外，霖雨蒼生，爲後世政治家樹立新範型，中國士大夫遂奉此爲進退出處之最佳楷模，最高境界。其與王衍樂廣之『託懷玄勝，不與時務』（孫綽語見世說新語品藻篇），唐代終南諸賢之『身在江湖，心存魏闕』較，誠不可同日語矣。總之，東晉一代，清談之習，任達之風，雖未盡革，而朝野上下，多能縈心世務，制禦北虜，故雖三光耀斂，四海塵飛，猶能偏安一隅，含弘光大，而下開隋唐之新文化。此則六朝政風差強人意之時代也。（本目參用近人繆鉞清談與魏晉政治之說見中國文化研究彙刊第八卷）

劉宋以降，君位相傳，悉由於篡奪，因此南朝遂爲中國君主弒殺最多之時期（參閱本編第一章第一節政局動盪）。趙翼廿二史箚記云：

> 古來只有禪讓征誅二局，其權臣奪國，則名篡弒，常相戒而不敢犯。王莽不得已，託於周公輔成王，以攝政踐阼，然周公未嘗有天下也。至曹魏則既欲移漢之天下，又不肯居篡弒之名，於是假禪讓爲攘奪。自此例一開，而晉、宋、齊、梁、北齊、後周以及陳、隋皆倣之。此外尚有司馬倫、桓玄之徒，亦援以爲例。……劉裕則身爲晉輔，而卽移晉祚，自後齊梁以下諸君，莫不皆然。此又一變局也。……
>
> 自劉裕篡大位，而卽戕故君，以後齊、梁、陳、隋、北齊、後周亦無不皆然。此又一變局也。（卷七禪代）

由於劉裕篡奪手段狠毒，異於前代，流風所扇，遂及政治，名既不正，何有言順，上有好者，下必甚焉，此南朝政風陵替之所由起也。加以江左玄風，未嘗偃息，且隱然有變本加厲之勢，君臣受其影響，亦多宅心物外，風流自賞，國是遂不堪聞問矣。南史鄭鮮之傳云：

宋武帝少事戎旅，不經涉學，及爲宰相，頗慕風流。時或談論，人皆依違不敢難。鮮之難必切至，未嘗寬假。與帝言，要須帝理屈，然後置之。

則雖雄霸之主亦不能忘情於曠達也。又梁元帝紀載梁承聖三年，西魏兵逼江陵，元帝猶從容講老子於龍光殿，百官戎服以聽。以一身繫天下安危之帝王，竟置國脈民命於度外，强敵壓境，禍在眉睫，猶以輕心掉之，其疏闊迂遠，疑非人情。南風不競，其故可想矣。至於一般名宦身居要職而不事事者尤遠在兩晉之上，擧其要者，如宋王渾、袁粲、謝沈、王裕之、王延之、王綸之、顏延之、王僧達、孔顗、王彧、謝瞻、張銑之流，齊褚淵、張融、周顒、張緒、江斅、柳世隆、崔慧景之屬，梁朱異、伏曼容、王偉、庾於陵、謝幾卿、到洽、到沆、盧廣之倫，陳周弘正、馬樞、張譏、陸瑜、顧越、徐陵、金緩之儔，並享一代高名。今以劉宋一代爲例，率擧數則如次：

宋書袁粲傳：

粲與齊王、褚淵、劉秉入直，平決萬機，時謂之『四貴』。粲閑默寡言，不肯當事，主書每往諮決，或高詠對之，時立一意，則衆莫能改。宅宇平素，器物取給。好飲酒，善吟諷，獨酌園庭，以此自適。居負南郭，時杖策獨遊，素寡往來，門無雜客。及受遺當權，四方輻湊，閑居高臥，一無所接，談客文士，所見不過一兩人。

南史王裕之傳：

元嘉三年，爲尙書僕射，關署文案，初不省讀。嘗豫聽訟，上問疑獄，敬弘不對。上變色問左右：『

何故不以訊牒副僕射。』敬弘曰：『臣乃得訊牒讀之，正自不解。』上甚不悅。雖加禮敬，亦不以時務及之。

又王延之傳：

延之居身簡素，清靜寡慾，凡所經歷，務存不擾。在江州，祿俸外一無所納。獨處齋內，未嘗出戶，吏人罕得見焉，雖子弟亦不妄前。時時見親舊，未嘗及世事，從容談詠而已。後爲尚書左僕射，尋領竟陵王師，卒謚簡子。

又王綸之傳：

綸之爲安成王記室參軍，偃仰召會，退居僚末。司徒袁粲聞而歎曰：『格外之官，便今日爲重。』貴游居此位者，遂以不掌文記爲高，自綸之始也。

宋書謝靈運傳：

出爲永嘉太守，郡有名山水，靈運素所愛好，出守既不得志，遂肆意游遨，徧歷諸縣，動踰旬朔，民間聽訟，不復關懷。……尋遷侍中，日夕引見，賞遇甚厚。……王曇首、王華、殷景仁等，名位素不踰之，並見任遇，靈運意不平，多稱疾不朝直。穿池植援，種竹樹堇，驅課公役，無復期度。出郭游行，或一日百六七十里，經旬不歸，既無表聞，又不請急，上不欲傷大臣，諷旨令自解。爲臨川內使，加秩中二千石，在郡遊放，不異永嘉，爲有司所糾。

按自魏陳羣立九品中正取士之制，沿及晉代，至有所謂『上品無寒門，下品無世族』者，貴族與平民之區別頗印於全民之腦中。南北朝時，門第益重，視布衣寒素，殆猶薰蕕之不可以同器，清濁之不可以合流，階級峻立，壁壘森嚴。所謂世族豪門者，既居於領導地位，長期掌握政權，則國家之存亡，蒼生之哀樂，恆必由之。乃其人率多迂腐不親政務，上擧諸人，卽其最佳左驗。禹甸沈淪，歷久不復，其此之由乎。姚察嘗以極憤慨之語氣斥之曰：

> 魏正始及晉之中朝，時俗尚於玄虛，貴爲放誕，尚書丞郎以上，簿領文案，不復經懷，皆成於令史。逮乎江左，此道彌扇，惟卞壺以臺閣之務，頗欲綜理，阮孚謂之曰：『卿常無閑暇，不乃勞乎。』宋世王敬弘身居端右，未嘗省牒，風流相尚，其流遂遠。望白署空，是稱清貴，恪勤匪懈，終滯鄙俗。是使朝經廢於上，職事隳於下。小人道長，抑此之由。嗚呼，傷風敗俗，曾莫之悟。永嘉不競，戎馬生郊，宜其然矣。（梁書何敬容傳論）

姚思廉亦曰：

> 自魏正始、晉中朝以來，貴臣雖有識治者，皆以文學相處，罕關庶務，朝章大典，方參議焉，文案簿領，咸委小吏，浸以成俗，迄至于陳。後主因循，未遑改革，故施文慶、沈客卿之徒，專掌軍國要務，姦黠左道，以裒刻爲功，自取身榮，不存國計，是以朝經墮廢，禍生鄰國。（陳書後主紀論）

南朝高門世胄無論在政治上，經濟上，以至社會上，皆成爲特權階級，既以風流相尚，又罕以世務嬰懷，人主自不得不擢用才識較優之寒素典掌軍國機密。

> 魏正始晉永熙以來，皆大臣當國。晉元帝忌王氏之盛，欲政自己出，用刁協、劉隗等爲私人，卽召王

敦之禍。自後非幼君卽孱主，悉聽命於柄臣，八九十年，已成故事。（晉韋華謂姚興曰：晉主雖有南面之尊，無統馭之實，宰輔執政，權在臣下，遂成習俗。）至宋、齊、梁、陳諸君，則無論賢否，皆威福自己，不肯假權於大臣。而其時高門大族，門戶已成，令僕三司，可安流平進，不屑竭智盡心，以邀恩寵。且風流相尚，罕以物務關懷，人主遂不能藉以集事，於是不得不用寒人，人寒則希榮切而宣力勤，便於驅策，不覺倚之爲心膂。南史謂宋孝武不任大臣，而腹心耳目，不能無所寄，於是戴法興、巢尚之等，皆委任隆密。齊武帝亦曰：『學士輩但讀書耳，不堪經國，經國一劉係宗足矣。』此當時朝局相沿，位尊望重者，其任轉輕，而機要多任用此輩也。（趙翼廿二史劄記南朝多以寒人掌機要）

而利之所在，弊亦隨之，其顯而易見者，在於貪贓枉法，不知愛惜羽毛。

茹法亮在中書，嘗語人曰：『何須覓外祿，此戶內歲可辦百萬。』佃夫宅舍園池，勝於諸王邸第，女妓數十，藝貌冠絕當時。出行遇勝流，便邀與同歸，一時珍羞，莫不畢具，凡諸火劑，並皆始熟，至數十種，雖晉之王、石，不能過此，可見賄賂之盈溢也。蓋出身寒賤，則小器易盈，不知大體，雖一時得其力用，而招權納賄，不復顧惜名檢。（同上）

甚且泄泄沓沓，顢頇腐化，卒罹亡國之禍。

陳末施文慶、沈客卿用事，自取身榮，不存國計，隋軍臨江，猶曰，此常事，邊臣足以當之。不復警備，以致亡國。小人而乘君子之器，其害可勝道哉。大臣不能體國，致人主委任下僚，人主不信大臣，而轉以羣小爲心膂，此皆江左之流弊也。（同上）

在地方州郡，則普設典籤（掌文書）之吏，名位雖小，而威權甚重，宋季過於藩君，至齊彌甚。

高帝武帝為諸王置典籤帥，一方之事，悉以委之，刺史行事之美惡，係於典籤之口，威行州郡，權重蕃君。（南史巴陵王子倫傳）

故事，府州部內論事，皆籤前直敍所論之事，後云謹籤，日月下又云某官某籤，故府州置典籤以典之。本五品吏，宋初改為七職。宋氏晚運，多以幼少皇子為方鎮，時主皆以親近左右領典籤，典籤之權稍重。大明、泰始，長王臨蕃，素族出鎮，莫不皆出內敎命，刺史不得專其任也。宗慤為豫州，吳喜公為典籤。慤刑政所施，喜公每多違執。慤大怒曰：『宗慤年將六十，為國竭命，政得一州如斗大，不能復與典籤共臨。』喜公稽顙流血乃止。自此以後，權寄彌隆，典籤遞互還都，一歲數反，時主輒與閑言，訪以方事。刺史行事之美惡，係於典籤之口，莫不折節推奉，恒慮不及。於是威行州郡，權重蕃君。（南史恩倖呂文顯傳）

齊制，諸王出鎮，其年小者，則置行事及典籤以佐之，一州政事，以及諸王之起居飲食，皆聽命焉，而典籤尤為切近。齊書孝武諸子傳論謂帝子臨州，年皆幼小，故輔以上佐，簡自帝心，州國府第，先事後行，飲食起居，動應聞啓。行事執其權，典籤掣其肘，處地雖重，行己莫由，斯宋氏之餘風，在齊而彌甚也。（廿二史劄記齊制典籤之權太重）

此種胥吏擅權之科員政治，最足以敗壞風氣，蓋小人道長，君子道消，佞倖當途，直枉倒錯，如此而欲求政治清明，國家强盛，殆猶癡人之說夢耳。

綜觀南朝一百六十餘年，政風之頽敗，以梁代爲最甚。梁武帝恭儉莊敬，藝能博學，世所罕覯，亦能勤政恤民，孜孜無怠見梁書本紀，然實非經國之才，故絕不能整飭綱紀。於高門華冑之豪奢，則曲予優容，於地方官吏之曠廢，則多所迴護，在朝無死節之臣，在野無忠義之士，政俗因而大壞。其時散騎常侍賀琛已惄焉憂之，乃冒死啓陳，以挽頽風。

是時，高祖任職者，皆緣飾姦諂，深害時政，琛遂啓陳事條封奏。

其二事曰：今天下宰守所以皆尚貪殘，罕有廉白者，良由風俗侈靡，使之然也。淫奢之弊，其事多端，粗舉二條，言其尤者。夫食方丈於前，所甘一味。今之燕喜，相競誇豪，積果如山岳，列肴同綺繡，露臺之產，不周一燕之資，而賓主之間，裁取滿腹，未及下堂，已同臭腐。又歌姬儛女，本有品制，二八之錫，良待和戎。今畜妓之夫，無有等秩，雖復庶賤微人，皆盛姬姜，務在貪汚，爭飾羅綺，故爲吏牧民者，競爲剝削，雖致貲巨億，罷歸之日，不支數年，便已消散。蓋由宴醑所費，既破數家之產，歌謠之具，必俟千金之資。所費事等丘山，爲歡止在俄頃。乃更追恨向所取之少，今所費之多。如復傅翼，增其摶噬，一何悖哉。其餘淫侈，著之凡百，習以成俗，日見滋甚，欲使人守廉隅，吏尚清白，安可得邪。

其三事曰：斗筲之人，藻棁之子，既得伏奏帷扆，便欲詭競求進，不說國之大體。不知當一官，處一職，貴使理其紊亂，匡其不及，心在明恕，事乃平章。但務吹毛求疵，擘肌分理，運挈缾之智，徼分外之求，以深刻爲能，以繩逐爲務，迹雖似於奉公，事更成其威福。犯罪者多，巧避滋甚，曠官廢

職，長弊增姦，實由於此。（梁書賀琛傳）

今儒錢穆氏亦云：

史稱梁武敦尚文雅，疏簡刑法，優假士人太過，牧守多侵漁百姓。（即宗室諸王如臨川王宏武陵王紀等，皆恣意聚斂，盛務貨殖，而武帝不問。）又謂其好親任小人。王偉爲侯景草檄，謂梁自近歲以來，權倖用事，割剝齊民，以供嗜慾。如曰不然，公等試觀今日國家池苑，王公第宅，僧尼寺塔，及在位庶僚，姬姜百室，僕從數千，不耕不織，錦衣玉食，不奪百姓，何從得之。此可見當時之政俗矣。（國史大綱第十六章）

同時高門華冑均喜詞藝，而鄙武事，且不服兵役，既與戎狄隔絕，又復不樂武位，恥稱將門。（事詳南齊書沈文季傳及丘靈鞠傳）南朝文弱不振，見侮異族，胥種因於此。顏之推在顏氏家訓涉務篇中對梁朝世族生活狀況有極淋漓盡致之描寫，且語含譏諷曰：

吾見世中文學之士，品藻古今，若指諸掌，及有試用，多無所堪。居承平之世，不知有喪亂之禍，處廊廟之下，不知有戰陣之急，保俸祿之資，不知有耕稼之苦，肆吏民之上，不知有勞役之勤，故難可以應世經務也。晉朝南渡，優借士族，故江南冠帶有才幹者，擢爲令僕已下，尚書郎中書舍人已上，典掌機要，其餘文義之士，多迂誕浮華，不涉世務，纖微過失，又惜行捶楚，所以處於清高，益護其短也。

梁世士大夫皆尚褒衣博帶，大冠高履，出則車輿，入則扶侍，郊郭之內無乘馬者。周宏正爲宣城王所愛，給一果下馬，常服御之，舉朝以爲放達。至乃尚書郎乘馬，則糾劾之。及侯景之亂，膚脆骨柔，不堪行步，體羸氣弱，不耐寒暑，坐死倉猝者，往往而然。江南朝士，因晉中興南渡江，卒爲羈旅，至今八九世，未有力田，悉資俸祿而食爾。假令有者，皆信僮僕爲之，未嘗目觀起一墢土，耘一株苗，不知幾月當下，幾月當收，安識世間餘務乎。故治官則不了，營家則不辦，皆優閒之過也。

由此可見若輩安居多暇，優游歲月，乃有餘力以從事文藝之創作，文學之批評，而南國華辭便是在此種生活下之產物。要之，唯美文學至梁而登峯造極，文學理論至梁而粲然明備，文藝思潮至梁而起伏翻騰，呈現伊古未有之奇觀，多拜政風頹敗之賜也。悲夫。

※　※　※

北朝起自塞外，以騎射習武爲雄，渾渾噩噩，不脫游牧故習，初無制度可言。迨北魏孝文帝歆慕中華文物，遷都洛陽，始漸染華風，幾於同化，至是典章禮樂始粗具規模。惟是北朝諸帝率多荒淫殘暴，其影響於政治者，可以不卜而知。故北朝政風之於南朝，一若魯衞之政，伯仲之間耳。揆其致敗之因，約得四端：

一曰君主殘暴，刑殺太過，太過則人人危懼，惶惶終日，咸懷五日京兆之心，不作輔世長民之想。參閱本節第三目

二曰北魏百官無祿，廉者貧苦異常，貪者取給於富家，或逼人假貸，或與盜魁相交。至孝文帝太和八年始班祿，然惡例已成，難以驟改，故北魏官吏貪風之熾，冠於六朝。

後魏未有官祿之制，其廉者貧苦異常，如高允草屋數間，布被縕袍，府中惟鹽菜，常令諸子採樵自給

是也。允傳否則必取給於富豪，如崔寬鎮陝，與豪宗盜魁相交結，莫不感其意氣，時官無祿，力惟取結於人，寬以善於結納，大有受取，而與之者無恨。寬傳文成帝詔諸刺史，每因調發，逼人假貸，大商富賈，要時射利，上下通同，分以潤屋，自今一切禁絕，犯者十疋以上皆死。明元帝又詔使者巡行諸州，校閱守宰貲財，非自家所齎，悉簿爲贓。是懲貪之法，未嘗不嚴，然朝廷不制祿以養廉，而徒責以不許受贓，是不清其源而徒遏其流，安可得也。……崔寬幷交結盜魁，爲受納之地，既取利於商賈，自幷及於盜賊，亦事之所必至也，上下交征如此，何以立國哉。廿二史劄記後魏百官無祿

三曰北魏末造，假官充斥朝野，群臣競相作僞，法網之疏，前所未見，吏弊官邪，固無足怪。武定六年，吏部令史張永和、青州人崔闊等僞假人官，事覺，糾檢，首者六萬餘人。魏書孝靜帝紀

四曰北魏以廝役爲縣令，蓋上法晉趙王倫篡位時奴卒廝役咸加爵位故事見晉書八王傳，狗尾續貂，貪墨風行，遂使士流爲之氣結，吏道於焉陵替。

後魏光宅中原，頗以吏治爲意。如明元帝神瑞元年，詔使者巡行諸州，閱守令資財，非自家所齎，悉簿爲贓。二年，又詔刺史守令，惰逋今年租調者，罰出家財以充，不得征發於民。太武帝行幸中山，免守宰貪汙者數十人。神䴥元年，以天下守宰多非法，精選忠良悉代之。太延三年，又詔天下吏民，得告守令之不法者。是皆能整飭官吏，不至猥濫。及其末造，國亂政淆，權移於下，遂至宰縣者多廝役，士流皆恥爲之。入北齊，其風更甚。……以親民之官，而寄之廝役，衰亂之朝，何事蔑有，此亦可以觀世變也。廿二史劄記北齊以廝役爲縣令

而鮮卑貴族又競效南士之豪奢，窮侈極欲，沈醉在漢化之綺夢中，敗德傷倫之事，層見迭出，邦家命運，民間疾苦，皆棄而不顧，宜乎篡逆相尋，禍亂迭作。詩云：『其何能淑，載胥及溺。』其此之謂歟。

三　屠戮大行

㈠大規模之屠殺

自東漢末季黃巾暴動、董卓稱兵以後，中國即陷入長期動亂局面，歷時達四百年，在此四百年中，四海鼎沸，八表同昏，大小規模之屠殺，年有數起，茫茫世宙，喋喋黎元，方趾圓顱，萬不遺一，誠不知人間為何世矣。當時無論帝王宿將，草莽英雄，以至戎狄酋豪，率多恣睢暴戾，殺人盈野，人命之賤，曾雞犬草芥之不若，人類之尊嚴，自是掃地以盡。老子云：『天地不仁，以萬物為芻狗，聖人不仁，以百姓為芻狗。』痛哉是言也。玆將此一時期大屠殺之慘事列表說明如次：

㈢魏晉南北朝大屠殺簡表

按曹操為魏武帝，故應列入此一時期。

朝代名	時間 中國紀元	時間 西元	屠殺者	事略	備註
魏	漢獻帝初平四年	193	曹操	曹操征徐州牧陶謙，至彭城大戰，謙兵敗走，死者數萬，泗水為之不流。	三國志陶謙傳
	漢獻帝建安三年	198	曹操	曹操東征呂布，大破之，屠彭城。	三國志魏武帝紀

	漢獻帝建安五年	200	曹操	曹操與袁紹大戰於官渡，紹軍崩潰，損失八萬人。	三國志袁紹傳
	漢獻帝建安十三年	208	孫權	曹操率二十五萬大軍自荆州南下，與吳軍相遇於赤壁，操軍大潰，士卒損失大半。	三國志魏武帝紀
	齊王嘉平五年	253	司馬懿	吳諸葛恪圍新城，懿遣毌丘儉文欽拒之，大破恪軍，斬首萬餘級。	晉書景帝紀
晉	惠帝永寧元年	301	司馬冏 司馬倫	趙王倫稱帝，齊王冏首謀討倫，誅倫及其黨羽，雙方戰死士卒近十萬人。	晉書八王傳
	惠帝光熙元年	306	祁弘	東海王越部將祁弘等與河間王顒部將刁默戰，默大敗，弘等所部鮮卑大掠長安，殺二萬餘人。	晉書惠帝紀
	懷帝永嘉五年	311	石勒	羯人石勒率輕騎追太傅越之喪，及於苦縣寧平城，大敗晉兵，縱輕騎圍而射之，將士十餘萬人，相踐如山，無一人得免者。	資治通鑑
	懷帝永嘉五年	311	劉聰	匈奴人劉聰使前軍大將軍呼延晏將兵二萬七千寇洛陽，比及河南，晉兵前後十二敗，死者三萬餘人。始安王曜王彌石勒等皆引兵會之，六月王彌呼延晏克宣陽門，入南宮，升太極前殿，縱兵大掠，士民死者三萬餘人。	資治通鑑
	成帝咸和八年	333	石虎	石虎統步騎攻長安，枕屍三百餘里。	晉書石勒載記
	孝武帝太元八年	383	謝玄	前秦苻堅率百萬大軍入寇，謝玄破之於淝水，俘斬七十餘萬人，淝水爲之不流。	晉書謝玄傳
	穆帝永和五年	349	冉閔	後趙大將軍冉閔（即石閔，漢人）專政，深受漢人擁戴，但胡人不爲所用，乃獎勵漢人誅殺胡羯，前後凡殺二十餘萬人。	晉書石季龍載記
	安帝義熙三年	407	赫連勃勃	夏主赫連勃勃大破涼王禿髮傉檀，殺傷萬計，斬其大將十餘人，以爲京觀，號髑髏臺。	晉書赫連勃勃載記

朝	國	時間	年	人物	事略	出處
南朝	宋	文帝元嘉前後		文帝及劉劭等	宋武帝九子、四十餘孫、六七十曾孫十之七八爲文帝等所殺，且無一有後於世者。	廿二史劄記
		孝武帝大明前後		孝武帝 明帝	宋文帝十九子爲孝武帝所殺者十有一人，亦皆無後。	廿二史劄記
		明帝泰始前後		前廢帝 明帝	宋孝武帝二十八子，爲前廢帝所殺者二，爲明帝所殺者十六。	廿二史劄記
		孝武帝大明三年	459	孝武帝	竟陵王誕據廣陵反，沈慶之討平之，帝令屠城，慶之不忍，因奏請留下健壯丁男，以年輕女子賞配軍士，而被誅者仍有三千餘人。	資治通鑑
	齊	高帝建元前後		高帝	齊高帝蕭道成既弒宋後廢帝順帝於前，又殺宋宗室於後，劉宋子孫遂無復孑遺。	廿二史劄記
		明帝建武年間		明帝	齊高帝十九子，齊武帝二十三子，除早殤者及竟陵王蕭子良得善終外，悉爲明帝所殺，且俱無後，其慘毒自古所未有。	廿二史劄記
	梁	武帝天監五年	506	曹景宗 韋叡	梁軍大破魏兵於鍾離，魏兵趨水死者十餘萬，斬首亦如之，其餘釋甲稽顙，乞爲囚奴，猶數十萬。	梁書韋叡傳
		元帝承聖三年	554	西魏	西魏入寇，陷江陵，元帝及太子皆見害，又選百姓男女數萬口，分爲奴婢，驅入長安，小弱者皆殺之。	梁書元帝紀
北	北	穆帝時		猗盧	後魏起北方，專以刑殺爲政令，自猗盧爲代王，即嚴刑峻法，諸部人多以違命得罪，凡後期者，舉部戮之，或有宗室相攜，悉赴死所，或問何往，曰當就誅戮，其威嚴如此。	廿二史劄記後魏刑殺太過
		道武帝登國十年	395	拓跋珪	拓跋珪率兵攻後燕慕容寶，追擊至參合陂，燕軍大潰，死萬餘人，坑五萬人。	魏書王建傳
		道武帝時		拓跋珪	道武帝以秦王觚使於燕，爲所害，及克中山，收害觚者傳高霸、程同等，皆夷五族，以大刃挫殺之。其討劉衛辰，收其子弟宗黨，無少長五千餘人，盡戮死。末年，每朝臣至前，追其舊惡，輒殺之。其餘或以顏色動變，或以喘息不調，或以行步乖節，或以言詞失措，皆以爲懷惡在心，變見於外，乃手自毆擊，死者皆陳天安殿前。	廿二史劄記後魏刑殺太過

朝					
魏	太武帝太平眞君十一年	450	拓跋燾	崔浩之誅，清河崔氏無遠近，及范陽盧氏，太原郭氏，河東柳氏，皆浩之親黨，盡夷其族，甚至僮吏亦夷五族，同修史者亦族誅。（浩傳）史臣謂太武果於刑戮，後多悔之，則亦仍其祖父舊法也。	廿二史箚記後魏刑殺太過
	東魏孝靜帝武定元年	543	高歡	東魏高歡大破西魏宇文泰於邙山，擒西魏督將已下四百餘人，俘斬六萬許。	北齊書神武帝紀
	西魏文帝大統十二年	546	韋孝寬	高歡將兵攻西魏之玉壁，西魏晉州刺史韋孝寬禦之，高歡大敗，死七萬人。	北齊書神武帝紀
北齊	文宣帝時		高洋	北齊文宣帝問元韶，光武何故中興。韶曰，爲王莽誅諸劉不盡。文宣乃誅諸元哲景式等二十五家，男子無少長皆斬，所殺三千人，餘十九家並禁之，韶亦入地牢，絕食，啗衣袖而死。尋又大誅元氏，壯者斬東市，嬰兒投於空中，以槊承之，悉投屍漳水，剖魚者多得爪甲，都下爲之久不食魚。文宣嘗令諸囚自金鳳臺各乘紙鳶以飛，最遠者免死，元黃頭獨能至紫陌，宜得免矣，仍付御史獄餓死。凡昭成以下，並無遺焉。	廿二史箚記

上表所列，不過屠戮較多，且有信史可徵者耳，六朝時代類此或屠戮較少者，何慮千百，其與十八地獄較，曾無少異。故謂爲戰國時代之重現可，謂爲中國政治上之黑暗時代（Dark ages）亦無不可也。

在此長期分裂、長期戰亂中，直接受害者爲人民。自戎狄猾夏以後，人民生活之苦痛，可於宋書索虜傳論中見之：

至乃連騎百萬，南向而斥神華，胡旆映江，穹帳遵渚，京邑荷檐，士女喧惶。天子內鎮羣心，外御羣寇，役竭民徭，費殫府實，舉天下以攘之，而力猶未足也。既而虜縱歸師，殲累邦邑，剪我淮州，俘我江縣，喋喋黔首，跼高天，蹐厚地，而無所控告。强者爲轉屍，弱者爲繫虜，自江淮至于清濟，戶口數十萬，自兕湖澤者，百不一焉。村井空荒，無復鳴雞吠犬。時歲惟暮春，桑麥始茂，故老遺氓，還號舊落，桓山之響，未足稱哀。六州蕩然，無復餘蔓殘構，至於乳燕赴時，銜泥靡託，一枝之間，連窠十數，春雨裁至，增巢已傾。雖事舛吳宮，而殲亡匪異，甚矣哉覆敗之至於此也。

而人口之銳減，尤令人怵目驚心，漢桓帝時，全國人口爲五千餘萬，至隋文帝統一南北，僅餘一千一百餘萬，減耗達四千萬之多。今就馬端臨文獻通考、鄭樵通志所載歷代戶口盛衰之大概，特製一表，以資參較。

㈣漢末至隋戶口盛衰比較表

朝代名		時間：中國紀元	時間：西元	戶數	口數	附註
東漢		桓帝永壽二年	156	一六〇七〇、九〇六	五〇〇六六、八五六	爲東漢人口最多時期
西晉		武帝太康元年	280	二四五九、八四〇	一六一六三、八六三	爲晉代人口最多時期
南朝	宋	孝武帝大明八年	464	九〇六、八七四	四六八五、五〇一	
	齊			不詳	不詳	
	梁	元帝	553前後	約三〇、〇〇〇	不詳	南史梁元帝紀：「人戶著籍，不盈三萬。」
	陳	宣帝	582前後	五〇〇、〇〇〇	約二〇〇〇、〇〇〇	

北朝	北魏	孝文帝遷都洛陽以後	494以後	約四九〇、〇〇〇	約三〇〇〇〇、〇〇〇	爲北魏人口最多時期
	北齊			三〇三二、五二八	二〇〇〇六、八八〇	
	北周	靜帝大象中	584左右	三五九〇、〇〇〇	九〇〇九、六〇四	
隋		煬帝大業二年	606	八九〇七、五三六	四六〇一九、九五六	爲隋代人口最多時期

(二)迫害名士

東漢自和帝以後，主荒政謬，國脈民命或委於外戚，或委於閹寺，名士羞與爲伍，遂結合同類，與戚宦鬥爭，而均歸失敗。名士與外戚鬥爭凡三次：

(1)和帝永元元年至四年西元八九年至九二年，名士郅壽、樂恢等與外戚竇憲爭，失敗被殺。

(2)安帝延光二年西元一二四年，名士楊震等與外戚閻顯爭，失敗被殺。

(3)桓帝建和元年西元一四七年，名士李固、杜喬等與外戚梁冀爭，失敗被殺。

名士與宦官鬥爭凡二次：

(1)桓帝延熹九年西元一六六年，名士李膺等與宦官張讓爭，失敗被捕，是爲第一次黨錮之禍。

(2)靈帝建寧元年至二年西元一六八年至一六九年，名士陳蕃聯合外戚竇武與宦官曹節、王甫爭，失敗，是爲第二次黨錮之禍。

第二次黨錮之禍，株連最廣，殺戮最多，名士陳蕃、李膺等百餘人俱遭戕害，諸門生故吏死徙廢禁者又六七百人，自是一再窮治，禁錮之令，爰及五屬，其心狠手辣，令人寒心。玆誌罹難者名單於後：

(五)東漢第二次黨錮之禍罹難名士表 据今人金發根氏之東漢黨錮人物的分析

姓名	官職	出處
陳蕃	太傅錄尚書事	後漢書本傳
竇武	大將軍	後漢書本傳
劉瑜	侍中	後漢書本傳
朱震	銍令	後漢書陳蕃傳
杜密	太僕	後漢書黨錮傳
李膺	長樂少府	後漢書黨錮傳
劉淑	虎賁中郎將	後漢書黨錮傳
丁栩	左中郎將	後漢紀卷二十三
巴肅	潁川太守	後漢紀卷二十三
馮述	屯騎校尉	後漢書竇武傳

自來儒者出處之道，合則留，不合則去。孔子云：『天下有道則見，無道則隱。』孟子云：『可以仕則仕，可以止則止，可以久則久，可以速則速。』揚雄亦云：『君子得時則大行，不得時則龍蛇。』是皆感於天下滔滔，無人得而易之，灰心之餘，欲留此有用之身，另闢蹊徑，爲社會國家作更多更大之貢獻，而不作無謂之犧牲，觀孔孟二聖行誼，非儒家行爲哲學之典範耶。乃東漢李杜諸賢，昧於斯義，熱心國是，盲進不已，竟以千金之身，徒膏虎狼之吻，道德命脈自此而斬，芸芸衆生遂茫然無所瞻依矣，可勝慨哉。

黨錮之禍以後，漢室凋零，閹豎弄權，益無忌憚，國勢陵夷，不可復振，曾不旋踵而大好河山已非復劉氏所有矣。

蓋自李杜諸賢逝後，朝中善類，驟然一空，彼握瑜懷瑾之徒，志潔行芳之士，或匿跡樹窟，或潛身土室，韜光遁世，

虞祁	洛陽令	後漢書竇武傳
祝瑨	侍御史	後漢書竇武傳
荀緄	尚書	後漢書竇武傳
劉儵	侍中	後漢書陳球傳
劉儒	議郎	後漢書黨錮傳
趙典	太常	後漢紀卷二十三
朱寓	司隸校尉	後漢書黨錮傳序
荀昱	從事中郎	後漢書竇武傳
虞放	司空	後漢書黨錮傳序
翟超	山陽太守	後漢書黨錮傳序
王暢	司空	後漢書王龔傳
欒巴	議郎	後漢書本傳
張升	外黃令	後漢書獨行傳
范滂	太尉掾	後漢書黨錮傳
尹勳	尚書令	後漢書竇武傳

養性全眞，政權更易，無復嬰心，蒼生哀樂，無復關懷。夫善人者，民族精神之所託，而國家元氣之所在也，精神萎靡則族危，元氣斲傷則國創，精神喪則族亡，元氣盡則國滅。漢祚傾覆，實黨人之獄有以促成之。近儒梁啓超氏有言：

> 漢世外戚宦官之禍，連踵繼軌，兩漢后妃之家，著聞者四十餘氏，大者夷滅，小者放竄，其身家俱全者，不得四五，宦官弄權，殺人如草，一朝爲董袁所襲，亦無孑遺。人人漸覺骨肉之間，皆有刀俎。若乃黨錮之禍，俊顧廚及，一網以盡，其學節冠一世，位望至三公者，亦皆駢首闕下，若屠豬羊。天下之人，見權勢之不可恃也如彼，道德學問之更不可恃也如此，人心旁皇，罔知所適，故一遁而入於虛無荒誕之域，芻狗萬物，良非偶然。（中國學術思想變遷之大勢）

謂殺戮過甚，導致人心惶惑，誠屬灼見。抑有進者，經歷此一動亂，又直接促使人性之覺醒，思想之解放，在學術上則儒、道、名、法分鑣並馳，在詞藝上則詩賦駢文，富美日新，以至文學思潮之波瀾壯闊，文藝批評之邁漢軼唐，均為其殘酷代價，吁可悲已。

漢轍將覆，曹操崛起，欲重振乾綱，削平動亂，既再三提倡不忠不孝主義（參閱本節前引建安四令），又倒持太阿，嚴刑御下，嘗下詔曰：『夫刑，百姓之命也。』（三國志魏書武帝紀）又謂『撥亂之政，以刑為先。』（三國志魏書高柔傳）於是排除異己，殺戮名士，不讓曹節王甫專酷於前，豈宦豎之家，舉皆心理變態，嗜殺成性耶。（曹操父嵩為宦官曹騰養子）其後司馬氏襲其故智，變本加厲，誅夷尤衆，當時知識分子稍有思想者，幾無一得善終，亦云酷矣。中國之政治傳統既為曹馬破壞無遺，中國知識分子之尊嚴復為曹馬掃地以盡，戾氣所結，禍流後世，其子孫或為權臣所荼毒，或為外族所屠殺，豈非天道好還之明驗哉。世說新語尤悔篇：

王導、溫嶠俱見明帝，帝問溫前世所以得天下之由，溫未答頃，王曰：『溫嶠年少未諳，臣為陛下陳之。』王迺具敍宣王創業之始，誅夷名族，寵樹同己，及文王之末，高貴鄉公事。明帝聞之，覆面箸牀曰：『若如公言，祚安得長。』

此一故事，殊足令人深長思之。而下逮南北朝之世，無間華夷，代代相因，曾莫之悟，又復遺禍子孫，豈冥冥中天之所以報應者固不爽歟。茲將此一時代中死於非命之名士表列如左：

劉祐	河南尹	後漢書黨錮傳
魏朗	尚書	後漢書黨錮傳

㈥魏晉南北朝罹難名士表

國號	姓名	歲數	罹難時間 中國紀元	罹難時間 西元	迫害罹難之者	罹難原因	作品見於文選者	備考
魏	華佗				曹操	不爲曹操所用。		後漢書方術傳
	禰衡	26	建安三年	198	黃祖	賦性誕傲，出言不遜。	鸚鵡賦	後漢書本傳
	董承		建安五年	200	曹操	受漢獻帝密詔，令劉備誅曹操。		後漢書獻帝紀
	孔融	56	建安十三年	208	曹操	兀傲不馴，爲曹操所忌。	薦禰衡表等二首	後漢書本傳
	荀彧	50	建安十七年	212	曹操	不同意曹操進爵魏公，自殺。		後漢書本傳
	路粹		建安十九年	214	曹操	坐違禁罪。		三國志王粲傳
	崔琰	58	建安二一年	216	曹操	有人誣其傲世怨謗。		三國志本傳
	許攸				曹操	自恃破袁紹有功，出言不遜。		三國志崔琰傳
	婁圭				曹操	恃舊不虔，曹操以爲有腹誹意。		三國志崔琰傳
	吉本		建安二三年	218	曹操	見曹操將纂漢，乃聯合起兵伐操。		三國志魏武帝紀

吉邈		建安二三年	218	曹操	見曹操將篡漢，乃聯合起兵伐操。		三國志魏武帝紀
耿紀		建安二三年	218	曹操	見曹操將篡漢，乃聯合起兵伐操。		後漢書獻帝紀
韋晃		建安二三年	218	曹操	見曹操將篡漢，乃聯合起兵伐操。		後漢書獻帝紀
楊修	45	建安二四年	219	曹操	楊修爲袁紹之甥，慮有後患。	答臨淄侯牋	三國志陳思王傳
魏諷		建安二四年	219	曹操	與陳褘共謀襲鄴，攻曹操。		三國志魏武帝紀注引世語
劉偉		建安二四年	219	曹操			三國志劉廙傳注引廙別傳
丁儀		黃初元年	220	曹丕	黨於曹植。		三國志陳思王傳
丁廙		黃初元年	220	曹丕	黨於曹植。		三國志陳思王傳
馬謖	39	建興六年	228	諸葛亮	街亭之敗。		三國志馬良傳
曹爽		嘉平元年	249	司馬懿	與司馬懿爭權，失敗。		三國志本傳
曹羲		嘉平元年	249	司馬懿	曹爽之難。		三國志曹爽傳
曹訓		嘉平元年	249	司馬懿	曹爽之難。		三國志曹爽傳

何晏	60	嘉平元年	249	司馬懿	曹爽之難。	景福殿賦	三國志曹爽傳
鄧颺		嘉平元年	249	司馬懿	曹爽之難。		三國志曹爽傳
丁謐		嘉平元年	249	司馬懿	曹爽之難。		三國志曹爽傳
畢軌		嘉平元年	249	司馬懿	曹爽之難。		三國志曹爽傳
李勝		嘉平元年	249	司馬懿	曹爽之難。		三國志曹爽傳
張當		嘉平元年	249	司馬懿	曹爽之難。		三國志曹爽傳
桓範		嘉平元年	249	司馬懿	曹爽之難。		三國志曹爽傳
王淩	80	嘉平三年	251	司馬懿	惡司馬懿不臣，且齊王不任天位，欲謀廢立，事洩自殺。		三國志本傳
曹彪		嘉平三年	251	司馬懿	王淩謀立彪即位許昌，事敗自殺。		三國志本傳
王廣		嘉平三年	251	司馬懿	惡司馬懿不臣，欲與父淩謀廢立。		三國志王淩傳
勞精		嘉平三年	251	司馬懿	王淩之難。		三國志王淩傳
單固		嘉平三年	251	司馬懿	王淩之難。		三國志王淩傳

楊康		嘉平三年	251	司馬懿	王淩之難。		三國志王淩傳
杜恕	55	嘉平四年	252	司馬懿	爲幽州刺史，鮮卑寇邊，無表言上，爲程喜劾奏。		三國志杜畿傳
諸葛恪	51	嘉平五年	253	孫亮	爲孫峻所構。		三國志本傳
李豐		嘉平六年	254	司馬師	惡司馬師專政，欲聯合夏侯玄張緝共誅之，事洩。		三國志夏侯玄傳
李翼		嘉平六年	254	司馬師	李豐之難。		三國志夏侯玄傳
李韜		嘉平六年	254	司馬師	李豐之難。		三國志夏侯玄傳
夏侯玄	46	嘉平六年	254	司馬師	惡司馬師專權，與李豐張緝共謀誅之，事敗。		三國志夏侯玄傳
張緝		嘉平六年	254	司馬師	惡司馬師專權，與李豐夏侯玄共謀誅之，事敗。		三國志夏侯玄傳
樂敦		嘉平六年	254	司馬師	李豐之難。		三國志夏侯玄傳
劉賢		嘉平六年	254	司馬師	李豐之難。		三國志夏侯玄傳
許允		嘉平六年	254	司馬師	李豐之難。		三國志夏侯玄傳
毌丘儉		正元二年	255	司馬師	感明帝顧命，舉兵討司馬師，失敗。		三國志本傳

毌丘儉		正元二年	255	司馬師	毌丘儉之難。		三國志毌丘儉傳
文欽		甘露二年	257	諸葛誕	素與誕有隙，守壽春計又相左。		三國志諸葛誕傳
諸葛誕		甘露二年	257	司馬昭	見王淩毌丘儉累見夷滅，懼不自安，遂據壽春反。		三國志諸葛誕傳
曹髦	20	景元元年	260	司馬昭	以討司馬昭不克，被弒。		三國志魏高貴鄉公髦紀
王經		景元元年	260	司馬昭	高貴鄉公之難。		三國志魏高貴鄉公髦紀
嵇康	40	景元三年	262	司馬昭	以呂安事件，爲鍾會所讒。	琴賦等五首	晉書嵇康傳
呂安		景元三年	262	司馬昭	兄巽誣其不孝。		晉書嵇康傳
鄧艾		咸熙元年	264	司馬昭	爲鍾會所構。		三國志本傳
鍾會	40	咸熙元年	264	司馬昭	謀反。	檄蜀文	三國志本傳
韋昭	70	泰始九年	273	孫皓	屢忤吳主孫皓意。	博弈論	三國志本傳
步闡				陸抗	據西陵降晉。		三國志步騭傳
西晉							
陸晏		太康元年	280	王濬	吳亡。		三國志陸遜傳

陸景	31	太康元年	280	王濬	吳亡。		三國志陸遜傳
任愷	61	太康四年	283	賈充	憂憤而卒。		晉書本傳
楊駿		元康元年	291	賈南風	相惠帝，偏植親黨，爲賈后所忌。		晉書本傳
衛瓘	72	元康元年	291	司馬瑋	八王之亂。		晉書衛瓘傳
衛恆		元康元年	291	司馬瑋	八王之亂。		晉書衛瓘傳
周處	60	元康九年	299	齊萬年	齊萬年反，力戰死。		晉書本傳
張華	69	永康元年	300	司馬倫	八王之亂。	情詩等六首。	晉書本傳
潘岳	54	永康元年	300	司馬倫	八王之亂。	閒居賦等十九首	晉書本傳
石崇	52	永康元年	300	司馬倫	八王之亂。	王明君辭等二首	晉書本傳
李重	48	永康元年	300	司馬倫	憂迫成疾而卒。		晉書本傳
裴頠	34	永康元年	300	司馬倫	八王之亂。		晉書本傳
歐陽建		永康元年	300	司馬倫	八王之亂。	臨終詩	晉書本傳

陸機	43	太安二年	303	司馬穎	八王之亂。	歎逝賦等二十八首	晉書本傳
陸雲	42	太安二年	303	司馬穎	八王之亂。	爲顧彥先贈婦詩等四首	晉書本傳
陸耽		太安二年	303	司馬穎	八王之亂。		晉書本傳
索靖	65	太安二年	303	司馬顒	八王之亂。		晉書本傳
卞粹		太安二年	303	司馬乂	八王之亂。		晉書卞壼傳
馮蓀		太安二年	303	司馬乂	八王之亂。		晉書八王傳
李含		太安二年	303	司馬乂	八王之亂。		晉書八王傳
牽秀		永興元年	304	司馬顒	八王之亂。		晉書本傳
嵇紹	52	永興元年	304	司馬顒	八王之亂。		晉書忠義傳
樂廣		永興二年	305	司馬顒	八王之亂，爲群小所譖，以憂卒。		晉書本傳
張輔		光熙元年	306	韓稚	與隴西太守韓稚戰，兵敗被殺。		晉書本傳
嵇含	44	光熙元年	306	郭勱	性剛躁，素與郭勱有隙。		晉書嵇紹傳

曹攄		永嘉二年	308	流寇	與流寇王逌戰，兵敗被殺。	感舊詩等二首	晉書良吏傳
潘尼		永嘉四年	310		漢兵進寇洛陽，乃逃往南方，死道中。	贈河陽詩等四首	晉書本傳
王衍	56	永嘉五年	311	石勒	永嘉之亂。		晉書本傳
王尼		永嘉五年	311		永嘉之亂，避難江夏，餓死。		晉書本傳
王讚		永嘉五年	311	石勒	永嘉之亂。		晉書石勒載記
阮修	42	永嘉五年	311	盜寇	永嘉之亂，避難南行，爲寇所害。		晉書本傳
荀晞		永嘉五年	311	石勒	永嘉之亂。		晉書本傳
庾敳	50	永嘉五年	311	石勒	永嘉之亂。		晉書庾峻傳
摯虞	60	永嘉五年	311		永嘉之亂，洛京荒亂，餓死。		晉書本傳
劉望		永嘉五年	311	石勒	永嘉之亂。		晉書懷帝紀
諸葛銓		永嘉五年	311	石勒	永嘉之亂。		晉書懷帝紀
鄭豫		永嘉五年	311	石勒	永嘉之亂。		晉書懷帝紀

裴盾		永嘉五年	311	石勒	永嘉之亂。		晉書懷帝紀
和郁		永嘉五年	311	劉曜	永嘉之亂。		晉書懷帝紀
曹馥		永嘉五年	311	劉曜	永嘉之亂。		晉書懷帝紀
閭丘沖		永嘉五年	311	劉曜	永嘉之亂。		晉書懷帝紀
袁粲		永嘉五年	311	劉曜	永嘉之亂。		晉書懷帝紀
王緄		永嘉五年	311	劉曜	永嘉之亂。		晉書懷帝紀
王澄	44	永嘉六年	312	王敦	澄夙有盛名，出於敦右，敦忌之。		晉書本傳
華軼		建興元年	313	衛展	自以受洛京所遣，不能敬承琅邪王教命。		晉書本傳
王儁		建興元年	313	劉聰	永嘉之亂。		通鑑
庾珉		建興元年	313	劉聰	永嘉之亂。		晉書本傳
劉默		建興元年	313	劉曜	永嘉之亂。		晉書懷帝紀
麴允		建興四年	316	劉聰	建興之亂，自殺。		晉書愍帝紀

梁允		建興四年	316	劉曜	建興之亂。		晉書愍帝紀
梁濬		建興四年	316	劉曜	建興之亂。		晉書愍帝紀
嚴敦		建興四年	316	劉曜	建興之亂。		晉書愍帝紀
臧振		建興四年	316	劉曜	建興之亂。		晉書愍帝紀
任播		建興四年	316	劉曜	建興之亂。		晉書愍帝紀
張偉		建興四年	316	劉曜	建興之亂。		晉書愍帝紀
杜曼		建興四年	316	劉曜	建興之亂。		晉書愍帝紀
華薈		建興五年	317	劉聰	建興之亂。		晉書愍帝紀
辛賓		建興五年	317	劉聰	建興之亂。		晉書愍帝紀
劉琨	48	建興五年	317	段匹磾	素有重望，爲段匹磾所忌。	勸進表等四首	晉書本傳
東晉							
周顗		永昌元年	322	王敦	王敦之亂。		晉書本傳
戴若思		永昌元年	322	王敦	王敦之亂。		晉書本傳

張茂		永昌元年	322	王敦	王敦之亂。		晉書本傳
王棱		太寧元年	323	王敦	王敦之亂。		晉書本傳
郭璞	49	太寧二年	324	王敦	王敦之亂。	江賦等二首	晉書本傳
周崎		太寧二年	324	王敦	王敦之亂。		晉書忠義傳
易雄		太寧二年	324	王敦	王敦之亂。		晉書忠義傳
周嵩		太寧二年	324	王敦	王敦之亂。		晉書本傳
卞壼		咸和三年	328	蘇峻	蘇峻之亂。		晉書本傳
羊曼	55	咸和三年	328	蘇峻	蘇峻之亂。		晉書本傳
周導		咸和三年	328	蘇峻	蘇峻之亂。		晉書成帝紀
陶瞻		咸和三年	328	蘇峻	蘇峻之亂。		晉書本傳
桓彝	53	咸和三年	328	韓晃	蘇峻之亂。		晉書本傳
鍾雅		咸和四年	329	任讓	蘇峻之亂。		晉書本傳

劉超		咸和四年	329	任讓	蘇峻之亂。		晉書本傳
盧諶	67	永和六年	350	冉閔	冉閔破石虎，諶隨軍。	贈劉琨詩等五首	晉書本傳
王凝之		隆安三年	399	孫恩	孫恩之亂。		晉書本傳
謝邈		隆安三年	399	孫恩	孫恩之亂。		晉書本傳
司馬逸		隆安三年	399	孫恩	孫恩之亂。		晉書安帝紀
謝琰		隆安四年	400	孫恩	孫恩之亂。		晉書本傳
袁山松		隆安五年	401	孫恩	孫恩之亂。		晉書本傳
殷仲堪		隆安三年	399	桓玄	桓玄之亂。		晉書本傳
楊佺期		隆安三年	399	桓玄	桓玄之亂。		晉書本傳
孫無終		元興二年	403	桓玄	桓玄之亂。		晉書安帝紀
王恭		隆安二年	398	司馬道子	司馬道子執政，恭每正色直言，道子深憚而忿之。		晉書本傳
殷仲文		義熙三年	407	劉裕	與駱球等謀反。	自解表等二首	晉書本傳

劉毅		義熙八年	412	劉裕	與劉裕不協。		晉書本傳
謝混		義熙八年	412	劉裕	黨劉毅。	遊西池詩	晉書本傳
宋							
傅亮	53	元嘉三年	426	文帝	少帝失德，與徐羨之共行廢立，迎文帝卽位。	爲宋公修張良廟教等四首	宋書本傳
徐羨之		元嘉三年	426	文帝	少帝失德，與傅亮共行廢立，迎文帝卽位。		宋書本傳
謝晦	37	元嘉三年	426	文帝	參與廢立少帝之事，文帝殺傅亮徐羨之，晦遂反，失敗。		南史本傳
謝靈運	49	元嘉一〇年	433	文帝	有言其謀叛者。	述祖德詩等三十二首	宋書本傳
檀道濟		元嘉一三年	436	文帝	迭建戰功，威名日盛，爲文帝所忌。		南史本傳
范曄	48	元嘉二二年	445	文帝	不滿朝政，與孔熙先謀逆，失敗。	逸民傳論等四首	南史本傳
劉鑠	23	元嘉三〇年	453	孝武帝	附太子劉劭。	擬古詩	宋書本傳
王僧綽	31	元嘉三〇年	453	劉劭	勸文帝廢太子劭。		宋書本傳
袁淑	46	元嘉三〇年	453	劉劭	劉劭將爲逆，淑不從。		宋書本傳
王僧達	36	大明二年	458	孝武帝	高闍謀亂事件。	祭顏光祿文等三首	宋書本傳

劉誕	27	大明三年	459	孝武帝	爲南兗州刺史，劉成告其謀反。		宋書本傳
羊璿之		大明三年	459	孝武帝	坐竟陵王劉誕事件。		宋書本傳
周朗	36	大明四年	460	孝武帝	居喪無禮，爲有司所糾。		宋書本傳
沈懷文	54	大明六年	462	孝武帝	屢忤帝旨。		宋書本傳
鮑照	62	泰始元年	465	亂兵	臨海王劉子頊事件，爲亂兵所殺。	蕪城賦等十一首	宋書劉義慶傳
劉義恭	53	泰始元年	465	前廢帝	前廢帝狂悖無道，義恭欲謀廢立。		宋書本傳
沈慶之	80	泰始元年	465	前廢帝	前廢帝狂悖無道，慶之盡言諫爭。		宋書本傳
戴法興	52	泰始元年	465	前廢帝	爲閹人華願兒所譖。		宋書恩倖傳
袁顗	47	泰始二年	466	明帝	爲雍州刺史，起兵奉晉安王劉子勛稱帝，失敗。		宋書本傳
劉勔	57	元徽元年	473	劉休範	桂陽王劉休範爲亂，勔迎戰，失敗。		宋書本傳
袁粲	58	昇明元年	477	齊高帝	齊高帝欲篡位，粲謀攻之，爲褚淵所出賣。		宋書本傳
齊							
謝超宗		永明元年	483	武帝	時生怨望，賜自盡。		南齊書本傳

丘巨源		永明二年	484	明帝	明帝爲吳興太守時，巨源作秋胡詩，有譏刺語，以事見殺。		南齊書本傳
王融	27	永明一一年	493	鬱林王	武帝疾篤，融謀立竟陵王，深爲鬱林王所嫉。	三月三日曲水詩序等三首	南齊書本傳
蕭子隆		建武元年	494	明帝	武帝諸子中，子隆才貌最勝，爲明帝所嫉。		南齊書本傳
蕭子懋		建武元年	494	明帝	聞鄱陽隨郡二王見殺，起兵赴難，兵敗。		南齊書本傳
袁嘏		建武四年	497	王敬則	（原因不明）		南史文學傳
謝朓	36	永元元年	499	蕭遙光	東昏侯失德，江祏等謀立始安王蕭遙光，謀於朓，朓不肯。	敬亭山詩等二十三首	南齊書本傳
陸厥	28	永元元年	499	東昏侯	父閑弟絳被誅，感痛而卒。	奉答內兄希叔詩等二首	南齊書本傳
劉暄		永元元年	499	東昏侯	茹法珍等譖暄有異志。		南齊書本傳
江祏		永元元年	499	東昏侯	東昏侯失德，祏議立江夏王蕭寶玄，事敗。		南齊書本傳
江祀		永元元年	499	東昏侯	坐兄祏罪。		南齊書本傳
徐孝嗣	47	永元元年	499	東昏侯	東昏侯失德，潛謀廢立。		南齊書本傳
蕭懿		永元二年	500	東昏侯	東昏侯肆虐，濫行殺戮。		南史本傳

張欣泰	46	中興元年	501	東昏侯	少帝昏亂，密謀廢立。		南齊書本傳
梁							
江　洪		天監元年	502	武　帝	（原因不明）		梁書本傳
任孝恭		太清二年	548	侯　景	侯景之亂。		梁書文學傳
伏　挺	65	太清二年	548	侯　景	侯景之亂。		梁書文學傳
江子一	60	太清二年	548	侯　景	侯景之亂。		梁書本傳
江從簡		太清二年	548	任　約	侯景之亂。		梁書本傳
蕭　衍	86	太清三年	549	侯　景	侯景圍京師，斷絕飲食，遂餓死。		梁書武帝紀
劉之遴	72	太清三年	549	元　帝	元帝爲湘東王時嫉其才學。		梁書本傳
蕭子雲	64	太清三年	549	侯　景	侯景之亂，餓死。		梁書本傳
王　筠	69	太清三年	549	盜　賊	居宅爲盜所攻，筠驚懼墮井死。		梁書本傳
張　纘	51	太清三年	549	蕭　詧	嫌隙。		梁書本傳
蕭方等	22	太清三年	549	侯　景	侯景之亂，軍敗，溺死。		梁書本傳

	蕭綱	49	天正元年	551	侯景	王偉勸侯景弑之以絕衆心。		梁書簡文帝紀
	蕭綸	33	天正元年	551	楊忠儀	討侯景兵敗，走汝南，爲西魏所執。		梁書本傳
	鮑泉		承聖元年	552	侯景	侯景之亂。		梁書本傳
	蕭紀	46	承聖二年	553	元帝	僭號稱帝。		南史本傳
	蕭繹	47	承聖三年	554	西魏	西魏入寇。		南史元帝紀
	王僧辯		紹泰元年	555	陳霸先	立貞陽侯蕭淵明爲帝，爲霸先所惡。		南史本傳
陳	陸琛	42	至德元年	583	後主	漏洩禁中語。		陳書本傳
	傅縡	55	至德三年	585	後主	負才使氣，怨者譖之。		陳書本傳
北魏	崔浩		太平眞君十一年	450	太武帝	立石刊國書，以彰直筆，北人憤怒，搆於帝。		魏書本傳
	酈道元		孝昌三年	527	蕭寶夤	雍州刺史蕭寶夤反，圍道元於陰盤，殺之。		魏書酷吏傳
	袁翻	53	建義元年	528	爾朱榮	爾朱榮之亂。		北史本傳
	崔騰			538	文帝	投書謗議。		北史本傳
	呂思禮		大統四年	538	文帝	謗訕朝政。		北史本傳

	溫子昇		武定五年	547	高澄	荀濟等作亂，高澄疑子昇知其謀。		魏書文苑傳
北齊	高隆之	61	天保五年	554	文宣帝	文宣帝素銜之，後又爲人所譖。		北齊書本傳
	裴讓之		天保六年	555	文宣帝	高德政與讓之不協，勸其受禪之時，眷意魏朝，嗚咽流涕。		北齊書本傳
	王昕		天保十年	559	文宣帝	文宣帝與朝臣酣酒，昕稱病不至。		北齊書本傳
	杜弼	69	天保十年	559	文宣帝	爲高德政所譖。		北齊書本傳
	高德政		天保十年	559	文宣帝	文宣帝淫暴，德政屢進忠言。		北齊書本傳
	楊愔	50	乾明元年	560	孝昭帝	政爭。		北齊書本傳
	斛律光	58	武平三年	572	後主	北周將軍韋孝寬忌光英勇，乃作謠言，祖珽乘機譖之。		北齊書本傳
	崔季舒		武平四年	573	後主	韓長鸞積嫌於祖珽，奏季舒等六人爲珽黨。		北齊書本傳
	劉逖	49	武平四年	573	後主	韓長鸞積嫌於祖珽，奏季舒等六人爲珽黨。		北齊書文苑傳
	張雕		武平四年	573	後主	韓長鸞積嫌於祖珽，奏季舒等六人爲珽黨。		北齊書文苑傳
	封孝琰		武平四年	573	後主	韓長鸞積嫌於祖珽，奏季舒等六人爲珽黨。		北齊書本傳

裴澤		武平四年	573	後主	韓長鸞積嫌於祖珽，奏季舒等六人爲珽黨。		北齊書崔季舒傳
郭遵		武平四年	573	後主	韓長鸞積嫌於祖珽，奏季舒等六人爲珽黨。		北齊書崔季舒傳
王琳	48	武平四年	573	吳明徹	梁亡，琳立永嘉王蕭莊於荆州，挺身歸北齊，以存梁緒，陳將吳明徹來攻，兵敗被殺。		北齊書本傳
北周							
宇文招		大象二年	580	隋文帝	隋文帝楊堅將遷周鼎，招密欲圖之，以匡社稷，事敗。		周書文帝諸子傳
宇文逌		大象二年	580	隋文帝	楊堅欲簒位，大殺宇文子孫。		周書文帝諸子傳

表中所列名士，乃直接慘遭迫害而死者，其間接遭受迫害而死，或史料殘缺，無法遽爾認定者則未計及。計四百年間，罹難名士達二百人以上。而各史傳多云『夷三族』，以每家平均十人推之，則罹難者當十倍於此數。自古名士運數之窮，遭遇之慘，未有甚於六朝者也。由於現實環境所逼，故六朝名士率多脫略形骸，寄情酒色，蓋欲藉酒以麻痺中樞神經（nerye-centres），暫時忘卻精神上之痛苦，欲藉色以障蔽他人耳目，期能躲避政治上之迫害，其心境愈苦，斯酒色愈不能離身。發爲吟詠，故多充滿濃厚的遊仙、神怪、佛學、玄學、隱逸、山水、田園思想，非以文苑藝圃充作避禍遠害之藪耶。卽以阮籍而論，晉書籍傳云：

籍本有濟世志，屬魏晉之際，天下多故，名士少有全者，籍由是不與世事，遂酣飲爲常。

顏延之阮嗣宗詠懷詩注亦云：

阮籍在晉文代，常慮禍患，故發此詠耳。（文選）

李善文選注則云：

嗣宗身仕亂朝，常恐罹謗遇禍，因玆發詠，故每有憂生之嗟，雖志在刺譏，而文多隱避，百代之下，難以情測。

司馬懿父子以刀鋸鼎鑊待天下士，阮氏獨能僥倖逃過此一刼難，不作政治鬥爭下之犧牲品，此或卽蘇眉山所謂『千金之子，不死於盜賊，何則，其身可愛，而盜賊不足以死』（留侯論）者耶。六朝名士由於政局詭譎，屠戮大行，只得韜光斂芒，苟且求生。是以放蕩中有莊嚴，酣飲中有血淚，遠非後世頹廢派（Decadents）作家純係沈溺酒色者可比也。

第四節　經濟概況

自東漢桓靈之世起，兩漢統一大帝國卽開始步入崩潰之厄運。促成大帝國崩潰之原因固多，要而言之，不外政治腐敗與經濟破產二端。政治腐化前已論之甚詳（請參閱本章第三節），玆不贅述。至於經濟破產則直接引起黃巾之暴動，黃巾之起，史稱『三十六萬人皆著黃巾，同日反叛』（見後漢書靈帝紀），曾不旋踵，人數卽達百萬以上，其聲勢不可謂不大矣。其實黃巾暴動，乃一種宗教的農民暴動。我國自古卽以農業立國，農民恆佔全人口百分之八十，故歷來民衆暴動，胥與農業經濟有關。漢末政治腐化，閹宦用事，加以吏胥勢豪，夤緣爲虐，農民不堪壓榨，乃起而反抗，暴亂事件，遂震撼天下。後漢書張讓傳云：

是時讓、忠及夏惲、郭勝、孫璋、畢嵐、栗嵩、段珪、高望、張恭、韓悝、宋典十二人，皆爲中常侍，封侯貴寵，父兄子弟布列州郡，所在貪殘，爲人蠹害。黃巾既作，盜賊糜沸，郎中中山張鈞上書曰：『竊惟張角所以能興兵作亂，萬人所以樂附之者，其源皆由十常侍多放父兄、子弟、婚親、賓客典據州郡，辜搉財利，侵掠百姓，百姓之寃無所告訴，故謀議不軌，聚爲盜賊。宜斬十常侍，縣頭南郊，以謝百姓，又遣使者布告天下，可不須師旅，而大寇自消。』

惜靈帝昏憒無能，不能當機立斷，反以鈞章示讓等，漢祚生機，遂自此而斬。其後盜賊四起，軍閥構釁，天下分崩，干戈擾攘，歷時達四百年之久，其間政權嬗遞頻仍，人民展轉流徙，農村徹底破產，社會秩序混亂，加以天災疾疫，相踵薦臻，民生疾苦，不言可喻。屈靈均云：『長太息以掩涕兮，哀民生之多艱。』（楚辭離騷）移以哀六朝庶民，或尤確切。

一　災疫頻仍

自漢末以迄隋初，人口銳減，由五千六百餘萬降爲一千一百餘萬，（請參閱本章第三節）令人驚心動魄。揆其原因，固由戰禍連年，大肆屠殺，而各種天災、瘟疫之紛沓以至，亦往往促使人民大量死亡。老子云：『師之所處，荆棘生焉，大軍之後，必有凶年。』其此之謂乎。此項災疫，包括水災、火災、風災、旱災、震災、蟲災、瘟疫、傳染病、饑饉等等，今擇其尤要者，列表於後：

㈦漢末至兩晉災疫簡表

國號	帝名	時間 中國紀元	西元	災疫種類	發生地區	災況	備註
漢	靈帝	建寧三年一月	170	大饑	河內·河南	河內人婦食夫，河南人夫食婦。	後漢書靈帝紀
	獻帝	興平元年七月	194	大旱	三輔	人相食啖，白骨委積。	後漢書獻帝紀
		興平二年四月	195	大旱			後漢書獻帝紀
		建安二年五月	197	蝗		江淮間民相食。	後漢書獻帝紀
		建安初年		大饑	冀州	袁紹在冀州時，滿市黃金，而無斗粟，餓者相食。	述異記
		建安一七年五月	212	淯水、潁水溢·螟			後漢書獻帝記
		建安一八年六月	213	大水			後漢書五行志
		建安一九年四月	214	旱			後漢書獻帝紀
		建安二二年	217	大疫		徐幹、陳琳、應瑒、劉楨俱逝。	後漢書獻帝紀

朝代	帝王	年號	西元	災害	地點	災情	出處
		建安二四年八月	219	漢水溢		流害民人。	後漢書五行志
魏	文帝	黃初四年三月	223	大疫			三國志魏文帝紀
		黃初四年六月	223	潁水、洛水溢		殺人民，壞廬宅。	三國志魏文帝紀
		黃初五年十一月	224	饑	冀州		三國志魏文帝紀
	明帝	太和二年五月	228	大旱			三國志魏明帝紀
		太和四年九月	230	伊、洛、河、漢水溢			三國志魏明帝紀
		太和五年三月	231	旱			三國志魏明帝紀
		青龍二年四月	234	大疫			三國志魏明帝紀
		青龍三年一月	235	大疫	京都		三國志魏明帝紀
		景初元年六月	237	地震	京都		三國志魏明帝紀
	齊王	正始六年	245	鴻水溢	茶陵縣	流漂居民二百餘家。	三國志吳主傳
西晉	武帝	咸寧元年十二月	275	大疫	洛陽	死者大半。	晉書武帝紀

	咸寧二年閏八月	276	大水	荊州五郡	流四千餘家。	晉書武帝紀
	咸寧四年七月	278	大水	荊、揚郡國二十		晉書武帝紀
	太康四年	283	大水	河內、荊州、揚州		晉書武帝紀
	太康五年九月	284	大水	郡國五		晉書武帝紀
	太康六年四月	285	大水	郡國十	壞百姓廬舍。	晉書武帝紀
	太康九年六月	288	大旱	郡國三十二	傷麥。	晉書武帝紀
	太康九年九月	288	螟	郡國二十四		晉書武帝紀
惠帝	元康二年十一月	292	大疫			晉書惠帝紀
	元康七年七月	297	饑	關中	米斛萬錢，詔骨肉相賣者不禁。	晉書惠帝紀
	元康七年七月	297	疫・大旱	梁雍二州	傷秋稼。	晉書惠帝紀
	元康七年九月	297	大水	荊、豫、揚、徐、冀等五州。		晉書惠帝紀
	永寧元年十二月	301	旱・蝗	郡國十二旱，六蝗。		晉書惠帝紀

	太安元年七月	302	大水	兗、豫、徐、冀四州		晉書惠帝紀
	永興元年一月	304	大饑	長安軍中	人相食。	晉書惠帝紀
懷帝	永嘉三年三月	309	大旱		江、漢、河、洛皆竭，可涉。	晉書懷帝紀
	永嘉四年四月	310	大水			晉書懷帝紀
	永嘉四年四月	310	大蝗	幽、并、司、冀、秦、雍六州	食草木牛馬毛，皆盡。	晉書懷帝紀
	永嘉四年十一月	310	大疫	襄陽	死者三千餘人。	晉書懷帝紀
	永嘉五年五月	311	饑	京師	人相食，百官流亡者十八九。	晉書懷帝紀
	永嘉五年	311	饑	京師	懷帝遣人觀市，珠玉金銀闐委市中，而無粟麥。	述異記
	永嘉六年	312	大疫			述異記
愍帝	建興四年十月	316	饑	長安	米斗金二兩，人相食，死者大半。	晉書愍帝紀
	建興五年七月	317	大旱			晉書愍帝紀
	建興五年七月	317	螽蝗	司、冀、青、雍四州。		晉書愍帝紀

東晉	元帝	大興二年	319	大饑	三吳		晉書元帝紀
		大興三年六月	320	大水			晉書元帝紀
		大興四年五月	321	旱			晉書元帝紀
		大興四年七月	321	大水			晉書元帝紀
		永昌元年十月	322	大疫		死者十二三。	晉書元帝紀
	明帝	大寧元年三月	323	大火	饒安、東光、安陵三縣。	燒七千餘家，死者萬五千人。	晉書明帝紀
	成帝	咸和五年五月	330	旱·饑·疫			晉書成帝紀
		咸康元年	335	大旱		會稽、餘姚尤甚，米斗五百價，人相賣。	晉書成帝紀
	穆帝	永和六年	350	大疫			晉書穆帝紀
	廢帝	太和六年六月	371	大水	京師、丹陽、晉陵、吳郡、吳興、臨海。		晉書海西公紀
	簡文帝	咸安二年	372	大旱	三吳	人多餓死。	晉書簡文帝紀
	孝武帝	太元四年三月	379	大疫			晉書孝武帝紀

	太元六年七月	381	大饑			晉書孝武帝紀
	太元十七年六月	392	潮水湧起	永嘉	近海四縣人多死者。	晉書孝武帝紀
	太元十九年七月	394	大水	荊徐二州	傷秋稼。	晉書孝武帝紀
安帝	隆安三年	399	大水	荊州	平地三丈。	晉書安帝紀
	隆安五年	401	饑			晉書安帝紀
	義熙十年七月	414	大風	淮北	壞廬舍。	晉書安帝紀

二　人民大遷徙

(一)播遷之情狀

東漢季世，先有黃巾之擾，繼有董卓之亂，末則羣雄割據，兵連禍結。自是海宇崩裂，生靈塗炭，其動亂情形，誠如胡綜所謂：

天綱弛絕，四海分崩，羣生憔悴，士人播越，兵寇所加，邑無居民，風塵煙火，往往而處，自三代以來，大亂之極，未有若今時者也。（三國志吳書胡綜傳）

於是中原人民或自相屯聚，掙扎圖存（詳見本節第三目），或扶老攜幼，展轉流徙。當時政府雖嚴禁逃亡，亦無大效。

是時董卓遷天子都長安，卓因留洛陽。或有告朗欲逃亡者，執以詣卓，朗曰：『州郡鼎沸，郊境之內，民不安業，捐棄居產，流亡藏竄，雖四關設禁，重加刑戮，猶不絕息，此朗之所以於邑也。』（三國志魏書司馬朗傳）

至曹丕篡漢之際，中原人口銳減，比之和帝桓帝時，已『萬不存一』。故曹操破袁紹，領冀州牧，考案戶籍，可得三十萬衆，而歎為大州。（事見三國志魏書崔琰傳）張繡以從破袁紹有功，增邑二千戶，『是時天下戶口減耗，十裁一在，諸將封未有滿千戶者，而繡特多。』（三國志魏書張繡傳）

三國鼎峙時期，由於人口稀少，兵源缺乏（漢代兵民合一之制，久已不存，此時皆為募兵。），故羣雄攻伐，多為較小之爭奪，而無大規模之戰爭。而人民流亡播遷之事，亦漸趨緩和，直至永嘉建興之亂，始復重現高潮。

洛京傾覆，中州士女避亂江左者十六七。（晉書王導傳）

自戎狄內侮，有晉東遷，中土遺氓，播徙江外，幽、幷、冀、雍、兗、豫、青、徐之境，幽淪寇逆。自扶莫而裹足奉首，免身於荊、越者，百郡千城，流寓比室。人佇鴻雁之歌，士蓄懷本之念，莫不各樹邦邑，思復舊井。（宋書志序）

其後百年之間，又有數度大遷徙（詳見近人譚其驤晉永嘉喪亂後之民族遷徙一文，載燕京學報第十五期。），其餘少數流轉則無時無之。當時政府承大亂之後，跼蹐於江左一隅，既無收復之心（見晉書元帝紀及祖逖傳），又乏北伐之力，時日積久，銳氣盡消，遂長為江左之民矣。

自喪亂已來六十餘年，蒼生殄滅，百不遺一，河洛丘墟，函夏蕭條，井堙木刊，阡陌夷滅，生理茫

茫，永無依歸。播流江表，已經數世，存者長子老孫，亡者丘隴成行。雖北風之思感其素心，目前之哀實爲交切。（晉書孫綽傳）

自永嘉播越，爰託淮海。……今所居累世，墳壟成行，恭敬之誠，豈不與事而至。（晉義熙九年劉裕上安帝表○見宋書武帝紀）

晉室既屋，拓跋氏漸次統一北方，人民不復如前此之飽經亂離，且異族統治已逾百年，漸成習慣。加以石勒苻堅輩頗能優禮中州耆宿，稽古右文，亦不後人，民族之仇恨與敵視逐漸泯於無形。於是自宋至陳百七十年間，北人不復如曩日之汲汲南渡，大批移民乃未之再見。

㈡播遷之痛苦

萬里遷徙，間關道路，固人世間極難堪之事，尤其在兵荒馬亂中，烽訊頻驚，旅途困頓，千山萬水，跋涉維艱，其能到達安全區域者甚少，老弱婦孺且多死亡於中途。

世路戎夷，禍亂遂合。……浮涉滄海，南至交州，經歷東甌、閩、越之國，行經萬里，不見漢地，漂薄風波，絕糧茹草，飢殍薦臻，死者大半。……前到此郡，（交州）計爲兵害及病亡者，十遺一二。生民之艱，辛苦之甚，豈可具陳哉。（許靖與曹操書○見三國志蜀書許靖傳）

更常遭意外之刼掠與殺戮。

與羌胡相攻，無月不戰，青、雍、幽、荆州徙戶及諸氐、羌、胡、蠻數百餘萬，各還本土，道路交錯，互相殺掠，且饑疫死亡，其能達者十有二三。諸夏紛亂，無復農者。（晉書石季龍載記）

至人民流亡之悽慘情景，尤非楮墨所能形容其萬一。文學家觸覺最靈，感情最富，悲憫之心亦最强，目覩流民生離死別之狀，輒憂思難任，時發哀音。

流飄萬里，崎嶇重阻。……眷西路而長懷，望故鄉而延佇。……痛母子之永隔，哀伉儷之生離。……心懷歸而弗果，徒怨毒於一隅。文選禰衡鸚鵡賦

西京亂無象，豺虎方遘患，復棄中國去，委身適荆蠻。親戚對我悲，朋友相追攀，出門無所見，白骨蔽平原。路有飢婦人，抱子棄草間，顧聞號泣聲，揮涕獨不還。未知身死處，何能兩相完，驅馬棄之去，不忍聽此言。南登霸陵岸，回首望長安，悟彼下泉人，喟然傷心肝。文選王粲七哀詩

此則人間之慘劇，亂世之悲哀也。

㈢播遷之影響

經漢末至宋初二百餘年西元一九〇年至四二〇年中原衣冠士庶之大量流亡播越，除使人口直接銳減外，又產生二種現象，皆與經濟有關。茲分述之：

(1)經濟破產　由於戰爭、天災、疾疫之重創，人口已減少大半，復經多次流亡，數量更急遽下降，其土地荒蕪，城郭蕭條，自在意中也。

昌言理亂篇：

名都空而不居，百里絕而無民。

三國志魏武帝紀注引魏書：

民人相食，州里蕭條。

三國志吳書朱治傳注引江表傳：

中國蕭條，或百里無煙，城邑空虛，道殣相望。

晉書地理志：

魏武定霸，三方鼎立，生靈板蕩，關洛荒蕪。

又食貨志：

建安初，關中百姓流入荆州者十餘萬家，及聞本土安寧，皆企望思歸，而無以自業。

此種現象，至西晉末造，尤爲嚴重，五胡猾夏之結果，土地更加荒蕪，經濟更加破產。

晉書苻堅載記：

慕容沖毒暴關中，人皆流散，道路斷絕，千里無煙。

宋書武帝紀：

晉自中興以來，治綱大弛，權門幷兼，强弱相凌，百姓流離，不能保其產業。

由於經濟破產，食糧當然缺乏，供求不能平衡，因此糧價昂貴，人相食啖之悲劇，史不絕書（請參閱本節第一目）。甚至出現『噉人賊』，往往掠人而食。

三國志魏書閻溫傳注引魏略勇俠傳：

鮑出字文才，京兆新豐人也。少游俠。興平中，三輔亂，出與老母兄弟五人家居本縣，以飢餓，留其母守舍，相將行採蓬實，合得數升，使其二兄初、雅及其弟成持歸，爲母作食，獨與小弟在後採蓬。初等到家，而噉人賊數十人已略其母，以繩貫其手掌，驅去。

太平御覽四二一引崔鴻十六國春秋：

江都王延年，年十五，喪二親，奉叔父以孝聞。子良孫及弟從子爲噉人賊所掠。

昔江文通有言：『人生到此，天道寧論。』恨賦先民地下有知，豈能恝然長視也乎。

(2)以土爲斷　流人既大批遷徙過江，政府念其操履忠貞，不事二姓，當然不能恝置不問，而必須作妥善安置。惟若輩多係衣冠世族，自視甚高，雖在流離顛沛之狀況下，亦不願自貶身分，播越南來，不過因環境逼迫，暫覓一枝之棲，權作避秦之計而已，對江南新地並無多大興趣。加以江南士族對於若輩仍然把持政權，深致不滿，而造成僑舊之隔閡。太興三年西元三二〇年，元帝遂下詔頒布僑置州郡縣法事見晉書元帝紀，以便溝通僑吳二姓感情。詎意中原久劫不復，流人接踵而至，乃又普遍設立僑州郡縣，時日既久，遂成一代制度。說詳宋書律曆志此外，若輩又不著戶籍，故稱之爲『浮浪人』見隋書食貨志，稅負遠輕於土著，而自成一個特殊階級，享有許多特權。其後民怨沸騰，國庫空虛，政府乃斷然於咸和成帝年號中實行『土斷』之法事見陳書武帝紀。興寧元年西元三六三年，桓溫斟酌損益，更臻美備，遂成定制。事見晉書哀帝紀孝武帝時，范寧論之甚詳，節錄其言如次：

古者分土割境，以益百姓之心，聖王作制，籍無黃白之別。昔中原喪亂，流寓江左，庶有旋反之期，故許其挾注本郡。自爾漸久，人安其業，丘壟墳柏，皆已成行，雖無本邦之名，而有安土之實。今宜正其封疆，以土斷人戶，明考課之科，修閭伍之法。晉書本傳

此法自宋至陳，猶沿用不改詳見宋書武帝紀及陳書世祖紀，法良意美，於此可見。

三 塢堡與莊園

有關塢堡之文字記載，蓋始於西漢昭帝始元三年（西元前八四年）之居延漢簡（詳見今人勞榦氏之居延漢簡考釋），其後因國防上之需要，塢壁之設立與日俱增，至東漢末年已甚爲普及（詳見日本那波利貞博士之塢主考，載東亞人文學報二卷四號），董卓之郿塢，尤遠近馳名。

> 卓築郿塢（按亦號萬歲塢，故址在今陝西郿縣北），高與長安城埒，積穀爲三十年儲，云事成，雄據天下，不成，守此足以畢老。（三國志魏書董卓傳）

自是塢堡遂完全變質，而爲避亂自保之所。既而天下喪亂，流人日多，豪族著姓爲保護其生命財產，乃紛紛建築塢堡以自固，並大事招納流亡，以爲部曲，卒至郡縣貧弱，不能與爭。

> 顗書與荀彧曰：『關中膏腴之地，頃遭荒亂，人民流入荆州者十餘萬家，聞本土安寧，皆企望思歸，而歸者無以自業，諸將各競招懷，以爲部曲。郡縣貧弱，不能與爭，兵家遂强。』（三國志魏書衞顗傳）

三國時代之所以干戈相屬，久亂不靖，原因固多，而豪家軍閥多擁塢堡以作進攻退守之計，實其主因。

晉永嘉亂後，中樞拓業三吳，中原一帶戎狄肆暴，完全陷入無政府的混亂狀態。劫後災黎，其能遠離本土播越他鄉者，北則託庇於慕容之政權，南則僑寄於孫吳之舊邦。其觀念保守而安土重遷者，大抵糾合宗族鄉黨屯聚塢堡，據險自守，以避蠻族寇盜之難。於是塢堡莊園遂星羅棋列，彌望皆是矣。

> 永嘉之亂，百姓流亡，所在屯聚，峻糾合得數千家，結壘於本縣。于時豪傑所在屯聚，而峻最强。遣長史徐瑋宣檄諸屯，示以王化，又收枯骨而葬之，遠近感其恩義，推峻爲主。遂射獵於海邊青山中。

元帝聞之，假峻安集將軍。（晉書蘇峻傳）

及京師不守，寇難鋒起，……鑒得歸鄉里。于時所在饑荒，州中之士素有感其恩義者，相與資贍。鑒復分所得，以䘏宗族及鄉曲孤老，賴而全濟者甚多，咸相謂曰：『今天子播越，中原無伯，當歸依仁德，可以後亡。』遂共推鑒爲主，擧千餘家俱避難於魯之嶧山。（晉書郗鑒傳）

據今人薩孟武氏之統計，北方之地有不少塢堡，魏郡、汲郡、頓丘有五十餘（晉書王彌傳），梁陳汝潁之間有百餘，齊魯之間有四十餘（晉書劉聰載記），冀州有百餘，黎陽有三十餘，襄陽亦有三十餘，河內有十餘（晉書苻堅載記），新興、雁門、西河、太原、上黨、上郡之地有三百餘（晉書慕容儁載記），關中有三千餘（晉書苻堅載記），而三蜀百姓亦均保險結塢（晉書李流載記），此不過略擧數例而已。（見魏晉南北朝時期的貴族政治○臺大社會科學論叢第一輯）塢堡之形勢，據酈道元水經洛水伊水各注及太平御覽四十二引地理志所記，多爲依山阻水，岡巒起伏，壁立千仞，天險峭絕之處，因地形高低而築城列寨，以抵擋外來之侵略。土地膏腴者，竟能屯田，且耕且守，人衆糧足，儼然世外桃源。（按近儒陳寅恪氏之桃花源記旁證卽斷定陶潛桃花源記所述漁人遭遇之桃源仙境其實乃此類塢堡也）

至於塢堡之作用，除收容中原災黎而外，尚有四種，玆再據薩孟武氏之說，分別述之：

⑴經濟方面　永嘉大亂，中原殘破，社會經濟徹底崩潰，而塢堡則尚保存傳統的生產組織，儼然一個新興的大莊園。人民投靠於塢堡者，既受塢主之保護，自須服從塢主之指揮，或爲部曲，從事防禦，或爲佃客，從事生產，權利義務，釐然分明，其關係無異於歐洲中世地主與農奴（Serf）之關係。

⑵政治方面　塢主在其塢堡之內，有許多行政權，庾袞所主持之壁塢是其最著之例。

齊王冏之唱義也，張泓等肆掠于陽翟，袞乃率其同族及庶姓保于禹山。……乃誓之曰：『無恃險，無怙亂，無暴鄰，無抽屋，無樵採人所植，無謀非德，無犯非義，戮力一心，同恤危難。』衆咸從之。於是峻險阨，杜蹊徑，修壁塢，樹藩障，考功庸，計丈尺，均勞逸，通有無，繕完器備，量力任能，物應其宜，使邑推其長，里推其賢，而身率之。分數既明，號令不二，上下有禮，少長有儀，將順其美，匡救其惡。及賊至，袞乃勒部曲，整行伍，皆持滿而勿發。賊挑戰，晏然不動，且辭焉。賊服其愼而畏其整，是以皆退，如是者三。（晉書孝友傳）

(3)軍事方面　塢堡內之許多領民，皆施予軍事訓練，平時從事生產，有寇警則外禦其侮，徹底實行兵農合一政策。

永嘉末，與流人數百家東保河陰之硤石。……及洛陽陷，屯于洛北石梁塢，撫養遺衆，漸修軍器。其附賊者，皆先解喻，說大晉運數靈長，行已建立，歸之者甚衆。其有恃遠不從命者，遣將討之，服從而已，不加侵暴。於是遠近感悅，襁負至者漸衆。（晉書魏浚傳）

(4)情報方面　塢堡之領民既已接受軍事訓練，素質與職業軍人無異，或猶過之，傳遞情報，自所優爲。元帝時，祖逖在雍州數敗石勒，卽得力於情報之正確。

河上堡固先有任子在胡者，皆聽兩屬，時遣游軍僞抄之，明其未附。諸塢主感戴，胡中有異謀，輒密以聞。前後克獲，亦由此也。（晉書祖逖傳）

故塢堡不特爲一從事生產之大莊園，亦爲一訓練有素之軍事團體也。

四　民生疾苦

魏晉南北朝時代因戰亂綿延達四百年之久，故人民所受之苦痛遠較任何時代爲甚，爲酷，謂之爲中國歷史上之黑暗時代（Dark ages）可也。兵禍連年，災疫薦至，固是民生疾苦之最大因素，而貴賤階級之對立，豪門貴冑之長期剝削良民，不啻雪上加霜，於是而民愈不聊生矣。

關於魏晉南北朝時代庶民受難情形，前已數數言之，玆特再製一表，以便觀覽。

㈥魏晉南北朝庶民受難表 據今人薩孟武氏之南北朝佛教流行的原因而加增益者

朝代	庶民受難情況	史料出處
魏	今海內擾攘，州郡起兵，征夫勞瘁，寇難未弭，或將吏不良，因緣討捕，侵侮黎民，離害者衆。風聲流聞，震蕩城邑，丘牆懼于橫暴，貞良化爲羣惡，此何異乎抱薪救焚，扇火止沸哉。今四民流移，託身他方，攜白首於山野，棄稚子於溝壑，顧故鄉而哀歎，向阡陌而流涕，饑厄困苦，亦已甚矣。	三國志魏書陶謙傳注引吳書載曹操令州郡罷兵詔
	大族田地有餘，而小民無立錐之地。	三國志魏書倉慈傳
	今承大亂之後，民人分散，土業無主，皆爲公田。	三國志魏書司馬朗傳
	當今千里無煙，遺民困苦。	三國志魏書衞覬傳
	今海內未乂，三軍有無已之役，江境有不釋之備。……加以殃疫死喪之災，郡縣荒虛，田疇蕪曠。……生則困苦無有溫飽，死則委棄骸骨不反。……又聞民閒，非居處小能自供，生產兒子，多不起養，屯田貧兵，亦多棄子。	三國志吳書駱統傳

晉	吳境士兵苦役，生男多不養。	晉書王濬傳
	西晉末，天下大亂，生民道盡，或死於干戈，或斃於饑饉，其幸而自存者蓋十五焉。	魏書食貨志
	自軍興以來，征役及充運死亡叛散不反者衆，虛耗至此，而補代循常，所在凋困，莫知所出。上命所差，上道多叛，則吏及叛者席卷同去。又有常制，輒令其家及同伍課捕。課捕不擒，家及同伍尋復亡叛。百姓流亡，戶口日減。	晉書王羲之傳
	永和中，冉閔率兵攻石祇於襄國，爲祇所敗，百官及諸將士死者十餘萬人，於是人物大殲，盜賊蜂起，司冀大饑，人相食。	晉書石季龍載記
	沮渠蒙遜又伐隆，隆擊敗之，蒙遜請和結盟，留穀萬餘斛以振飢人。姑臧穀價踊貴，斗直錢五千文，人相食，餓死者十餘萬口。城門晝閉，樵採路絕，百姓請出城乞爲夷虜奴婢者日有數百。隆懼沮動人情，盡坑之，於是積屍盈于衢路。	晉書呂隆載記
宋	豪侈兼幷，貧弱困窘，存闕衣裳，沒無斂櫬。	宋書孝武帝紀大明二年詔
	山湖之禁，雖有舊科，民俗相因，替而不奉，熂山封水，保爲家利。自頃以來，頹弛日甚，富強者兼嶺而占，貧弱者薪蘇無託，至漁採之地，亦又如茲。	宋書羊希傳
	自華夷爭殺，戎夏競威，破國則積屍竟邑，屠將則覆軍滿野，海內遺生，蓋不餘半。重以急政嚴刑，天災歲疫，貧者但供吏，死者弗望埋，鰥居有不願娶，生子每不敢舉。又戍淹徭久，妻老嗣絕，不知復百年間，將盡以草木爲世邪，此最是驚心悲魂慟哭太息者。	宋書周朗傳
	郊郭四民皆廢業，樵蘇路斷，吉凶失時，乳婦婚姻之家，移產寄室，或輿病棄屍，不得殯葬。	南齊書東昏侯紀

南朝		
齊	三吳奧區，地惟河輔，百度所資，罕不自出。而守宰相繼，務在裒剋，圍桑品屋，以准貲課。致令斬樹發瓦，以充重賦，破民財產，要利一時。東郡使民，年無常限，乃有畏失嚴期，自殘軀命，亦有斬絕手足，以避徭役。生育弗起，殆爲恒事。	南齊書竟陵王子良傳
齊	齊末昏亂，政移羣小，賦調雲起，徭役無度，守宰多倚附權門，互長貪虐，掊克聚斂，侵愁細民，天下搖動，無所措其手足。	梁書良吏傳序
梁	今北邊稽服，戈甲解息，政是生聚教訓之時，而天下戶口減落，誠當今之急務。雖是處彫流，而關外彌甚，郡不堪州之控總，縣不堪郡之裒削，更相呼擾，莫得治其政術，惟以應赴徵斂爲事。百姓不能堪命，各事流移，或依於大姓，或聚於屯封，蓋不獲已而竄亡，非樂之也。國家於關外賦稅蓋微，乃至年常租課，動致逋積，而民失安居，寧非牧守之過。東境戶口空虛，皆由使命繁數。……自普通以來，二十餘年，刑役荐起，民力彫流。	梁書賀琛傳
梁	梁氏之有國，少漢之一郡，大半之人，並爲部曲，不耕而食，不蠶而衣，或師王侯，或依將帥，攜帶妻累，隨逐東西，與藩鎮共侵漁，助守宰爲蟊賊，收縛無罪，逼迫善人，民盡流離，邑皆荒毀。	何之元梁典總論
梁	侯景之亂，東境饑饉，會稽尤甚，死者十七八，平民男女，並皆自賣。	陳書陳寶應傳
陳	室靡盈積之望，家有塡壑之嗟。	陳書高祖紀永定三年詔
陳	自喪亂以來，十有餘載，編戶凋亡，萬不遺一，中原氓庶，蓋云無幾。頃者寇難仍接，算斂繁多，且興師已來，千金日費，府藏虛竭，杼軸歲空。	陳書世祖紀天嘉元年詔
陳	承梁季亂離，加以戎車屢出，千金日損，府帑未充，民疲征賦。	陳書宣帝紀太建十年詔

朝代	史料	出處
北魏	正光已前，時惟全盛，戶口之數，比夫晉之太康，倍而已矣。孝昌之際，亂離尤甚。恒代而北，盡爲丘墟，崤潼已西，煙火斷絕，齊方全趙，死如亂麻。於是生民耗減，且將大半。	魏書地形志
	兵士役苦，心不忘亂。故有競棄本生，飄藏他土，或詭名託養，散沒人間，或亡命山藪，漁獵爲命，或投杖強豪，寄命衣食。	北史孫紹傳
	頻年以來，多有徵發，人不堪命，動致流離，苟保妻子，競逃王役，不復顧其桑井，憚此刑書。	北史高謙之傳
北齊	賦斂日重，徭役日繁，人力既殫，帑藏空竭。	北史齊本紀
	時軍國未寧，徵發煩速，至有數使同徵一物，公私勞擾。	北史房謨傳
北周	興造無度，徵發不已，加以頻歲師旅，農畝廢業。	北史周本紀武帝建德元年詔
	時關中大饑，徵稅人間穀食，以供軍費。或隱匿者，令遞相告，多被榜捶，以是人有逃散。	北史王羆傳

五　結語

據上所述，則六朝庶民所受之劫難，與夫經濟生活之困苦，可以知其梗概，而其影響於世者，要以下列三事爲最著：

(1)由於中原衣冠物望之相率南遷，不但促使南北文化之交流，亦且提早南方資源之開發，其後且陵駕北方而上之。至今無論工、農、商各業，均南優於北，溯其遠源，非拜典午南渡之賜耶。而北方則戎狄內徙，逐漸漢化，使日益衰頹老邁之漢族又注入新血，就優生學之觀點言，顯然是後來民族活力振興之起點。

⑵由於宇內多艱，民生凋敝，於是人多厭世，紛紛遁入道觀禪門，以求解脫。北魏中葉，北方寺廟三萬有餘，僧尼大衆約二百萬（見魏書釋老志），自中國之有佛法，得未曾有。六朝文學作品之充滿道佛思想者，爲數甚夥，殆以此焉。

⑶流落南中之中原名士，其初則渴望妖氛早靖，作結伴還鄉之美夢。經過一長串的流亡歲月，偏安王朝之政治漸次腐化，揚旌河洛之意圖歸於渺茫，因之，人心趨變，安土重遷，其智慧精力遂灌注於文苑藝圃，從事唯美文學之創作與批評。加以江南地方林木蓊鬱，江湖濬闊，置身其間，文思乃愈益勃發。時日既久，收穫遂豐，至蕭梁而蔚爲奇觀。此非文學之繫於經濟環境者乎。

第五節 社會風尚

一 競尚奢靡

自東漢光武帝崇尚風節，勤修吏治以後，王道淸夷，風俗淳美，世論多之。惟至章和之世，海晏日久，弊竇萌生，於是社會方面侈靡之風漸熾。章帝於建初二年詔曰：

今貴戚近親，奢縱無度，嫁娶送終，尤爲僭侈。有司廢典，莫肯舉察。春秋之義，以貴理賤。今自三公，並宜明糾非法，宣振威風。……其科條制度所宜施行，在事者備爲之禁，先京師而後諸夏。（後漢書章帝紀）

和帝亦於永元十一年詔曰：

吏民踰僭，厚死傷生，是以舊令節之制度。頃者貴戚近親，百僚師尹，莫肯率從，有司不舉，怠放日甚。又商賈小民，或忘法禁，奇巧靡貨，流積公行。其在位犯者，當先舉正。市道小民，但且申明憲綱，勿因科令，加虐羸弱。（後漢書和帝紀）

然而禁者自禁，奢者自奢，雖詔令屢頒，而收效甚微。蓋當時商業已逐漸發達，富商大賈競以雄厚資本收購土地，壟斷物價，而成爲大地主，與農夫小民對立。其尤桀黠者，則又貪得無厭，或勾結貴族，或賄賂巨宦，甚或竊取政權，搶奪地盤，以侵漁良民，度其奢靡淫佚的生活。而農夫小民則日益窮困，農村經濟瀕於破產。傅玄嘗慨乎言之曰：

夫商賈者，其人可甚賤，而其業不可廢。蓋衆利之所充，而積僞之所生，不可不察也。……及秦亂四民而廢常賤，競逐末利而棄本業，苟合壹切之風起矣。於是士樹姦於朝，賈窮僞於市，臣挾邪以內其君，子懷利以詐其父。一人唱欲而億兆和，上逞無厭之欲，下充無極之求，都有專市之賈，邑有傾世之商。商賈富乎公室，農夫伏於隴畝而墮溝壑，上愈惛無常之好以徵下，下窮死而不知所歸，哀夫。且末流濫溢而本源竭，纖靡盈市而穀帛罄，其勢然也。（傅子檢商賈篇）

資本家既多驕奢放蕩，養成一般浮華侈靡之風尚，而農民工人則終歲勤苦，亦不得溫飽，危亡之禍，遂兆於此焉。故傅玄又曰：

> 上之人不節其耳目之欲，殫生民之巧，以極天下之變。一首之飾，盈千金之價，婢妾之服，兼四海之珍。縱欲者無窮，用力者有盡，用有盡之力，逞無窮之欲，此漢靈之所以失其民也。上欲無節，衆下肆情，淫奢並舉，而百姓受其殃毒矣。嘗見漢末一筆之柙，雕以黃金，飾以和璧，綴以隨珠，發以翠羽。此筆非文犀之植，必象齒之管，豐狐之柱，秋兎之翰。用之者必被珠繡之衣，踐雕玉之履。由是推之，其極靡不至矣。（傅子校工篇）

執政者縱欲於上，百姓受其殃毒於下，同時供給欲求之商賈，乘機漁利，以致社會之貧富懸殊愈甚，終釀黃巾之亂，以至崩潰。

漢祚既移，當塗基命，雖四海困窮，三方鼎峙，而東京侈風，曾未少革，試觀曹植之箜篌引，便可想見當日貴族權門豪華放浪之情形。

> 置酒高殿上，親友從我遊，中廚辦豐膳，烹羊宰肥牛。秦箏何慷慨，齊瑟和且柔，陽阿奏奇舞，京洛出名謳。樂飲過三爵，緩帶傾庶羞，主稱千金壽，賓奉萬年酬。

一時朝野上下，轉相仿效，寖以成俗。名臣如鄧颺李勝等，曾結爲『浮華友』（三國會要庶政篇），帝王如魏明帝吳主皓等，皆以奢汰聞。

> 魏明帝好修宮室，制度靡麗，百姓苦之。帝自遼東還，役者猶萬餘人，雕玩之物動以千計。（晉書宣帝紀）

憂時有識之士，莫不怒焉以歎，故或勵清廉爲天下倡（如魏之崔琰毛玠〇並見三國志本傳），或著言論以斥其非（如蜀之劉琰〇見三國會要庶政篇）。而魏夏侯玄、吳華覈二子尤暢論得失，語最精該。玄之言曰：

時彌質則文之以禮，時泰侈則救之以質。今承百王之末，秦漢餘流，世俗彌文，宜大改之，以易民望。今科制自公、列侯以下，位從大將軍以上，皆得服綾錦、羅綺、紈素、金銀餙鏤之物，自是以下，雜綵之服，通于賤人，雖上下等級，各示有差，然朝臣之制，已得侔至尊矣，玄黃之采，已得通於下矣。欲使市不鬻華麗之色，商不通難得之貨，工不作彫刻之物，不可得也。（三國志本傳）

覈之言曰：

今事多而役繁，民貧而俗奢，百工作無用之器，婦人爲綺靡之飾，不勤麻枲，並繡文黼黻，轉相倣效，恥獨無有。兵民之家，猶復逐俗，內無儋石之儲，而出有綾綺之服，至於富賈商販之家，重以金銀，奢恣尤甚。天下未平，百姓不贍，宜一生民之原，豐穀帛之業，而棄功於浮華之巧，妨日於侈靡之事，上無尊卑等級之差，下有耗財物力之損。（三國志本傳）

然而風氣已成，要難驟改。昔曾湘鄉有云：『風俗之厚薄，自乎一二人心之所嚮。』（原才）一二人勢孤力薄，則雖聲嘶力竭，有時亦未必有收效之期也。魏曆云季，司馬踵興，奢汰之習，變本加厲，伊古以來，得未曾有。開風氣之先者，其惟晉武帝乎。武帝即位之前，雖以素樸自甘，而即位之後，則窮奢極欲，判若兩人。禁侈之詔，相繼頒布，竟未收毫末之效，蓋其言行相悖，不足儀型天下故也。

時帝多內寵，平吳之後復納孫晧宮人數千，自此掖庭殆將萬人。而並寵者衆，帝莫知所適，常乘羊車，恣其所之，至便宴寢。宮人乃取竹葉插戶，以鹽汁灑地，而引帝車。（晉書后妃傳）

自是上行下效，相沿成風。宗室如司馬楙、司馬冏，開國大臣如何曾、王濬，外戚如羊琇、王愷，名士如任愷、劉琨，佞臣如賈充賈謐之倫，莫不競以華侈相高。車騎司馬傅咸憂形於色，輒著論以非之。

咸以世俗奢侈，又上書曰：『臣以爲穀帛難生，而用之不節，無緣不匱。故先王之化天下，食肉衣帛，皆有其制。竊謂奢侈之費，甚於天災。古者堯有茅茨，今之百姓競豐其屋。古者臣無玉食，今之賈豎皆厭粱肉。古者后妃乃有殊飾，今之婢妾被服綾羅。古者大夫乃不徒行，今之賤隸乘輕驅肥。古者人稠地狹而有儲蓄，由於節也，今者土廣人稀而患不足，由於奢也。欲時之儉，當詰其奢，奢不見詰，轉相高尙。昔毛玠爲吏部尙書，時無敢好衣美食者。魏武帝歎曰：「孤之法不如毛尙書。」令使諸部用心，各如毛玠，風俗之移，在不難矣。』（晉書傅咸傳）

詩人張華亦作輕薄篇以刺之，其前段云：

末世多輕薄，驕代好浮華，志意既放逸，貲財亦豐奢。被服極纖麗，肴膳盡柔嘉，童僕餘粱肉，婢妾蹈綾羅。文軒樹羽蓋，乘馬鳴玉珂，橫簪刻玳瑁，長鞭錯象牙。足下金鑮履，手中雙莫耶，賓從煥絡繹，侍御何芬葩。朝與金張期，暮宿許史家。甲第面長街，朱門赫嵯峨。蒼梧竹葉淸，宜城九醞醝，浮醪隨觴轉，素蟻自跳波。美女興齊趙，妍唱出西巴，一顧城國傾，千金寧足多。

其對高門貴族生活之豪侈，可謂極盡描繪之能事。惟綱紀廢弛，內部腐化，雖言者諄諄，而聽者藐藐。至有鬥奇炫富之事，尤出人意表，令人咋舌。

崇財產豐積，室宇宏麗。後房百數，皆曳紈繡，珥金翠。絲竹盡當時之選，庖膳窮水陸之珍。與貴戚王愷、羊琇之徒以奢靡相尚。愷以粭澳釜，崇以蠟代薪。愷作紫絲布步障四十里，崇作錦步障五十里以敵之。崇塗屋以椒，愷用赤石脂。崇愷爭豪如此。（晉書石崇傳）

甚至貴爲天子，既不能控制臣下，又不以奢靡爲非，反而介入其中，推波揚瀾。

石崇與王愷爭豪，並窮綺麗，以飾輿服。武帝，愷之甥也，每助愷，嘗以一珊瑚樹，高二尺許賜愷，枝柯扶疏，世罕其比。愷以示崇。崇視訖，以鐵如意擊之，應手而碎。愷既惋惜，又以爲疾己之寶，聲色方厲。崇曰：『不足恨，今還卿。』乃命左右悉取珊瑚樹有三尺四尺，條榦絕俗、光采溢目者六七枚，如愷許比者甚衆。愷惘然自失。（世說新語汰侈篇）

夫好逸惡勞，乃人之常情，產業豐厚而不流於侈靡者，殆非常人。中朝高門，承席先人福蔭，生於公侯之家，長於婦人之手，不知稼穡之艱難，不察生民之勞苦，故往往驕溢浮奢，恥不相及。奢侈之極，無以爲繼，則又爭相搜刮，競爲聚斂，究其金錢之來源，無一而非得自人民之脂膏與血汗。有佔奪土地，庇蔭佃客者（中朝暴貴之家，大抵若是，不遑偏舉。），有搶劫客商，習爲故常者（如石崇是。晉書崇傳謂崇爲荊州刺史，劫遠使商客，致富不貲。），有廣收水碓，周徧天下者（如王戎是，事見晉書戎本傳。），有貪贓枉法，貨賂公行者（如賈謐是，事見晉書謐本傳。）。種種惡行，擢髮難數。

武帝嘗南郊，禮畢，喟然問毅曰：『卿以朕方漢何帝也。』對曰：『可方桓靈。』帝曰：『吾雖德不及古人，猶克己爲政。又平吳會，混一天下。方之桓靈，其已甚乎。』對曰：『桓靈賣官，錢入官

庫，陛下賣官，錢入私門。以此言之，殆不如也。』晉書劉毅傳

上下驕奢腐化如此，國祚安得久長。東晉王導爲相時，檢討前朝之失，有極痛切的指陳，其言曰：

自魏氏以來，迄于太康之際，公卿世族，豪侈相高，政教陵遲，不遵法度，羣公卿士，皆饜於安息，遂使姦人乘釁，有虧至道。晉書本傳

晉書食貨志亦曰：

世屬升平，物流倉府，宮闈增飾，服翫相輝，於是王君夫、武子、石崇等更相誇尚，輿服鼎俎之盛，連衡帝室，布金埒之泉，粉珊瑚之樹。物盛則衰，固其宜也。

中朝俄焉傾覆，其故雖非一端，而咸謂朝野競以奢華相尚，直接促使政治之腐敗，因而不免於危亡，則爲不爭之事實。

渡江以後，奢靡之習，依然未改，而土地兼併之風，且視前爲烈。如祖約、王浚、刁協、謝混等，均奪人田地，廣佔山澤，室宇園池，窮奢極麗。其餘如名將陶侃、劉胤、謝石，世族如紀瞻、王國寶，名士如殷仲文、司馬道子，貴戚如王粹等，無不隨俗浮沈，極聲色之娛。雖一代賢相謝安，亦以聚斂無厭，貽譏當世。物欲横流，沛然莫之能禦，范寧乃大聲疾呼曰：

夫人性無涯，奢儉由勢。今并兼之士亦多不贍，非力不足以厚身，非祿不足以富家，是得之有由，而用之無節。蒱酒永日，馳騖卒年，一宴之饌，費過十金，麗服之美，不可貲算，盛狗馬之飾，營鄭衞之音，南畝廢而不墾，講誦闕而無聞，凡庸競馳，傲誕成俗。晉書本傳

暮鼓晨鐘，發人深省，而朝野終莫之悟，豈不重可悲也耶。

爰逮南朝，以北伐無望，偏安日久，前朝侈靡之弊，有增無已。時主除齊高帝、梁武帝崇尚節儉，身體力行外，率多窮極華侈，生活糜爛，試舉齊東昏侯爲例：

> 永元三年，大起諸殿，芳樂、芳德、仙華、大興、含德、清曜、安壽等殿，又別爲潘妃起神仙、永壽、玉壽三殿，皆帀飾以金璧。其玉壽中作飛仙帳，四面繡綺，窗間盡畫神仙。又作七賢，皆以美女侍側。鑿金銀爲書字，靈獸、神禽、風雲、華炬，爲之玩飾。椽桷之端，悉垂鈴佩。江左舊物，有古玉律數枚，悉裁以鈿笛。莊嚴寺有玉九子鈴，外國寺佛面有光相，禪靈寺塔諸寶珥，皆剝取以施潘妃殿飾。又鑿金爲蓮華以帖地，令潘妃行其上，曰：『此步步生蓮華也。』塗壁皆以麝香，錦幔珠簾，窮極綺麗。縶役工匠，自夜達曉，猶不副速，乃剔取諸寺佛刹殿藻井、仙人、騎獸以充足之。潘氏服御，極選珍寶，主衣庫舊物，不復周用，貴市人間金銀寶物，價皆數倍，虎珀釧一隻，直百七十萬。都下酒租，皆折輸金，以供雜用。（南史齊東昏侯紀）

竭民膏血以供后妃恣情揮霍，有如此者，以今語言之，謂爲心理變態之昏君可也。而陳之後主又師其故智，愈益荒淫，直若一丘之貉。

> 至德二年，乃於光照殿前起臨春、結綺、望仙三閣。閣高數丈，竝數十間，其窗牖、壁帶、懸楣、欄檻之類，並以沈檀香木爲之，又飾以金玉，間以珠翠，外施珠簾，內有寶牀、寶帳，其服玩之屬，瑰奇珍麗，近古所未有。每微風暫至，香聞數里，朝日初照，光映後庭。其下積石爲山，引水爲池，植

以奇樹，雜以花藥。後主自居臨春閣，張貴妃居結綺閣，龔、孔二貴嬪居望仙閣，並複道交相往來。（陳書后妃傳）

擧措荒唐，前所未見。流風所被，不可復制，羣臣則效，風俗彌偸，雖賢者亦不得不隨俗波靡。如宋之劉穆之、王鎭惡、謝靈運、徐湛之，齊之到撝、何戢、季敞，梁之蕭宏、羊侃、魚弘、曹景宗，陳之孫暘、周迪、章昭達等，皆以豪奢振鑠當世，史籍斑斑，可以復按。茲擧羊侃爲例：

性豪侈，善音律，自造采蓮、棹歌兩曲，甚有新致。姬妾列侍，窮極奢靡。有彈箏人陸太喜著鹿角爪，長七寸。儛人張淨琬腰圍一尺六寸，時人咸推能掌上儛。又有孫荊玉能反腰帖地，銜得席上玉簪。敕賚歌人王娥兒，東宮亦賚歌者屈偶之，並妙盡奇曲，一時無對。初赴衡州，於兩艖䑺起三間通梁水齋，飾以珠玉，加之錦績，盛設帷屛，列女樂。乘潮解纜，臨波置酒，緣塘傍水，觀者塡咽。大同中，魏使陽斐與侃在北嘗同學，有詔命侃延斐同宴。賓客三百餘人，食器皆金玉雜寶，奏三部女樂。至夕，侍婢百餘人俱執金花燭。（南史本傳）

縱侈之行，劉宋以前，獨盛於貴冑豪門，劉宋以後，由於紀綱瞀亂，則亦波及於平民。宋書周朗傳載朗上書孝武帝備言其非曰：

一體炫金，不及百兩，一歲美衣，不過數襲，而必收寶連櫝，集服累笥。逮至婢豎，皆無定科，一婢之身，重婢以使，一豎之家，列豎以役。塗金披繡，漿酒藿肉者，故不可稱紀。至有列軿以遊遨，飾兵以驅叱，不亦重甚哉。且細作始并，以爲儉節，而市造華怪，卽傳於民。如此，則遷也，非罷也。

凡厥庶民，制度日侈，商販之室，飾等王侯，傭賣之身，製均妃后。凡一袖之大，足斷爲兩，一裾之長，可分爲二，見車馬不辨貴賤，視冠服不知尊卑。尚方今造一物，小民明已睥睨。宮中朝制一衣，庶家晚已裁學。侈麗之原，實先宮闈。

降及梁代，其風未革，觀武帝中興二年詔令，甚至一般市井之家亦以『驕豔競爽，夸麗相高。』梁書本紀散騎常侍賀琛則以爲社會風氣澆薄，必將動搖國本，乃昧死上書武帝，慷慨陳詞，冀挽頹波。節錄其辭如次：

今天下宰守所以皆尚貪殘，罕有廉白者，良由風俗侈靡，使之然也。淫奢之弊，其事多端，粗舉二條，言其尤者。夫食方丈於前，所甘一味。今之燕喜，相競誇豪，積果如山岳，列肴同綺繡，露臺之產，不周一燕之資，而賓主之間，裁取滿腹，未及下堂，已同臭腐。又歌姬儛女，本有品制，二八之錫，良待和戎。今畜妓之夫，無有等秩，雖復庶賤微人，皆盛姬姜，務在貪汚，爭飾羅綺。梁書本傳

可見淫奢之弊，普染氓庶矣。

至於北朝，風俗大體較南方爲儉。顏氏家訓治家篇云：

今北土風俗，率能躬儉節用，以贍衣食。江南奢侈，多不逮焉。

又云：

河北婦人，織紝組紃之事，黼黻錦繡羅綺之工，大優於江東也。

北人勤儉，即此可見。然此不過就其大較言之，若權門貴族之豪奢，則北朝初不減於南朝。蓋鮮卑世居塞外，渾噩無知，乘時崛起，僭盜中原，直類暴發之家，既得志則縱情傲物，以富厚相誇，乃事理之常，無足

怪者。據史籍所載，當時以縱恣聞名者，北魏有元禧、元雍、爾朱榮、元志、元暉、元琛、劉潔、元岳、李壽、高聰、張烈、張宗之、抱嶷，北齊有文宣帝、韓軌，北周有李遷哲等。楊衒之洛陽伽藍記記北魏諸侯王之侈汰，有非江左王謝所能夢見者。

壽邱里，皇宗所立也，民間號爲王子坊。當時四海晏清，八荒率職，縹囊紀慶，玉燭調辰。百姓殷阜，年登俗樂，鰥寡不聞犬豕之食，煢獨不見牛羊之衣。於是帝族王侯，外戚公主，擅山海之富，居川林之饒。爭修園宅，互相夸競，崇門豐室，洞戶連房。飛館生風，重樓起霧。高臺芳樹，家家而築，花林曲池，園園而有。莫不桃李夏綠，竹柏冬青。而河間王琛，最爲豪首。

又記北魏河間王元琛之豪富，南北世第固瞠乎其後，卽富可敵國之石崇亦將北面，不能與爭衡矣。

琛在秦州，得千里馬，號曰追風赤驥。次有七百里者十餘匹，皆有名字。以銀爲槽，金爲環鎖，諸王服其豪富。琛常語人云：『晉室石崇，乃是庶姓，猶能雉頭狐腋，畫卵雕薪，況我大魏天王，不爲華侈。』造迎風館於後園，窗戶之上，列錢青瑣，玉鳳銜鈴，金龍吐佩。素奈朱李，枝條入簷，伎女樓上，坐而摘食。琛常會宗室，陳諸寶器。金瓶銀瓮百餘口，甌檠盤盒稱是。自餘酒器，有水晶鉢、瑪瑙琉璃碗、赤玉巵數十枚。作工奇妙，中土所無，皆從西域而來。又陳女樂及諸名馬。復引諸王按行府庫，錦罽珠璣，冰羅霧縠，充積其內，繡纈、紬綾、絲綵、越葛、錢絹等，不可數計。琛忽謂章武王曰：『不恨我不見石崇，恨石崇不見我。』

餘若權貴之豪舉，民間婚喪之競趨浮華，披閱北史，寓目多是。觀北魏太平眞君九年十月、和平四年十二月、太和二年五月、延昌二年九月、北齊天保元年六月、北周建德二年九月及六年九月等禁奢之詔（詳見北史各本紀），當可識其大凡。今遴載最著名之北齊文宣帝天保元年六月禁浮華詔一首，以窺豹斑。

頃者風俗流宕，浮競日滋，家有吉凶，務求勝異。婚姻喪葬之費，車服飲食之華，動竭歲資，以營日富。又奴僕帶金玉，婢妾衣羅綺，始以創出爲奇，後以過前爲麗，上下貴賤，無復等差。今運屬惟新，思蠲往弊，反朴還淳，納民軌物。可量事具立條式，使儉而獲中。（北齊書本紀）

今再尋檢先典，將此一時代奢靡人物製表列舉如左：

㈨魏晉南北朝奢靡人物一覽表

朝代名	姓名	奢靡事跡	附注
魏	武帝	建安十五年在鄴城作銅雀臺，十八年作金虎臺，其後又作冰井臺，其上複道，樓閣相通，名曰三臺。又遺命死後妾與伎人皆著銅雀臺，每月朝十五輒向繐帳前作伎。	三國志本紀・鄴都故事
	糜竺	用陶朱計術，貲產鉅億，僮客萬人，貲擬王家，有寶庫千間。設大珠如卵，散滿於庭，謂之寶庭。後以黃金一億斤助劉備。	三國志本傳・拾遺記
	袁譚	肆志奢淫，不知稼穡之艱難。	三國志袁紹傳注引九州春秋
	明帝	於時百姓彫弊，四海分崩，不先聿修顯祖，闡拓洪基，而遽追秦皇、漢武，宮館是營，格之遠猷，其殆疾乎。	三國志魏明帝紀評

曹爽	飲食車服，擬於乘輿，尙方珍玩，充牣其家，妻妾盈後庭。	三國志本傳
鄧颺	與李勝等爲浮華友。	三國志曹爽傳注引魏略
李勝	與鄧颺等爲浮華友。	同右
孫晧	吳寶鼎二年營顯明宮，二千石以下皆自入山督攝伐木。又破壞諸營，大開園囿，起土山樓觀，窮極伎巧，功役之費以億萬計。	三國志吳書孫晧傳注引江表傳
晉		
西晉		
武帝	荒淫無度，助長侈風。	晉書后妃傳
何曾	性奢豪，務在華侈。帷帳車服，窮極綺麗，廚膳滋味，過於王者。每燕見，不食太官所設，帝輒命取其食。蒸餅上不坼作十字不食。食日萬錢，猶曰無下箸處。	晉書本傳
何劭	驕奢簡貴，亦有父風。衣裘服翫，新故巨積。食必盡四方珍異，一日之供以錢二萬爲限。時論以爲太官御膳，無以加之。	晉書本傳
何遵	性奢汰。	晉書本傳
王濬	平吳之後，以勳高位重，不復素業自居，乃玉食錦服，縱奢侈以自逸。	晉書本傳
王濟	性豪侈，麗服玉食。時洛京地甚貴，濟買地爲馬埒，編錢滿之，時人謂之金溝。	晉書本傳

	武帝嘗降王武子家，武子供饌，悉用瑠璃器，婢子百餘人，皆綾羅袴襹，以手擎飲食。蒸㹠肥美，異於常味，帝怪而問之。答曰：『以人乳飲㹠。』帝甚不平，食未畢，便去。王、石所未知作。	世說汰侈篇
羊琇	性豪侈，費用無復齊限，而屑炭和作獸形以溫酒，洛下貴戚咸競效之。	晉書外戚傳
王愷	愷既世族國戚，性復豪侈，用赤石脂泥壁。	晉書外戚傳
賈謐	負其驕寵，奢侈踰度，室宇崇僭，器服珍麗，歌僮舞女，選極一時。開閤延賓，海內輻湊，貴游豪戚及浮競之徒，莫不盡禮事之。	晉書本傳
賈模	貪冒聚斂，富擬王公。	晉書本傳
石崇	崇資產累巨萬金，宅室輿馬，僭擬王者。庖膳必窮水陸之珍。後房百數，皆曳紈綉，珥金翠，而絲竹之藝，盡一世之選。築榭開沼，殫極人巧。與貴戚羊琇、王愷之徒競相高以侈靡，而崇爲居最之首，琇等每愧羨，以爲不及也。	世說汰侈篇注引續文章志
	石崇廁，常有十餘婢侍列，皆麗服藻飾，置甲煎粉、沈香汁之屬，無不畢備，又與新衣著令出，客多羞不能如廁。王大將軍往，脫故衣，著新衣，神色傲然。羣婢相謂曰：『此客必能作賊。』	世說汰侈篇
	劉寔詣石崇，如廁，見有絳紗帳大牀，茵蓐甚麗，兩婢持錦香囊，寔遽反走，卽謂崇曰：『向誤入卿室內。』崇曰：『是廁耳』。	世說汰侈篇注引語林

		石崇每要客燕集，常令美人行酒，客飲酒不盡者，使黃門交斬美人。王丞相與大將軍嘗共詣崇，丞相素不能飲，輒自勉強，至於沉醉。每至大將軍，固不飲，以觀其變。已斬三人，顏色如故，尚不肯飲。丞相讓之。大將軍曰：『自殺伊家人，何預卿事。』	世說汰侈篇
	任愷	愷既失職，乃縱酒耽樂，極滋味以自奉養。初，何劭以公子奢侈，每食必盡四方珍饌，愷乃踰之，一食萬錢，猶云無可下筯處。	晉書本傳
	夏侯湛	爲盛門，性頗豪侈，侯服玉食，窮滋極珍。	晉書本傳
	司馬楙	善殖財貨，奢僭踰制。	晉書宗室傳
	司馬冏	既輔政，大築第館，沈於酒色，驕恣日甚，海內失望。	晉書八王傳
	何綏	自以繼世名貴，奢侈過度。	晉書本傳
東晉	劉琨	素奢豪，嗜聲色，雖暫自矯勵，而輒復縱逸。	晉書本傳
	荀晞	出於孤微，位至上將，志頗盈滿，奴婢將千人，侍妾數十，終日累夜不出戶庭，縱情肆欲。	晉書本傳
	王敦	既得志，暴慢愈甚，四方貢獻多入己府。後閣婢妾數十人，荒恣於色，體爲之敝。	晉書本傳
	陶侃	媵妾數十，家僮千餘，珍奇寶貨，富於天府。	晉書本傳

紀瞻	厚自奉養，立宅於烏衣巷，館宇崇麗，園池竹木，有足賞玩。	晉書本傳
謝安	於土山營墅，樓館林竹甚盛，每攜中外子姪往來游集，肴饌亦屢費百金，世頗以此譏焉，而安殊不以屑意。	晉書本傳
司馬道子	嬖人趙牙爲道子開東第，築山穿池，列樹竹木，功用鉅萬。孝武帝責其修飾太過，非示天下以儉。又崇信浮屠之學，用度奢侈，下不堪命。	晉書簡文三子傳
王國寶	貪縱聚斂，不知紀極，後房伎妾以百數，天下珍玩充滿其室。	晉書本傳
桓玄	入京師，大築城府，臺館山池莫不壯麗，豪奢縱欲，朝野失望。	晉書本傳
殷仲文	以佐命親貴，厚自封崇，輿馬器服，窮極綺麗，後房伎妾數十，絲竹不絕音。性貪吝，多納貨賄，家累千金，常若不足。	晉書本傳
劉胤	位任轉高，矜豪日甚，縱酒耽樂，不恤政事，大殖財貨，商販百萬。	晉書本傳
刁逵	隆安中，爲廣州刺史，兄弟子姪並不拘名行，以貨殖爲務，有田萬頃，奴婢數千人，餘資稱是。	晉書本傳
南朝 宋		
謝靈運	移籍會稽，修營別業，傍山帶江，盡幽居之美。性奢豪，車服鮮麗，衣裳器物，多改舊制，世共宗之，咸稱謝康樂。	宋書本傳

王鎮惡	是時關中豐全，倉庫殷積，乃極意收斂，子女玉帛，不可勝計。	宋書本傳
劉穆之	性豪奢，食必方丈，旦輒爲十人饌。穆之既好賓客，未嘗獨餐，每至食時，客止十人以還者，帳下依常下食，以此爲常。嘗白高祖曰：『穆之家本貧賤，贍生多闕，自叨忝以來，雖每存約損，而朝夕所須，微爲過豐。自此以外，一毫不以負公。』	宋書本傳
蔡興宗	門徒義附，並三吳勇士，宅內奴僮，人有數百。	宋書本傳
謝弘微	飲食滋味，盡其豐美。	宋書本傳
劉義恭	驕奢不節，用常不足，太祖別給錢年千萬，猶常賒市百姓物，而不清償。吏僮達二千九百人。	宋書武三王傳
沈　勃	輕薄逐利，多受貨賄，妓女數十，聲酣放縱，無復劑限。明帝下詔責其奢淫過度，徙付梁州。	宋書本傳
劉義宣	多畜嬪媵，後房千餘，尼媪數百，崇飾綺麗，費用殷廣。	宋書武二王傳
范　曄	家中樂器服玩，並皆珍麗，妓妾亦盛飾。	宋書本傳
徐湛之	湛之貴戚豪家，產業甚厚。室宇園池，貴遊莫及。伎樂之妙，冠絕一時。門生千餘人，皆三吳富人之子，姿質端妍，衣服鮮麗。每出入行遊，塗巷盈滿，泥雨日，悉以後車載之。太祖嫌其侈縱，每以爲言。時安成公何勗，无忌之子也，臨汝公孟靈休，昶之子也，並各奢豪，與湛之共以肴膳、器服、車馬相尚。京邑爲之語曰：『安成食，臨汝飾。』湛之二事之美，兼於何、孟。	宋書本傳

	沈慶之	身享大國，家素富厚，產業累萬金，奴僮千計，妓妾數十人，並美容工藝，慶之優游無事，盡意歡愉。	宋書本傳
	顏師伯	多納貨賄，家產豐積，伎妾聲樂，盡天下之選，園池第宅，冠絕當時，驕奢淫恣，爲衣冠所嫉。	宋書本傳
	阮佃夫	時佃夫執權柄，亞於人主。大通貨賄，凡事非重賂不行。人有餉絹二百匹，嫌少，不答書。宅舍園池，諸王邸第莫及。妓女數十，藝貌冠絕當時，金玉錦繡之飾，宮掖不逮也。每製一衣，造一物，京邑莫不法效焉。於宅內開瀆，東出十許里，塘岸整潔，汎輕舟，奏女樂。中書舍人劉休嘗詣之，値佃夫出行，中路相逢，要休同反，就席，便命施設，一時珍羞，莫不畢備。凡諸火劑，並皆始熟，如此者數十種。佃夫嘗作數十人饌，以待賓客，故造次便辦，類皆如此，雖晉世王、石，不能過也。	宋書恩倖傳
	臧質	面蓄十稔，惠政蔑聞，重賦深掠，縱慾已甚，姬妾百房，尼僧千計，敗道傷俗，悖亂人神，民怨盈塗，國謗彌歲。	宋書本傳
	庾業	家甚富豪，方丈之膳，以待賓客。	宋書宗慤傳
齊	東昏侯	昏暴淫奢，世所罕見。	南齊書本紀
	張瓌	居室豪富，伎妾盈房，有子十餘人。	南齊書本傳
	陳顯達	顯達既貴，有子十餘人，誡之曰：『我本志不及此，汝等勿以富貴陵人。』家既豪富，諸子與王敬則諸兒並精馬牛，麗服飾，當世快牛稱陳世子青、王三郎烏、呂文顯折角、江瞿曇白鼻。	南齊書本傳

何戢	家業富盛，性又華侈，衣被服飾，極爲奢麗。	南齊書本傳
到撝	資籍豪富，厚自奉養，供一身一月十萬，宅宇山池，京師第一，伎妾姿藝，皆窮上品。	南齊書本傳
虞悰	善爲滋味，武帝嘗求諸飲食方，悰秘不出，後帝醉，體不快，悰乃獻醒酒鯖鮓一方而已。	南齊書本傳
蕭毅	性奢豪，好弓馬。	南齊書本傳
蕭季敞	性甚豪縱，明帝心非之。	南齊書王思遠傳
梁		
曹景宗	好內，妓妾至數百，窮極錦繡。	梁書本傳
柳惔	性愛音樂，女伎精麗。	南史本傳
蕭宏	驕奢過度，修第擬於帝宮，後庭數百千人，皆極天下之選。好食鯖魚，常日進三百，其他珍膳盈溢，後房食之不盡，棄諸道路。	南史梁宗室傳
蕭偉	齊世青溪宮改爲芳林苑，天監初，賜偉爲第。又加穿築，果木珍奇，窮極彫靡，有侔造化。立游客省，寒暑得宜，冬有籠爐，夏設飲扇，每與賓客游其中，命從事中郎蕭子範爲之記。梁蕃邸之盛無過焉。	南史梁宗室傳
夏侯亶	晚年好音樂，有妓妾十數人，並無被服姿容，每有客，常隔簾奏之，時人謂簾爲夏侯妓衣。	梁書本傳

朝代	人物	事蹟	出處
	夏侯夔	有部曲萬人，馬二千匹，並服習精強，爲當時之盛。性奢豪，後房伎妾曳羅縠、飾金翠者亦有百數。	梁書本傳
	魚弘	恣意酣賞，侍妾百餘人，不勝金翠，服翫車馬，皆窮一時之絕。	梁書本傳
	袁君正	蓄聚財產，服玩靡麗。	梁書本傳
	羊侃	豪奢冠於南朝。事已見前。	梁書本傳
	何胤	侈於味，食必方丈。	南史本傳
陳	後主	豪侈冠於陳代。事已見前。	陳書本紀
陳	章昭達	每飲食，必盛設女伎雜樂，備盡羌胡之聲，音律姿容，並一時之妙。雖臨對寇敵，旗鼓相望，弗之廢。	陳書本傳
陳	孫瑒	庭院穿築，極林泉之致，歌僮舞女，當世罕傳。及出鎮郢州，乃合十餘船爲大舫，於中立亭池，植荷芰，每良辰美景，賓僚並集，泛江置酒，一時稱勝。	陳書本傳
陳	周迪	雖外列兵衛，而內蓄女妓。	陳書本傳
北朝 北魏	元志	晚年耽好聲伎，在揚州日，侍側將百人，器服珍麗，冠於一時。及在雍州，愈尚華侈，聚斂無極，聲名遂損。	北史魏諸宗室傳

	妓女三百人，盡皆國色。	洛陽伽藍記
元　琛	性驕奢貪暴，既總軍省，求欲無厭，百姓患害，有甚狼虎。	北史文成五王傳
元　禧	性驕奢，貪淫財色，姬妾數十，意尚不已。衣被繡綺，車乘鮮麗，猶遠有簡娉，以恣其情。由是昧求貨賂，奴婢數千，田業鹽鐵徧於遠近。	魏書獻文六王傳
李　壽	奢侈無度，百姓疲於使役。	魏書本傳
高　聰	有妓十餘人，有子無子皆注籍爲妾，以悅其情。及病，不欲令他人得，並令燒指吞炭，出家爲尼。	魏書本傳
元　雍	正光中，爲丞相，僮僕六千，妓女五百。居止宅第，匹於帝宮，隋珠照日，羅衣從風，自漢晉以來，諸王豪侈，未之有也。	洛陽伽藍記
薛　裔	性豪爽，盛營園宅，賓客聲妓，以恣嬉遊。	魏書本傳
抱老壽	酒色肆情，恣蕩非軌，死後，奴婢尙六七百人。	魏書閹官傳
張宗之	諸中官皆世衰，惟趙黑及宗之後，家僮數百，通於士流。	魏書閹官傳
北		
文宣帝	縱酒肆欲，事極猖狂，昏邪殘暴，近世未有。	北齊書本紀

齊	爾朱榮	齊天保末，嘗邀平秦、武興、汝南諸王至宅，供設奢麗，各有贈賄。諸王共假聚寶物以要之，文略弊衣而往，從奴五十人，皆駿馬侯服。其豪縱不遜如此。	北史本傳
	韓晉明	好酒誕縱，招引賓客，一席之費，動至萬錢，猶恨儉率。	北齊書韓軌傳
北周	李遷哲	累世雄豪，性復華侈，能厚自奉養，妾媵至有數百，男女六十九人。緣漢千餘里間，第宅相次，姬人有子者分處其中，各有僮僕侍婢奄閽守之。遷哲每鳴笳導從，往來其間，縱酒飲醼，盡平生之樂。子孫參見，或忘其年名者，披簿以審之。	周書本傳

觀上表所列，可以知魏晉南北朝豪門華冑之爭奇炫富，鬥靡爭華，雖非絕後，實屬空前，令人歎觀止矣。宮體文學之產生，唯美思潮之泛濫，蓋悉於此濬其源焉。

二　道德淪喪

一時代之盛衰，與國運之隆替，士大夫須負極大責任。古人論士，有其崇高境界，楊士勛穀梁傳成公元年疏：

三代之時，民之秀者，乃收之鄉序，升之司徒，而謂之士，固千百中不得一焉。

孟子則具體指出：

故士窮不失義，達不離道。窮不失義，故士得己焉。達不離道，故民不失望焉。古之人，得志澤加於

民，不得志修身見於世，窮則獨善其身，達則兼善天下。（孟子盡心篇）

可見士大夫之於世道國運，息息相關。西漢末造，士德驟趨衰落，王莽居攝，天下靡然從風，爲莽頌德者，凡四十八萬七千五百七十二人，雖賢如揚雄，亦有劇秦美新之論，風凋俗敝，可以想見。光武中興，力懲前代之失，知廉恥道喪，不可爲國，故首禮嚴光，以勸天下，流風所被，如梁鴻、高鳳、韓康、龐公之倫，遠引孤騫，亭亭物表，中華立國五千年，士德無如東漢之高者。崑山顧氏嘗深致贊歎曰：

漢自孝武表章六經之後，師儒雖盛，而大義未明，故新莽居攝，頌德獻符者徧於天下。光武有鑒於此，故尊崇節義，敦厲名實，所舉用者莫非經明行修之人，而風俗爲之一變。至其末造，朝政昏濁，國事日非，而黨錮之流，獨行之輩，依仁蹈義，舍命不渝，風雨如晦，雞鳴不已。三代以下，風俗之美，無尚於東京者。故范曄之論，以爲桓靈之間，君道粃僻，朝綱日陵，國隙屢啓。故自中智以下，靡不審其崩離，而權強之臣，息其闚盜之謀，豪俊之夫，屈於鄙生之義。（儒林傳論）所以傾而未顛，決而未潰，皆仁人君子心力之爲。（左雄傳論）可謂知言者矣。（日知錄兩漢風俗）

可見士大夫之氣節，炳章千秋，正義所化，海內景附。惟物極必反，盛極必衰，物既有之，士德亦然。至於季世，權詐迭進，奸僞萌生，久喪讓爵、推財清節之高行美習，蕩焉以盡。孝廉茂才之察舉，尤泛濫無準，馴至有名無實，弊端層出，而爲葛洪所譏。

靈獻之世，閹官用事，羣姦秉權，危害忠良，臺閣失選用於上，州郡輕貢舉於下。夫選用失於上，則牧守非其人矣，貢舉輕於下，則秀孝不得賢矣。故時人語曰：舉秀才，不知書，察孝廉，父別居。……

蓋疾之甚也。（抱朴子審舉篇）

一般知識分子或紛競仕途，或待價而沽，究其實際，則聲聞過情者多，才名相副者少，而終失物望。

南陽樊英，少有學行，名著海內，隱於壺山之陽。州郡前後禮聘，不應，安帝賜策書徵之，不赴。帝復詔切責郡縣，駕載上道，英不得已，到京。及後應對無奇謀深策，談者以爲失望。（資治通鑑漢紀順帝永建二年）

自頃徵聘之士胡元安、薛孟嘗、朱仲昭、顧季鴻等，其功業皆無所採。是故俗論皆言處士純盜虛聲。（李固與黃瓊書見後漢書黃瓊傳）

雖聖人苗裔亦不能外之。

融負其高氣，志在靖難，而才疏意廣，迄無成功。在郡六年，劉備表領青州刺史。建安元年，爲袁譚所攻，自春至夏，戰士所餘裁數百人，流矢雨集，戈矛內接，融隱几讀書，談笑自若。城夜陷，乃奔東山，妻子爲譚作虜。（後漢書孔融傳）

甚而飾僞以邀譽，釣奇以驚俗，放言高論，敗倫亂理。

融與白衣禰衡跌蕩放言，云『父之於子，當有何親，論其本意，實爲情欲發耳。子之於母，亦復奚爲，譬如寄物缻中，出則離矣』。既而與衡更相贊揚。衡謂融曰：『仲尼不死。』融荅曰：『顏回復生。』

而曹操以曠世之雄，亦徒知權詐，肆其淫威，殘害忠良，欺人孤兒寡婦。

自獻帝都許，守位而已，宿衞兵侍，莫非曹氏黨舊姻戚。議郎趙彥嘗爲帝陳言時策，曹操惡而殺之。

其餘內外，多見誅戮。操後以事入見殿中，帝不任其憤，因曰：『君若能相輔，則厚，不爾，幸垂恩相捨。』操失色，俛仰求出。董承女爲貴人，操誅承而求貴人殺之。帝以貴人有妊，累爲請，不能得。又以尚書令華歆爲郗慮副，勒兵入宮收后。閉戶藏壁中，歆就牽后出。時帝在外殿，引慮於坐。后被髮徒跣行泣過訣曰：『不能復相活邪。』帝曰：『我亦不知命在何時。』顧謂慮曰：『郗公，天下寧有是邪。』遂將后下暴室，以幽崩。所生二皇子，皆酖殺之。后在位二十年，兄弟及宗族死者百餘人，母盈等十九人徙涿郡。（後漢書獻帝伏皇后紀）

故不免爲石勒所非。

勒笑曰：『大丈夫行事當磊磊落落，如日月皎然，終不能如曹孟德、司馬仲達父子，欺他孤兒寡婦，狐媚以取天下也。』（晉書石勒載記）

抑有進者，建安年間，更先後頒布四令（詳見本編第三章第三節），崇尚跅弛之士，輕視節行之人，不論盜嫂擒翁，但以權濟其急。於是風俗日偷，狷介無聞，君子有憂生之嗟，小人逞虺蜮之毒，士行之傾詖，由此益深，禮義之大防，自是盡潰，天下滔滔，往而不返矣。葛洪嘗痛論其非曰：

夫以勢位言之，則周公勤于吐握，以聞望校之，則仲尼恂恂善誘，咸以勞謙爲務，不以驕慢爲高。漢之末世，則異於玆。蓬髮亂鬢，橫挾不帶，或褻衣以接人，或裸袒而箕踞。朋友之集，類味之遊，莫切切進德，誾誾修業，攻過弼違，講道精義。其相見也，不復敍離闊，問安否，賓則入門而呼奴，主則望客而喚狗。其或不爾，不成親至而棄之，不與爲黨。及好會，則狐蹲牛飲，爭食競割，掣撥淼摺，無復廉恥，以同此者爲泰，以不爾者爲劣。終日無及義之言，徹夜無箴規之益，誣引老莊，貴於率任，大行不顧細禮，至人不拘檢括，嘯傲縱逸，謂之體道。嗚呼惜乎，豈不哀哉。抱朴子疾謬篇

夫教化爲朝廷之先務，廉恥乃立人之大節，風俗爲天下之大事，朝廷有敎化，則士人有廉恥，士人有廉恥，則天下有風俗，三者如影隨形，關係密切。六朝士風之所以不競，人倫之所以大壞，追源禍始，曹氏實爲厲階也。

當塗代興，曹丕基命，既沿襲舊風，復加以任達，於是六藝隱而老莊興，經師亡而名士出，東漢氣節，遂蕩然無存。傅玄謂：『魏武好法術，而天下貴刑名，魏文慕通達，而天下賤守節，其後綱維不攝，而虛無放誕之論，盈於朝野。』晉書本傳洵知言哉。

降及晉世，風俗益漓，蓋司馬氏篡弒之前，濫行誅戮，名士多沈淪自晦，託爲放逸，置生民憂戚於度外。逮得國之後，又驕奢淫佚，率天下以邪。於是藩籬盡撤，咸以名教綱常爲桎梏人心之具，芻狗禮義廉恥，弁髦倫理道德，持現世主義、快樂主義聊以自娛，至於個人言行影響於世道人心者何若，則非所計也。茲爲揭其大要，述於左方。

(1)名節虧損　我國傳統之士大夫，所重者禮敎，所惜者名節，而兩晉士大夫多置名節於腦後。自王祥、司馬孚以當世名流，效法漢之張禹孔光，逢迎權臣，坐視司馬氏父子之廢君弒君而不問，於是名節二字遂不爲世所惜矣。趙王倫之篡逆，樂廣素號玄虛，乃奉璽綬勸進，而劉琨則爲倫所信用。王氏一門，爲典午世臣，

而桓玄移鼎，太保王謐奉璽册詣玄，封武昌縣開國公。賈充出鎭關中，以失職憂懼，荀勖則詳爲策畫，羊祜亦密啓留之。以謝安之德量，竟由桓溫進身。乃至王衍畏死，勸石勒稱尊號，羊后寡恥，呼劉曜爲丈夫。（以上分見晉書各本傳）再以文信國所心儀之嵇紹而論，其父康既爲司馬昭所害，而又靦顏事仇，死節於晉。世說新語政事篇：

> 嵇康被誅後，山公擧康子紹爲秘書丞，紹諮公出處。公曰：『爲君思之久矣，天地四時猶有消息，而況人乎。』

劉峻注引竹林七賢論：

> 紹懼不自容，將解褐，故咨之於濤。

故世以此少之，以爲正氣歌中惟一可議之人物。而顧亭林則直斥爲『敗義傷教，率天下而無父。』（日知錄正始）綜而論之，雖先聖有『大德不踰閑，小德出入可也』，『大行不顧細謹，大禮不辭小讓』之語，然觀晉世諸子之所爲，得無太過乎。

⑵淫佚大行　淫佚之事，無代無之，而以晉世爲最盛。觀晉書五行志所載二事，已足令人驚愕不置。

> 自咸寧太康之後，男寵大興，甚於女色，士大夫莫不尚之，天下相倣效，或至夫婦離絕，多生怨曠。
>
> 惠帝元康中，貴游子弟相與爲散髮倮身之飲，對弄婢妾，逆之者傷好，非之者負譏，希世之士恥不與焉。

而賈后之淫行，又別開生面，尤非人情。

賈后遂荒淫放恣，與太醫令程據等亂彰內外。洛南有盜尉部小吏，端麗美容止，旣給廝役，忽有非常衣服，衆咸疑其竊盜，尉嫌而辯之。賈后疏親欲求盜物，往聽對辭。小吏云：『先行逢一老嫗，說家有疾病，師卜云宜得城南少年厭之，欲暫相煩，必有重報。於是隨去，上車下帷，內簏箱中，行可十餘里，過六七門限，開簏箱，忽見樓闕好屋。問此是何處，云是天上，卽以香湯見浴，好衣美食將入。見一婦人，年可三十五六，短形青黑色，眉後有疵。見留數夕，共寢歡宴，臨出贈此衆物。』聽者聞其形狀，知是賈后，慚笑而去，尉亦解意。時他人入者多死，惟此小吏，以后愛之，得全而出。（晉書惠賈皇后傳）

羊后踵武，厭舊喜新，直類倡樓蕩婦。

懷帝卽位，尊后爲惠帝皇后，居弘訓宮。洛陽敗，沒于劉曜。曜僭位，以爲皇后。因問曰：『吾何如司馬家兒。』后曰：『胡可並言，陛下開基之聖主，彼亡國之暗夫，有一婦一子及身三耳，不能庇之。貴爲帝王，而妻子辱于凡庶之手。遣妾爾時實不思生，何圖復有今日。妾生於高門，常謂世間男子皆然。自奉巾櫛以來，始知天下有丈夫耳。』曜甚愛寵之，生曜二子而死，僞謚獻文皇后。（晉書惠羊皇后傳）

蕭泛之乃作詩誚之曰：

金谷樓頭視若無，此身斷不負齊奴。
可憐司馬家兒婦，正喜劉郎是丈夫。（讀晉史詩）

可謂謔而且虐矣。至於一般婦女，率多中饋不修，競尚淫侈。

其婦女，莊櫛織紝皆取成於婢僕，未嘗知女工絲枲之業，中饋酒食之事也。先時而婚，任情而動，故皆不恥淫泆之過，不拘妬忌之惡，父兄不之罪也，天下莫之非也。又況責之聞四教於古，修貞順於今，以輔佐君子者哉。禮法刑政於此大壞，如水斯積而決其隄防，如火斯畜而離其薪燎也。國之將亡，本必先顚，其此之謂乎。干寶晉紀總論

則淫佚之風，蓋已嚴重波及婦女，固不特男士爲然也。

(3)諂媚風盛　諂媚風氣，頗盛行於晉初，雖名流賢士亦不能免。據晉書賈謐傳所載，當賈謐權傾中外，炙手可熱之時，折節而禮事之者有石崇、歐陽建、潘岳、陸機、陸雲、摯虞、王粹、牽秀、劉琨等二十四人，能不令人太息乎。今舉潘岳以例其餘。晉書岳本傳云：

岳性輕躁，趨世利，與石崇等諂事賈謐，每候其出，與崇輒望塵而拜。構愍懷之文，岳之辭也。謐二十四友，岳爲其首。謐晉書限斷，亦岳之辭也。其母數誚之曰：『爾當知足，而乾沒不已乎。』而岳終不能改。

以負一代物望之大文豪，竟然趨權冒勢，不擇手段，終亦罹殃，固其宜也。史臣嘗作極中肯之評論曰：

安仁思緒雲騫，詞鋒景煥，前史儔於賈誼，先達方之士衡。賈論政範，源王化之幽賾，潘著哀詞，貫人靈之情性。機文喩海，韞蓬山而育蕪，岳藻如江，濯美錦而增絢。混三家以通校，爲二賢之亞匹矣。然其挾彈盈果，拜塵趨貴，蔑棄倚門之訓，乾沒不逞之間，斯才也而有斯行也，天之所賦，何其駁歟。晉書潘岳傳論

元好問亦曰：

心畫心聲總失眞，文章寧復見爲人。

高情千古閑居賦，爭信安仁拜路塵。（論詩絕句之六）

惋惜之情，溢於言表。兩晉之世，風敎陵遲，廉恥寡喪，其故可知矣。

南朝四代，政權多操諸世族之手，執政既久，必然腐化。加以個人主義擡頭，玄談風氣彌漫，因此個人之幸福重於民族之生存，門第之屈伸重於國家之得失。而江山易主，直若弈棋，在當時名士，歷仕數朝，而不辨其何代者，實繁有徒。影響所及，則畸士奔競，名節道消，臨難毋苟、松柏後凋之臣已不可復得矣。觀南史褚炤傳所載故事一則，足以發人深省。

炤少有高節，王儉嘗稱才堪保傅。……常非彥回身事二代。彥回子賁往問訊炤，炤問曰：『司空今日何在。』賁曰：『奉璽紱，在齊大司馬門。』炤正色曰：『不知汝家司空將一家物與一家，亦復何謂。』彥回拜司徒，賓客滿坐，炤歎曰：『彥回少立名行，何意披猖至此，門戶不幸，乃復有今日之拜。使彥回作中書郎而死，不當是一名士邪。名德不昌，遂有期頤之壽。』

將朝代更易視爲『將一家物與一家』，南朝貳臣特多，抑此之由乎。趙翼嘗深致慨歎曰：

如王宏、王曇首、褚淵、王儉等，與時推遷，爲興朝佐命以自保其家世。雖市朝革易，而我之門第如故，以是爲世家大族，迥異於庶姓而已。此江左風會習尚之極敝也。（二十二史箚記江左世族無功臣）

又曰：

魏晉以來，易代之際，能不忘舊君者，稱司馬孚、徐廣。故王琳故吏朱瑒乞葬琳首書曰：『典午將滅，徐廣爲晉家遺老，當塗已謝，馬孚稱魏室忠臣。』……然孚入晉仍受封安平王，廣入宋亦除中散大夫，抑何其戀舊君而仍拜新朝封爵也。蓋自漢魏易姓以來，勝國之臣，卽爲興朝佐命，久已習爲固然，其視國家禪代，一若無與於己，且轉藉爲遷官受賞之資，故偶有一二耆舊，不忍遽背故君者，便已嘖嘖人口，不必其以身殉也。（陔餘叢考六朝忠臣無殉節者）

宋大樽更指名斥之曰：

齊之王儉、韓蘭英先仕宋，劉繪後仕梁。梁之范雲、丘遲、任昉、張率、柳惲、周捨、徐勉先仕齊，庾信後仕北周，江淹、沈約先仕宋齊。陳之陰鏗、徐陵、沈炯、周宏正、張正見、顧野王先仕梁，周宏讓先仕侯景，徐孝克、阮卓、蔡凝、潘徽後仕隋，江總先梁後隋。隋之姚察、虞世基、虞綽、王眘、王胄先仕陳，柳䛒先仕梁，李德林、諸葛潁、孫萬壽先仕齊，于仲文先仕周，何妥先仕梁及周，盧思道、李孝貞、薛道衡、魏澹先仕齊及周，元行恭先仕北齊，辛德源先仕北齊及周，楊素、崔仲方先仕周及梁，孔紹安後仕唐，袁朗先陳後唐。偶指數之，皆詩人名級故高者也。嗟乎嗟乎，羣言之長，德言也，女事二夫，男仕二姓，尚何言乎。（茗香詩論）

按當時民族思想重於朝代易主觀念，朝秦暮楚之戒，或在對北朝而不在南朝歟。玆將六朝貳臣統計如下：

㈢魏晉宋齊梁陳貳臣統計表 據今人毛漢光氏之統計○見所著兩晉南北朝士族政治之研究第六章

朝代名	魏晉間	晉宋間	宋齊間	齊梁間	梁陳間
人數	34	49	71	73	79

又六朝之權門巨族，率多世襲，而形成特權階級，其子弟可以不勞而獲高位。名位得之既易，自不知愛惜羽毛，至於梁代，則不學無術之徒充斥朝野，敗壞風俗，動搖國本，莫此爲甚。同時之顏之推有極沈痛之追述曰：

梁朝全盛之時，貴遊子弟，多無學術，至於諺云：『上車不落則著作，體中何如則秘書。』無不燻衣剃面，傅粉施朱，駕長簷車，跟高齒屐，坐棋子方褥，憑斑絲隱囊，列器玩於左右，從容出入，望若神仙。明經求第，則顧人答策，三九公讌，則假手賦詩，當爾之時，亦快士也。及離亂之後，朝市遷革，銓衡選擧，非復曩者之親，當路秉權，不見昔時之黨。求諸身而無所得，施之世而無所用。被褐而喪珠，失皮而露質。兀若枯木，泊若窮流。鹿獨戎馬之閒，轉死溝壑之際。當爾之時，誠駑材也。顏氏家訓勉學篇

平日驕奢縱恣如此，自貽伊戚，理之常也。

若乃宮闈之穢亂，色情之泛濫，率與前朝無異，不過花樣逐漸翻新已耳。觀左列四事，可知其大凡。

宋書明恭王皇后傳：

上嘗宮內大集，而裸婦人觀之，以爲歡笑。后以扇障面，獨無所言。帝怒曰：『外舍家寒乞，今共爲笑樂，何獨不視。』后曰：『爲樂之事，其方自多。豈有姑姊妹集聚，而裸婦人形體，以此爲樂。外舍之爲歡適，實與此不同。』帝大怒，遣后令起。

南史宋前廢帝紀：

帝好遊華林園竹林堂，使婦人倮身相逐，有一婦人不從命，斬之。

山陰公主淫恣過度，謂帝曰：『妾與陛下雖男女有殊，俱託體先帝，陛下後宮數百，妾惟駙馬一人，事不均平，一何至此。』帝乃爲立面首左右三十人。

又文安王皇后傳：

永明十一年，爲皇太孫太妃。鬱林卽位，尊爲皇太后，稱宣德宮，置男左右三十人，前代所未有也。

餘若宋孝武帝，齊鬱林王妃何氏，梁臨川王宏、臨惠王正德等，無不穢名遠播，甚且有亂倫之事，宮闈醜陋若此，其俗可知矣。

北朝自魏拓跋氏崛起沙塞，其始公卿方鎭，皆故部落酋長，往往自相夷戮，以爭地盤。百官無祿，故吏多擾民。禮義不修，故士無風節。賄賂公行，故俗尙傾奪。孝文遷都以後，雖顧慕華風，而野性難馴，於是紀綱漸弛，風俗日敝，母后亂於內，爾朱擾於外，終履覆亡之運矣。下逮周齊，析軌而行，鮮卑餘習，旣未盡革，宮闈淫風，視前為烈。觀二十二史劄記北齊宮闈之醜一條所載北齊神武、文襄、文宣、武成諸帝后之穢行，罄竹難書，宜其治朝不永，幻滅於俄頃也。玆迻錄魏御史中尉王顯奏彈石榮、抱老壽之言，以窺豹斑。

風聞前洛州刺史陰平子石榮、積射將軍抱老壽恣蕩非軌，易室而姦，臊聲布於朝野，醜音被於行路，即攝鞫問，皆與風聞無差。犯禮傷化，老壽等即主。謹按石榮咎彰遐邇，嚮穢京墟。老壽恣其淫姦，換妻易妾。……男女三人，莫知誰子。人理所未聞，鳥獸之不若。請以見事，免官付廷尉理罪，鴻臚削爵。魏書閹官傳

不意『換妻』醜行竟行之於一千五百年前，良堪浩歎。至於漢人之無恥者，則專以敎子弟學鮮卑語為能事。

齊朝一士夫，嘗謂吾曰：『我有一兒，年已十七，頗曉書疏。敎其鮮卑語及彈琵琶，稍欲通解，以此伏事公卿，無不寵愛。』吾時俯而不答。異哉，此人之敎子也，若由此業，自致卿相，亦不願汝曹為之。顏氏家訓敎子篇

顏氏遭亡國之禍，悼風俗之衰，故不覺言之痛切若此。彼『漢人識得胡兒語，爭上城頭罵漢人』者，能無愧哉。

※　　※　　※

魏晉南北朝時代固然風衰俗敝，名節掃地，然而特立獨行，冥心孤往，不為末流所趨，不為頹風所靡，而能於擧世滔滔中以勁節高標，卓樹風軌者，亦時時而間出。魏之王淩、文欽、毌丘儉、諸葛誕，晉之卞

壹、辛恭靖、陶潛，宋之沈攸之、袁粲，齊之劉思忌，梁之韋粲，是其選已。

辛恭靖之言曰：

寧爲國家鬼，不爲羌賊臣。晉書忠義傳

劉思忌之言曰：

寧爲南鬼，不爲北臣。南齊書魏虜傳

沈攸之之言曰：

寧爲王淩死，不爲賈充生。南史本傳

宋石頭城之謠曰：

寧爲袁粲死，不作褚淵生。南史袁粲褚淵傳

英風勁節，肝膽照人，此皆我民族儒國之精英，亦卽宇宙間彌天之正氣，所謂『地維賴以立，天柱賴以尊』文天祥正氣歌者也。餘者各史忠義隱逸傳所載，亦往往不絕。故氣節之士，在六朝雖居少數，要不能謂全無人焉。

三　民性愛美

愛美乃人類之天性，自生民以來，未有不愛美者。以言男子之美，則曰魁梧奇偉，以言女子之美，則曰傾國傾城。易詞言之，男子須具有陽剛之美，亦卽今世所謂壯美者也，女子須具有陰柔之美，亦卽今世所謂優美者也。無論其爲壯美優美，皆足以引發世人之豔羨，文士之歌頌，而形成一個美的世界。

我國人愛美之情見之於典籍者，莫早於論語，八佾篇云：

子謂韶，盡美矣，又盡善也。謂武，盡美矣，未盡善也。

此孔子贊歎虞舜周武音樂之美也。又云：

子夏問曰：『巧笑倩兮，美目盼兮，素以爲絢兮，何謂也。』子曰：『繪事後素。』曰：『禮後乎。』子曰：『起予者商也，始可與言詩已矣。』

此子夏言人體及繪畫之美也。可見愛美固無間於凡聖，乃人情之常。漢張敞爲婦畫眉（事見漢書本傳），至今仍騰播衆口。李固以胡粉飾貌（事見後漢書本傳），亦爲世所津津樂道。至魏晉之際，風氣驟然加盛，愛美之情特著，開其先者，厥爲曹操。

魏武將見匈奴使，自以形陋，不足雄遠國，使崔季珪代，帝自捉刀立牀頭。既畢，令間諜問曰：『魏王何如。』匈奴使答曰：『魏王雅望非常，然牀頭捉刀人，此乃英雄也。』魏武聞之，追殺此使。（世說新語容止篇）

按崔季珪聲姿高暢，眉目疏朗，甚有威重（見三國志魏書崔琰傳），故操擧以自代，此乃一種愛美心理之表現。其子丕承襲父風，且猶過之。

魏太祖下鄴，文帝先入袁尚府，見婦人被髮垢面垂涕，立紹妻劉後，文帝聞知是熙妻，使令攬髮，以袖拭面，姿貌絕倫。既過，劉謂甄曰：『不復死矣。』遂納之，有寵。（世說新語惑溺篇注引世語）

言尚玄遠，主張六經皆聖人糟粕之荀粲則大膽指出婦女當以色貌爲主，才德不足論。

荀奉倩與婦至篤，冬月婦病熱，乃出中庭自取冷還，以身熨之。婦亡，奉倩後少時亦卒。以是獲譏於世。奉倩曰：『婦人德不足稱，當以色爲主。』世說惑溺篇

荀粲常以婦人才智不足論，自宜以色爲主。驃騎將軍曹洪女有色，粲於是聘焉。容服帷帳甚麗，專房燕婉。歷年後，婦病亡。未殯，傅嘏往喭粲，粲不哭而神傷。嘏問曰：『婦人才色，並茂爲難。子之聘也，遺才存色，非難遇也。何哀之甚。』粲曰：『佳人難再得，顧逝者不能有傾城之異，然未可易遇也。』痛悼不能已已。歲餘亦亡，時年二十九。世說惑溺篇注引荀粲別傳

許允娶醜婦，而不肯入房，卒見譏於新婦。

許允婦，是阮衞尉女，德如妹，奇醜，交禮竟，允無復入理，家人深以爲憂。會允有客至，婦令婢視之，還答曰：『是桓郎。』桓郎者，桓範也。婦云：『無憂，桓必勸入。』桓果語許云：『阮家既嫁醜女與卿，故當有意，卿宜察之。』許便回入內。既見婦，即欲出。婦料其此出，無復入理，便捉裾停之。許因謂曰：『婦有四德，卿有其幾。』婦曰：『新婦所乏唯容爾。然士有百行，君有幾。』許云：『皆備。』婦曰：『夫百行以德爲首，君好色不好德，何謂皆備。』允有慚色，遂相敬重。世說賢媛篇

雖以玄學家之曠達，亦不能戡破此關，多情之文學家又豈能獨免，故阮籍對美女特深致豔慕，幾於見輒愛之，恆流露於不自覺。

鄰家少婦有美色，當壚沽酒。籍嘗詣飲，醉，便臥其側。籍既不自嫌，其夫察之，亦不疑也。兵家女有才色，未嫁而死。籍不識其父兄，徑往哭之，盡哀而還。其外坦蕩而內淳至，皆此類也。晉書阮籍傳

蓋在文學家眼中，美爲一種不可分析之絕對境界，在欣賞此種境界時，其外在環境皆已隔離。故崇高之欣賞，必屏除佔有之觀念，阮氏蓋眞能以此種態度欣賞當壚婦與兵家女者。史家但以坦蕩淳至贊之，是不知美學者也。夫作家必具率眞之性，以充於內，具愛美之心，以發於外，斯能有超越尋常之成就，此乃古今偉大文學家所必具之共性。阮氏作品之獨有千古，蓋以此焉。（參用今人沈祖棻氏之說〇見國文月刊第六十五期）

政治家、玄學家、文學家對美的追求旣如此其切，其所予社會之影響亦至爲深遠。卽以婦女而論，當時婦女已不復如前此之矜持含蓄，且公然主動的欣賞男子之美。

潘岳妙有姿容，好神情，少時，挾彈出洛陽道，婦人遇者，莫不連手共縈之。左太沖絕醜，亦復效岳遊遨，於是羣嫗齊共亂唾之，委頓而返。（世說容止篇）

是則愛美之情固無間於凡聖，更無間於男女也。

六朝人愛美心特別發達，已如上述，其流露於日常言行之間者，累紙難盡，今特標數端，繫諸左方。

㈠刻意美化形體

(1)服飾　六朝人不分男女，均極講究服飾之奢麗，尤以貴族世家爲甚。三國志魏書崔琰傳注引世語云：

曹植妻衣繡，太祖登臺見之，以違制命，還家賜死。

雖賜死或別有由，植妻衣服侈麗則固無疑也。晉書五行志云：

魏尚書何晏好服婦人之服。

男著女裝，實千古奇聞，謂之心理變態可也。晉世一統，四海乂寧，俗尚侈靡，衣競華麗，司馬攸奏議極言其弊云：

都邑之內，游食滋多，巧伎末業，服飾奢麗，富人兼美，猶有魏之遺弊。晉書文六王傳

流風所扇，天下披靡。下逮江左，偏安旣久，其弊彌甚。

靈運性奢豪，車服鮮麗，衣裳器物多改舊制，世共宗之。宋書謝靈運傳

俗尙如此，則雖曠代詩人亦不能獨立，其他可知。

(2)傅粉　傅粉本係婦女專利，而六朝名士則深好此道，蔚爲風尙，導其先路者，其魏之曹植何晏乎。

三國志魏書王粲傳注引魏略：

曹植初得邯鄲淳甚喜，延入坐，不先與談。時天暑熱，植因呼常從取水自澡訖，傅粉。遂科頭拍袒，胡舞五椎鍛，跳丸擊劍，誦俳優小說數千言。

又何晏傳注引魏略：

晏尙主，又好色。……性自喜，動靜粉白不去手，行步顧影。

此種風氣一直延續到齊梁，且有變本加厲之勢。

梁朝全盛之時，貴遊子弟無不燻衣剃面，傅粉施朱。從容出入，望若神仙。顏氏家訓勉學篇

昂藏七尺之軀，竟競效婦女之塗脂抹粉，崇拜女性化的男性美，直是一種病態的愛美癖。究其原因，無非在企求增加外形姿容之美，以便成爲一個十足的小白臉而已。

(3)薰香　漢末胡香初入中國，男子薰香之習，日漸普遍。如尙書令荀彧乃清修醇雅之士，而好修飾容

儀，相傳其至人家，坐處常三日香。事見習鑿齒襄陽記曹操為相時，曾頒禁香之令見太平御覽九百八十一引，然風氣已成，終無大效。其子丕且酷愛此道，至馬聞衣香而驚嚙其膝。事見三國志魏書朱建平傳沿及兩晉而益加甚，晉書賈謐傳云：

韓壽美姿貌，善容止，賈充辟為司空掾。充每讌賓僚，其女輒於青璅中窺之，見壽而悅焉。時西域有貢奇香，一著人則經月不歇，帝甚貴之，惟以賜充及大司馬陳騫。其女密盜以遺壽，充僚屬與壽燕處，聞其芬馥，稱之於充。自是充意知女與壽通，而其門閤嚴峻，不知所由得入。乃夜中陽驚，託言有盜，因使循牆以觀其變。左右白曰：『無餘異，惟東北角如狐狸行處。』充乃考問女之左右，具以狀對。充秘之，遂以女妻壽。

世說新語假譎篇亦云：

謝遏謝玄小字遏年少時，好著紫羅香囊，垂覆手。太傅患之，而不欲傷其意，乃譎與賭，得卽燒之。

是中國士大夫之好胡風蓋非一日矣。

(二)欣賞人體之美

六朝人除利用美服、脂粉、胡香修飾外形姿容之美外，進一步又發現人體美，甚而透視到人格美。舉凡一舉手，一凝眸，一輕顰，一微笑，皆恣意欣賞，不肯放過，尤其酷愛人體所呈現的線條光彩之美，觀左表所列，可以證也。

(二)魏晉南北朝風姿俊美名士略表

姓名	時代	簡明事略	備註
荀彧	魏	爲人偉美，禰衡稱其可借面弔喪，其意以爲彧但有貌也。	三國志荀彧傳注引禰衡傳
何晏	魏	何平叔美姿儀，面至白，魏文帝疑其傅粉，正夏月，與熱湯餅，既噉，大汗出，以朱衣自拭，色轉皎然。	世說容止篇
		晏婦金鄉公主，即晏同母妹。公主賢，謂其母沛王太妃曰：『晏爲惡日甚，將何保身。』母笑曰：『汝得無妒晏邪。』	三國志何晏傳注引魏末傳
夏侯玄	魏	魏明帝使后弟毛曾與夏侯玄共坐，時人謂『蒹葭倚玉樹。』	世說容止篇
李豐	魏	時人目『夏侯太初朗朗如日月之入懷，李安國頹唐如玉山之將崩。』	同右
嵇康	西晉	嵇康身長七尺八寸，風姿特秀。見者歎曰：『蕭蕭肅肅，爽朗清舉。』或云：『肅肅如松下風，高而徐引。』山公曰：『嵇叔夜之爲人也，巖巖若孤松之獨立，其醉也，傀俄若玉山之將崩。』 有人語王戎曰：『嵇延祖卓卓如野鶴之在雞羣。』答曰：『君未見其父耳。』	同右
		康長七尺八寸，偉容色，土木形骸，不加飾厲，而龍章鳳姿，天質自然，正爾在羣形之中，便自知非常之器。	世說容止篇注引嵇康別傳

王濟	西晉	風姿英爽，氣蓋一時。	晉書本傳
韓壽	西晉	美姿貌，善容止，賈充女見而悅之。	晉書賈謐傳
潘岳	西晉	美姿儀，才名冠世，少時常挾彈出洛陽道，婦人遇之者，皆連手縈繞，投之以果，遂滿車而歸。時張載甚醜，每行，小兒以瓦石擲之，委頓而返。	晉書本傳
		姿容甚美，風儀閑暢。	世說容止篇注引潘岳別傳
夏侯湛	西晉	潘安仁、夏侯湛並有美容，喜同行，時人謂之『連璧』。	世說容止篇
裴楷	西晉	裴令公有儁容儀，脫冠冕，粗服，亂頭皆好，時人以爲『玉人』。見者曰：『見裴叔則如玉山上行，光映照人。』 裴令公有儁容姿，一旦有疾至困，惠帝使王夷甫往看，裴方向壁臥，聞王使室，強回視之。王出，語人曰：『雙眸閃閃，若巖下電，精神挺動，體中故小惡。』	同右
王衍	西晉	王夷甫容貌整麗，妙於談玄，恆捉白玉柄麈尾，與手都無分別。 王大將軍稱太尉：『處衆人之中，似珠玉在瓦石間。』 有人詣王太尉，遇安豐、大將軍、丞相在坐，往別屋見季胤、平子。還，語人曰：『今日之行，觸目見琳琅珠玉。』	同右

衛玠	西晉	風神秀異，總角乘羊車入市，見者皆以爲玉人，觀之者傾都。 王濟嘗語人曰：『與衛玠同遊，冏若明珠之在側，朗然照人。』	晉書本傳
		驃騎王武子，是衛玠之舅，儁爽有風姿，見玠，輒歎曰：『珠玉在側，覺我形穢。』 王丞相見衛洗馬，曰：『居然有羸形，雖復終日調暢，若不堪羅綺。』 衛玠從豫章下都，人久聞其名，觀者如堵牆。玠先有羸疾，體不堪勞，遂成病而死，時人謂『看殺衛玠。』	世說容止篇
		玠在羣伍之中，實有異人之望。齠齔時，乘白羊車於洛陽市上，咸曰：『誰家璧人。』於是家門州黨號爲『璧人』。	世說容止篇注引衛玠別傳
庾亮	東晉	美姿容，善談論，性好莊老，風格峻整，動由禮節，閨門之內不肅而成，時人或以爲夏侯太初、陳長文之倫也。	晉書本傳
		石頭事故，朝廷傾覆，溫忠武與庾文康投陶公求救。陶公云：『肅祖顧命不見及，且蘇峻作亂，釁由諸庾，誅其兄弟，不足以謝天下。』于時庾在溫船後，聞之，憂怖無計。別日，溫勸庾見陶，庾猶豫未能往。溫曰：『溪狗我所悉，卿但見之，必無憂也。』庾風姿神貌，陶一見便改觀，談宴竟日，愛重頓至。	世說容止篇
王濛	東晉	美姿容，嘗覽鏡自照，稱其父字曰：『王文開生如此兒邪。』居貧，帽敗，自入市買之，嫗悅其貌，遺以新帽，時人以爲達。	晉書外戚傳

王恬	東晉	王敬豫有美形，問訊王公，王公撫其肩曰：『阿奴恨才不稱。』又云：『敬豫事事似王公。』	世說容止篇
王劭	東晉	美姿容，有風操，雖家人近習，未嘗見其墮替之容。	晉書本傳
		王敬倫風姿似父，作侍中，公服從大門入，桓溫望之曰：『大奴固自有鳳毛。』	世說容止篇
杜乂	東晉	性純和，美容儀，有盛名於江左。王羲之見而目之曰：『膚若凝脂，眼如點漆，此神仙人也。』桓彝亦曰：『衞玠神清，杜乂形清。』	晉書外戚傳
		永和中，劉眞長、謝仁祖共商略中朝人士。或曰：『杜弘治清標令上，爲後來之美，又面如凝脂，眼如點漆，粗可得方諸衞玠。』	世說容止篇注引江左名士傳
王恭	東晉	美姿儀，人多愛悅，嘗被鶴氅裘，涉雪而行，孟昶窺見之，歎曰：『此眞神仙中人也。』	晉書本傳
		有人歎王恭形茂者，云：『濯濯如春月柳。』	世說容止篇
謝晦	宋	美風姿，善言笑，眉目分明，鬢髮如墨。	南史本傳
孟昶	宋	與弟顗並美風姿，時人謂之雙珠。	南史謝靈運傳
孟顗	宋	與兄昶並美風姿，時人謂之雙珠。	
王道迄	宋	涉學善書，形貌又美，吳興太守王韶之謂人曰：『有子弟如王道迄，無所少。』	宋書王道隆傳

褚淵	齊	美儀貌，善容止，俯仰進退，咸有風則。每朝會，百僚遠國莫不延首目送之。宋明帝嘗歎曰：『褚淵能遲行緩步，便持此得宰相矣。』	南齊書本傳
王茂	梁	身長八尺，潔白美容觀。齊武帝布衣時，見之歎曰：『王茂年少，堂堂如此，必爲公輔之器。』	梁書本傳
何敬容	梁	身長八尺，白皙美鬚眉，性矜莊，衣冠尤事鮮麗，每公庭就列，容止出人。	梁書本傳

(三)欣賞自然之美

六朝人既向內發現人體之美，其後又向外發現自然之美，且以天眞的眼光觀察萬物，化無情爲有情，山川草木，飛禽走獸，以至五穀六材，無不生意勃發，欣欣向榮，而達到『天地與我並生，萬物與我爲一』（莊子齊物論）之最高境界，與自然同在矣。

簡文入華林園，顧謂左右曰：『會心處不必在遠，翳然林木，便自有濠濮間想也。不覺鳥獸禽魚，時來親人。』

顧長康從會稽還，人問山川之美。顧云：『千巖競秀，萬壑爭流，草木蒙籠其上，若雲興霞蔚。』

王子敬云：『從山陰道上行，山川自相映發，使人應接不暇，若秋冬之際，尤難爲懷。』（以上並見世說言語篇）

此卽外在的自然美與內在的深情之交融，亦卽柳柳州所謂『心凝形釋，與萬化冥合』（始得西山宴遊記）者也。又如王羲之之蘭亭詩：

仰視碧天際，俯瞰淥水濱，寥闃無涯觀，寓目理自陳。大矣造化工，萬殊莫不均，羣籟雖參差，適我無非親。

蓋活的自然必須活的心靈方能體會。六朝人既玩味大千世界之形相聲色，又觀賞剔透玲瓏的天光雲影，情趣洋溢，生機盎然。加以愛美性之强烈，故其對於天地萬物，無往不發生美感，因美感之發達，又無往不起快感。六朝人在藝術世界中能有獨特之造詣者以此，而陶淵明之田園詩、謝靈運之山水詩所以分鑣競爽，江河不廢者，亦以此也。

※　※　※

愛美之情固與生俱來，然猶未若六朝人之强烈。六朝人無論帝王將相，走卒販夫，以至衲子羽流，無往而非美之崇拜者，其影響於文學美術、文學思想者最為深鉅。以諸葛亮之經綸榘才，人或怪其『文采不豔』。（陳壽上諸葛氏集表語）以王充之縱橫博辯，人則病其『屬辭比義不盡美』（見抱朴子喻蔽篇）。尤有進者，經稟聖裁，垂型萬世，而屢為葛洪所少。

尚書者，政事之集也，然未若近代之優文詔策軍書奏議之清富贍麗。毛詩者，華彩之辭也，然不及上林羽獵二京三都之汪濊博富。俱論宮室，而奚斯路寢之頌，何如王生之賦靈光乎。同說遊獵，而叔畋盧鈴之詩，何如相如之言上林乎。並美祭祀，而清廟雲漢之辭，何如郭氏南郊之豔乎。等稱征伐，而出車六月之作，何如陳琳武軍之壯乎。近者夏侯湛潘安仁並作補亡詩白華、由庚、南陔、華黍之屬，諸碩儒高才之賞文者，咸以古詩三百，未有足以偶二賢之所作也。（抱朴子鈞世篇）

雖意未全愜，然洪以方外之士而病經之醇素，貴後之雕飾，非愛美心理之流露耶。道人如此，文士更無論矣。據此，則唯美文學、宮體文學、山水文學、田園文學、文學批評之所以寂寞於周漢，而熾盛於六朝，可以思過半矣。

第六節　地理背景

一　地理環境與文學

地理環境足以支配文學，人皆知之。蓋人爲地面產物，既受地面養育，亦受地面限制。故任何地區之作家，或有形，或無形，必受地理環境之薰染，卽或超奇之辭人，發其神秘之玄思，鑄成畫時代之作品，亦不能自外於地緣而獨立。希哲亞里士多德（Aristotle）在其政治學（Politics）中，以地理風土解釋人民之偏於勇敢或智慧，甚至人類之個性、脾氣等亦恆受地形氣候之影響。法儒孟德斯鳩（Montesquien）法意（Esprit des Lois）亦謂寒冷之國度注重道德，溫暖之國度放縱情欲。日本文學家廚川白村近代文學十講第四講言之尤悉，迻譯其詞如次：

南方諸國，環聚地中海沿岸，景色幽美，氣候暖和，天空晴朗，山野青綠，民生其間，舒暢極矣。而北方諸國若瑞典、挪威、蘇俄等，終年雲霧彌漫，或冰雪載途，氣候寒冷，原野寥寂，其人富理智而重冥想。或云：『冥想之結果，往往產生悲觀與厭世。』有一社會學家亦云：『南歐多他殺者，北歐多自殺者。』前者動輒專向情而行，後者表示沈鬱憂思。假定南方宜於產生理想的敍情詩，北方則宜於產生現實的哲學。

由此觀之，南方言情，宜乎弱於理智，北方說理，宜乎薄於情感。此外，文學之形質，又往往依習染為轉移，而文學之精神，則非外物輕易所能改變。廚川氏云：

各國文學，不盡相同。受同樣的思潮，依國民之素質，其結果恆相異趣。譬如以同一顏料染木棉與綢緞，所得顏色必然不同，非謂紅色或紫色之不同，乃亮光與濃淡之各異耳。（近代文學十講序論）

是故習染者，無論其為直接為間接，皆文學之染色也，其精神上之區別，乃為亮光耳。（參用李笠中國文學述評之說）

日本另一學者鶴見祐輔氏嘗撰古典文明與近代文明，以為南方文化為古典文化，北方文化為近代文化，多言前人之所未言，發前人之所未發，特節譯以備參較。

古典文明多發生於溫暖地帶，沿尼羅河之埃及，臨愛琴海之希臘，以至幼發拉底河畔之巴比倫，恆河畔之印度，長江畔之中國等，指不勝屈。其地物產豐饒，民生富裕，乃有餘晷以致力於文藝、音樂、繪畫、雕刻、宗教、哲學之研究，而對美的鑑賞，美的追求，眞的理解等，亦最為熾熱。北方民族則因土地貧瘠，風雪肆虐，此惟求生而恐不贍，奚暇治文藝哉。故南方乃以眞善美為理想之藝術文明，而北方則以衣食住為中心之經濟文明，南方人可以說是『藝術的人』，反之，北方人則為『經濟的

人』。歐美大陸遊記

是則地理環境與文學藝術關係之密切，非余一人之私言，乃天下之公論也。

二　南北比較觀

中國學術文化，向有南北之分，文學亦然。春秋戰國之時，北方以齊魯爲中心，代表北方思潮者爲孔孟之儒教，南方以宋楚爲中心，代表南方思潮者爲老莊之道教。以言文學，則詩經與楚辭平分南北之秋色，均爲百代詞藝之祖。其後代代相因，未嘗稍易，此蓋根於民情風土，非人力所能逮也。

玆摭拾前賢之說，並竊附己意，以各種角度看南北之差異。

(1)自然環境

曹操苦寒行：

北上太行山，艱哉何巍巍，羊腸坂詰屈，車輪爲之摧。樹木何蕭瑟，北風聲正悲，熊羆對我蹲，虎豹夾路啼。谿谷少人民，雪落何霏霏，延頸長太息，遠行多所懷。

此雖僅寫太行一地之苦寒，其他北方各地當可推而知之。

曹植贈白馬王彪詩：

大谷何寥廓，山樹鬱蒼蒼，霖雨泥我塗，流潦浩縱横。中逵絕無軌，改轍登高岡，修坂造雲日，我馬玄以黃。

亦是寫北地跋涉之苦，借以抒其憤懣之思。

按我國古代民族大都居於黃河附近之地帶，其地氣候嚴寒，生物缺乏，關河黯淡，景色悽慘，民生其間，須常年與環境搏鬥。我大漢民族堅忍不拔之個性，實卽孕育於此。

謝靈運過始寧墅詩：

山行窮登頓，水陟盡洄沿。巖峭嶺稠疊，洲縈渚連綿。白雲抱幽石，綠篠媚清漣。

此寫南方深山大澤、相互環複之狀，非北方之平原遼闊、一望無垠者可比。

丘遲與陳伯之書：

暮春三月，江南草長，雜花生樹，羣鶯亂飛。

江南地區鶯飛草長，彌望皆是，不若北方之黃塵滾滾，白沙漫漫也。

康有爲中國歌：

以花爲國，燦爛天府，橫覽大地，莫我能與。鳥獸昆蟲，果蓏草木，億品萬彙，物產繁毓。羽毛齒革，錦繡珠玉，衣食器用，內求自足。五色六章，袪絲爲服，飲饌百品，美備水陸。冠絕萬國，猶受多福。

江南土地滋潤，農產豐衍，稍事勞作，便可優游自適。

柳永望海潮詞：

東南形勝，三吳都會，錢塘自古繁華。煙柳畫橋，風簾翠幕，參差十萬人家。雲樹繞堤沙。怒濤卷霜雪，天塹無涯。市列珠璣，戶盈羅綺競豪奢。重湖疊巘清嘉。有三秋桂子，十里荷花。羌管弄晴，菱歌泛夜，嬉嬉釣叟蓮娃。千騎擁高牙。乘醉聽簫鼓，吟賞煙霞。異日圖將好景，歸去鳳池誇。

按羅大經鶴林玉露云：『孫何帥錢塘，柳耆卿作望海潮詞贈之。此詞傳播，金主亮聞之，忻然有慕於三秋桂子，十里荷花，遂起投鞭斷流之志。』

又粵雅堂叢書載無名氏中興禦侮錄云：『金主亮一日登揚州望江亭，指顧江山之勝，謂其下曰：「朕不入浙，誓不返國。」因改其亭曰不歸亭。仍賦詩於壁曰：「萬國車書久混同，江南何尙隔華封，提兵百萬西湖上，駐馬吳山第一峰。」』不謂江浙地方之山溫水暖，荷豔桂香，竟邀韃虜之慕如此。則其自然環境之優美，寧尙待辭費耶。

⑵人民氣質

中庸載孔子荅子路問强：

寬柔以敎，不報無道，南方之强也，君子居之。衽金革，死而不厭，北方之强也，而强者居之。

氣質旣截然不同，在文學思想上自易於形成兩種各異之傾向。

⑶風化之失

顧炎武日知錄南北風化之失：

江南之士，輕薄奢淫，梁陳諸帝之遺風也。河北之人，鬬狠刼殺，安史諸凶之餘化也。

⑷學者之病

日知錄南北學者之病：

飽食終日，無所用心，難矣哉。今日北方之學者是也。羣居終日，言不及義，好行小慧，難矣哉。今日南方之學者是也。

(5)士大夫之宗教信仰

日知錄士大夫晚年之學：

南方士大夫晚年多好學佛，北方士大夫晚年多好學仙。夫一生仕宦，投老得閒，正宜進德修業，以補從前之闕。而知不能及，流於異端，其與求田問舍之輩行事雖殊，而孳孳爲利之心則一而已矣。

(6)儒　學

北史儒林傳序：

大抵南北所爲章句，好尚互有不同。江左，周易則王輔嗣，尚書則孔安國，左傳則杜元凱。河洛，左傳則服子愼，尚書、周易則鄭康成。詩則並主於毛公，禮則同遵於鄭氏。南人約簡，得其英華，北學深蕪，窮其枝葉。考其終始，要其會歸，其立身成名，殊方同致矣。

此六朝學術界之風氣也，而當時之文學思想亦復如此。南人率能深得文學之眞髓，北人則不免泥於文學之面貌。南士擷其英華，北士不過拾其枝葉而已。

(7)一般學術

傳庚生中國文學批評通論第九章引黃汝成之說：

疆域既殊，材質斯異，自非魁瓌，多囿土俗。秦晉僿魯，吳越剽詭，凡有撰述，視彼情性。南北異學，自古然矣。

(8)音　辭

顏之推顏氏家訓音辭篇：

夫九州之人，言語不同，生民已來，固常然矣。……南方水土和柔，其音清擧而切詣，失在浮淺，其辭多鄙俗。北方山川深厚，其音沈濁而鈋鈍，得其質直，其辭多古語。然冠冕君子，南方為優，閭里小人，北方為愈。易服而與之談，南方士庶，數言可辯。隔垣而聽其語，北方朝野，終日難分。而南染吳越，北雜夷虜，皆有深弊，不可具論。

蓋自五馬南渡，胡塵蔽天，虜漢相雜之區，其語言辭令，固難逮以漢族為中心之江左。良以南方君子，多過江士族之後裔，優於戎狄，自屬當然。惟北方小人，猶是中朝之遺氓，自非吳越細民所及。顏氏雖就音辭為說，一般風習亦殆庶焉。

又聲律之說，萌生於江左，而不萌生於河朔，與南士之普偏重視音辭，關係至為密切。

(9)口　音

陸法言切韻序：

吳楚則時傷輕淺，燕趙則多涉重濁，秦隴則去聲為入，梁益則平聲似去。

劉師培南北文學不同論：

陸法言有言：吳楚之音，時傷清淺，燕趙之音，多傷重濁。此則音分南北之確證也。聲能成章者謂之言，言之成章者謂之文。古代音分南北，河濟之間，古稱中夏，故北音謂之夏聲，又謂之雅言。江漢之間，古稱荆楚，故南音謂之楚聲，或斥爲南蠻鴂舌。荀子有言：君子居楚而楚，居夏而夏。夏爲北音，楚爲南音，音分南北，此爲明徵。

語言歧分南北，乃聲韻學產生之最大關鍵所在。

⑽文　化

劉師培南北學派不同論總論：

三代之時，學術興於北方，而大江以南無學，魏晉以後，南方之地，學術日昌，致北方學者，反瞠乎其後，其故何哉。蓋并青雍豫，古稱中原，文物聲名，洋溢蠻貊。而江淮以南，則爲苗蠻之窟宅。及五胡構亂，元魏憑陵，虜馬南來，胡氛暗天，河北關中，淪爲左衽，積時既久，民習於夷，而中原甲姓，避亂南遷，冠帶之民，萃居江表，流風所被，文化日滋，其故一也。又古代之時，北方之地，水利普興，殷富之區，多沿河水，故交通日啓，文學易輸。後世以降，北方水道，淤爲民田，而荆吳楚蜀之間，得長江之灌輸，人文蔚起，迄於南海不衰，其故二也。故就近代之學術觀之，則北遜於南，而就古代之學術觀之，則南遜於北，蓋北方之地，乃學術發源之區也。

言文化之分南北，乃地理作用，語至精該。

⑾學術思想

梁啓超中國學術思想變遷之大勢：

我中國有黃河揚子江兩大流，其位置性質各殊，故各自有其本來之文明，爲獨立發達之觀，雖屢相調和混合，而其差別自有不可掩者。凡百皆然，而學術思想其一端也。北地苦寒磽瘠，謀生不易，其民族銷磨精神日力，以奔走衣食，維持社會，猶恐不給，無餘裕以馳騖於玄妙之哲理，故其學術思想，常務實際，切人事，貴力行，重經驗，而修身齊家治國利羣之道術最發達焉。惟然，故重家族，以族長制度爲政治之本。封建與宗法皆族長政治之圓滿者也敬老年，尊先祖，隨而崇古之念重，保守之情深，排外之力强，則古昔，稱先王，內其國，外夷狄，重禮文，繫親愛，守法律，畏天命，此北學之精神也。南地則反是，其氣候和，其土地饒，其謀生易，其民族不必惟一身一家之飽煖是憂，故常達觀於世界以外，初而輕世，既而玩世，既而厭世。不屑屑於實際，故不重禮法，不拘拘於經驗，故不崇先王。又其發達較遲，中原之人常鄙夷之，謂爲蠻野。故其對於北方學派，有吐棄之意，有破壞之心，探玄理，出世界，齊物我，平階級，輕私愛，厭繁文，明自然，順本性，此南學之精神也。今請兩兩對照比較，以明其大體之差別，列表如下：

北派崇實際	南派崇虛想
北派主力行主動	南派主無爲主靜
北派貴人事	南派貴出世
北派明政法	南派明哲理

北派重階級（中庸曰親親之殺尊賢之等禮所生也）　　南派重平等（如莊子齊物許行並耕之論）

北派重經驗　　南派重創造

北派喜保守（孔子曰非先王法服不敢服非先王法行不敢行）　　南派喜破壞（老子曰絕聖棄智民利百倍絕仁棄義民復孝慈）

北派主勉强（勉強者節性也書曰節性惟日其邁董子曰勉強學問勉強行道孔子曰克己復禮爲仁）　　南派明自然（自然者順性也莊子山木之喻渾沌竅之喻皆其義也）

北派畏天（孔子曰畏天命）　　南派任天（老子曰天地不仁以萬物爲芻狗）

北派言排外　　南派言無我

北派貴自强　　南派貴謙弱

⑿文藝思潮

青木正兒中國古代文藝思潮第一章文藝思潮之概觀：

南方氣候溫暖，土地低濕，草木繁茂，山水明媚，物產豐富。北方則與此相反，氣候寒冷，土地高燥，草木稀少，風景既不美，天然物亦不多。南北互相比較：南方人民生活安逸，有空閒時間可以遠思冥索，耽於玄想，偏於情感，容易傾向於逸樂、華美、游蕩的生活，其文藝思潮是浪漫的。而北方人民，每日必須爲生活努力，重在力行，偏於理智，其文藝思潮則趨於現實的、質樸的一面。（參用王俊瑜之譯文）

⒀文學氣象

隋書文學傳序：

江左宮商發越，貴於清綺，河朔詞義貞剛，重乎氣質。氣質則理勝其詞，清綺則文過其意，理深者便於時用，文華者宜於詠歌。此其南北詞人得失之大較也。

按今人劉永濟中國文學史綱要云：『隋書此說，於南北文學風尙，得其長短矣。蓋文學之事，固關乎時序，亦繫於方土。北土凝重，南方輕浮，影響所被，遂有此異。核而論之，北主於志，南主於文，北近建安之風，南承太康之習，雖各有工拙，而大體固莫能外於此矣。此又詩變之因乎方土者也。』牟潤孫唐初南北學人論學之異趣及其影響亦云：『魏徵雖於南北文學有持平之論，而抑揚之間，於河朔猶有偏袒。』二氏所論，各有精義。

又按：我國幅員廣大，地方風氣，多不同揆。自永嘉遘難，南北分疆以後，差別愈益顯著。燕趙朔漠之間，地貧瘠而險峻，其人多剛實而質樸。吳楚雲水之鄉，地富饒而綺麗，其人易趨於輕逸與虛幻。氣質既判，發而爲文，遂各具異采，其文氣亦有剛柔之別，一則麗藻繽紛，一則邊聲豪壯。然則文學之興，氣質是繫，氣質之成，土宜攸關，不其信歟。卽以詩歌而論，宋齊則有山水派，梁陳則有宮體，摹景狀物，惟麗是崇。而北國則有木蘭詞，乃長篇紀事之體，庾信詠懷二十七首，亦感時傷世之篇，是固江左所未有也。至民間歌謠，如折楊柳歌辭、琅琊王歌辭，其豪邁雄放之概，與江南子夜歌、讀曲歌之纏綿悱惻者，迥不侔矣。凡文化不同之民族，一經融合之後，文學必呈現新面貌、新精神，李唐文物之特起，蒙元戲劇之獨盛，與明清小說之發達，皆可作一例觀也。

⒁文學內容

王葆心古文辭通義：

大河流域，土風腿重，大江流域，土風輕英。輕英秉江海之靈，其人深思而美潔，故南派善言情。腿重含河海之質，其人負才而敦厚，故北派善說理與記事。

劉師培南北文學不同論：

大抵北方之地，土厚水深，民生其間，多尚實際。南方之地，水勢浩洋，民生其際，多尚虛無。民崇實際，故所著之文，不外記事析理二端。民尚虛無，故所作之文，或爲言志抒情之體。

金秬香漢代辭賦之發達：

自來人傑，端資地靈，尙論古音，地分南北。……聲音既殊，詞章因之。大抵南方之地水多，故其文多抒情尚志之作，北方之地土厚，故其文止記事析理二端。是則北人長於說理，南人善於言情，已爲古今文家所公認。此文筆論與唯美文學之所以產生於南服也。

⒂文學特色

王世貞藝苑巵言：

北主剛勁，南主柔媚。

胡適白話文學史第七章南北新民族的文學：

南方民族的文學特別色彩是戀愛，是纏綿宛轉的戀愛。北方的新民族多帶著尚武好勇的性質，故北方的民間文學自然也帶著這種氣概。

李笠中國文學述評：

昔人謂：『文有陰陽剛柔』，以地域區之，則北剛而南柔，北方爲男性文學，南方爲女性文學，此由比較上所生之大別也。

劉永濟文心雕龍校釋定勢篇：

文章體態雖多，大別之，富才氣者，其勢卓犖而奔縱，陽剛之美也。崇情韻者，其勢舒徐而妍婉，陰柔之美也。漢魏之作，陽美爲多，晉宋以後，陰柔漸勝，陰柔之極，至於闡緩，旣病闡緩，遂務新詭，而色娟聲柔，對工典切之文作矣。此固風土時尚使然，而國蹙偏安，人多偸惰，實足以影響斯文。

⒃文　章

梁啓超中國地理大勢論詞章：

燕趙多慷慨悲歌之士，吳楚多放誕纖麗之文，自古然矣。自唐以前，於詩於文於賦，皆南北各爲家數。長城飮馬，河梁攜手，北人之氣概也。江南草長，洞庭始波，南人之情懷也。散文之長江大河，一瀉千里者，北人爲優，駢文之鏤雲刻月，善移我情者，南人爲優。蓋文章根於性靈，其受四圍社會之影響特甚焉。

⒄駢　文

孫德謙六朝麗指：

或謂駢文之取法，六朝尚矣，然李延壽作南北史，則以文而論，亦當有南北之分。答之曰：何謂其無也，北人學問淵綜廣博，南人學問清通簡要，此世說載之，顧彼論學問耳。若就文言，北人如魏伯起溫鵬舉輩，未嘗不華貴，然不免猶傷於質重，不及南人之簡鍊而輕清也。故六朝文體雖同，而自南自北則區以別矣。

郭象升文學研究法文派篇：

大較北方多壯美，南方多優美。……駢文家如蔡伯喈孔文舉張道濟李文饒，北產也（蔡中州人孔魯人張李皆燕人），其文亦具北體。徐孝穆庾子山，南產也（徐庾皆吳人），其文亦具南體。文章之限於方域，不於此可窺耶。

⒅詩　歌

郭象升文學研究法文派篇：

漢魏之詩壯美，皆北人所作也，六代偏安江左，家工吟詠，北風頗為不競。

黃桑柘屐蒲子履，中央有系兩頭繫，小時憐母大憐婿，何不早嫁論家計。

捉搦歌（北方文學）：

誰家女子能行步，反著裌禪後裙露，天生男女共一處，願得兩個成翁嫗。

讀曲歌（南方文學）：

打壞木棲牀，誰能坐相思，三更書石闕，憶子夜題碑。

奈何不可言，朝看莫牛跡，知是宿蹄痕。

按徐嘉瑞中古文學概論第二編六朝平民文學云：『前曲是北方女子信口將心事說出，爽快已極。後曲是舊家庭裏的閨秀，有無限心事，不能說出，只好用隱語半吞半吐的透露出一點來，完全是女性美，並且是南方民族性的表現。』

馳驅樂歌北方文學：

明月光光星欲墮，欲來不來早語我。

華山畿南方文學：

一坐復一起，黃昏人定後，許時不來已。

按徐嘉瑞云：『前曲是直截了當，決無廻旋餘地，後曲是委婉纏綿，坐立不安。這是南北民族的大差點。』

折楊柳歌辭北方：

腹中愁不樂，願作郎馬鞭。出入擐郎臂，蹀坐郎膝邊。

讀曲歌南方：

白門前，烏帽白帽來。白帽郎，是儂良，不知烏帽郎是誰。

子夜夏歌南方：

反覆華簟上，屏帳了不施，郎君未可前，待我整容儀。

按徐嘉瑞云：『前曲很相近西洋式的婦人，後曲純粹是中國式。』

(19)音　樂

梁啓超中國地理大勢論：

通典云：『祖孝孫以梁陳舊樂，雜用吳楚之音，周隋舊樂，多涉胡戎之技，於是斟酌南北，考以古音，而作大唐雅樂。』直至今日，而西梆子腔與南崑曲，一則悲壯，一則靡曼，猶截然分南北兩流。

按梁氏在中國地理大勢論中將哲理、經學、佛學、詞章、書法、雕刻、圖畫、音樂等，包括於文學之內，均受地理環境之影響，而所謂『文學地理』上之差別，又常隨『政治地理』上之差別而轉移。

(20)文學家

茲遴擇魏晉南北朝文學家之尤要者，按其籍貫，表列如左：

(三)魏晉南北朝文學家地域分布簡表

朝代名／人名／地名	山東省	河
魏	仲長統　孔融　禰衡　孫炎　徐幹　劉楨　王粲　王弼　王肅　諸葛亮	荀彧　蔡琰
晉	王戎　左思　左芬	趙至　阮籍
南朝	劉峻　崔靈恩	范曄　周顒
北朝	崔浩　溫子昇　顏之推	

南省	河北省	山
楊修、阮瑀、應瑒、鍾繇、應璩、何晏		
山濤、向秀、成公綏、郭象、潘岳、阮咸、潘尼、李充、謝鯤、干寶	張華、張協、張載、張亢、束皙、劉琨	孫登、郭璞、裴頠
范雲		
	楊衒之、酈道元、高允、邢邵、甄琛、魏收	

西省	陝西省	甘肅省	江
			陳琳、韋昭
孫楚、孫綽、慧遠	杜預、皇甫謐、摯虞、傅玄、傅咸、蘇蕙、王嘉	皇甫謐	劉伶、陸機、陸雲、周處、葛洪
			顏延之、鮑照、裴松之、劉義慶、陸倕
	蘇綽		王褒

蘇省
顧愷之　徐廣
蕭子良　劉敬叔　謝朓　王儉　王融　蕭衍　蕭子顯　蕭子雲　蕭統　蕭綱　蕭繹　皇侃　劉勰　江淹　徐摛　裴子野　王筠　任昉　劉孝綽　阮孝緒　陶宏景

	浙江省	江西省	安
	虞翻		曹操　曹丕
	謝安　謝道韞　王羲之　王徽之　王獻之	陶潛	嵇康　夏侯湛
何遜　顧野王　徐陵　江總	謝靈運　謝惠連　謝莊　孔稚珪　沈約　丘遲　吳均　陳叔寶　姚察	雷次宗	周興嗣　鍾嶸

徽省	湖北省	湖南省	四川省
曹植　薛綜	孟宗		譙周
桓溫　桓玄	習鑿齒　臧榮緒	羅含	李密　陳壽
	庾肩吾　陰鏗		
	庾信		

三　南方新霽

中國歷史文化之重心，向在黃河流域，東漢以降，漸向南方進展，三國孫吳竟能憑藉江東抗衡中原，地利亦日益開發，中原士庶避地荆揚者大有其人。逮永嘉喪亂，五馬南奔，大江以南尤爲仕女所爭趨，號爲『渡江』，中原衣冠文物遂隨之南移。約略言之，秦雍二州之人多流入今之兩湖，豫州洛陽之人多流入今之江西、皖南、閩、粵，青徐二州之人多流入今之江浙，福建著姓如林黃陳鄭詹丘何胡八家族，無一而非來自中原。

永嘉之亂，中原仕族，林黃陳鄭四姓先入閩。林諝閩中記自是人煙稠密，富源擴興，更倍往昔。

晉氏渡江，三吳最爲富庶，貢賦商旅，皆出其地。資治通鑑梁紀簡文帝大寶元年

宋鼎既興，南朝斯啓，雖北地猶蒙胡塵，而刁斗之驚已長久不及南服，於是物質豐厚，民樂其生。

江南之爲國盛矣，雖南包象浦，西括邛山，至於外奉貢賦，內充府實，止於荆揚二州。……自義熙十一年司馬休之外奔，至于元嘉末，三十有九載，兵車勿用，民不外勞，役寬務簡，氓庶繁息，至餘糧栖畝，戶不夜扃，蓋東西之極盛也。宋書沈曇慶傳論

至梁武帝時，京師人口已達一百四十萬。據顏氏家訓勉學篇記載當時人口爲二十八萬戶，每戶以五人計算。其他各地亦男耕女織，頗稱康裕。

會土全實，民物殷阜，王公妃主，邸舍相望。宋書蔡興宗傳

丹陽，舊京所在，人物本盛。小人率多商販，君子資於官祿。市廛列肆，埒於二京，人雜五方，故俗頗相類。

京口東通吳會，南接江湖，西連都邑，亦一都會也。宣城、毗陵、吳郡、會稽、餘杭、東陽，其俗亦同。然數郡川澤沃衍，有海陸之饒。珍異所聚，故商賈並湊。

豫章之俗，頗同吳中，其君子善居室，小人勤耕稼。衣冠之人，多有數婦，暴面市廛，競分銖以給其夫。及舉孝廉，更有富者，前妻雖有積年之勤，子女盈室，猶見放逐，以避後人。俗少爭訟，而尚歌

舞。一年蠶四五熟，勤於紡績，亦有夜浣紗而旦成布者，俗呼為雞鳴布。以上並見隋書地理志

承平日久，禮樂乃興，學術文化已陵駕北方而上之。

江東，中國之舊也，衣冠禮樂之所就也。文中子述史篇

重以江南地方，雲山煙水，清流映帶，天籟幽妙，景物綺秀。如此優美之自然環境，致足陶養清慧活潑之性靈。

永明之世，十許年中，百姓無雞鳴犬吠之警，都邑之盛，士女富逸，歌聲舞節，袨服華粧，桃花綠水之間，秋月春風之下，蓋以百數。南齊書良政傳序

夫青山可以移氣，綠水可以移情，此山水奇麗之鄉，所以吟詠滋盛也。當時渡江名士，遠離苦寒之境，置身佳麗之邦，不覺俯仰之間，悲愉易位。於是或聽鶯載酒，聊以遣興，或漱石枕流，惟務曠達，或模山範水，膏肓成癖。衣冠士流，遞相師放，蓋無復有陸沉之悲，飲馬之意矣。故豫遊之情盛，而唯美之文興。

永嘉之後，帝室東遷，衣冠避難，多所萃止，藝文儒術，斯之為盛。今雖閭閻賤品處力役之際，吟詠不輟。蓋因顏謝徐庾之風扇焉。通典揚州風俗

文風既扇，創作自多，而眼界亦隨之而高，一時文士遂各持一端，評騭藝文，態度謹嚴，無稍寬假。荆揚文化，新立基止，文人生息於南方之新地理，模範山水，鑱雕風雲，極情寫物，逞辭追新，或競輕綺之奇，或爭聲律之巧。篇什倍增，既有待於論定，藝術更張，亦足招其物議，發為文論，遂開前古未有之生色。此因乎地理者也。許文雨文論講疏導言

歸納上文，山水文學所以勃興於劉宋，唯美文學所以大盛於南朝，文學批評所以獨秀於蕭梁，非拜地理之賜也耶。

第四章　魏晉南北朝文學思想之內因外緣(二)

第一節　儒家學說中衰

漢自武帝採董仲舒之議，罷黜百家，獨尊儒術以後，詩書五經遂如日月經天，江河行地，無所容其疵議，天下學士，靡然從風。元帝尤好經學，獎掖儒術，如恐不及，故經生如韋賢父子、匡衡、貢禹、薛廣德等，乃得位列鼎司，極享榮寵。自後公卿之位，無有不從經術而進者，所謂『青紫拾芥之語，車服稽古之榮』，遂動一時之歆慕。東漢時又有桓氏數世為帝師，楊門奕葉作三公。而宰相之用讀書人，則由孝武開其端，元、成及光武、明、章繼其軌，故史家稱為經學時代。影響所及，則無論政治、社會、學術各方面，儒家思想均居於唯我獨尊之領導地位，歷時達四百年之久，亦良難矣。

惟天下之事，利之所在，弊亦隨之，物極必反，自然之理也，復極必剝，情勢之常也。儒家學說長期獨尊之結果，遂失去與其他各家學說相互觀摩競爭之機會，於是故步自封，但知承襲，此在承平時代，尚勉可應付，一旦發生動亂，鮮有不望洋向若而歎者。故至靈獻之世，以乾綱解紐，滄海塵飛，儒學乃驟然衰歇。雖以曹操之霸才，曾企圖運用政治力量，以謀挽救，而天下滔滔，人懷苟且，亦終無毫髮之助益也。

喪亂已來，十有五年，後生者不見仁義禮讓之風，吾甚傷之。其令郡國各脩文學，縣滿五百戶置校

官，選其鄉之俊造而教學之，庶幾先王之道不廢，而有以益于天下。（三國志魏武帝紀建安八年秋七月令）

矧曹操既雅好刑名（傅玄舉清遠疏語○見晉書本傳）於前，又頒布四令（詳見本編第三章第三節第二目）於後，儒家名教，掃地將盡，又何貴於寥寥數語，言不由衷之詔令耶。

漢轍既覆，魏鼎代興，文帝重師父智，亦有祀孔尊經之詔。

昔仲尼資大聖之才，懷帝王之器，當衰周之末，無受命之運，在魯衛之朝，教化乎洙泗之上，悽悽焉，遑遑焉，欲屈己以存道，貶身以救世。于時王公終莫能用之，乃退考五代之禮，脩素王之事，因魯史而制春秋，就太師而正雅頌，俾千載之後，莫不宗其文以述作，仰其聖以成謀，咨，可謂命世之大聖，億載之師表者也。遭天下大亂，百祀墮壞，舊居之廟，毀而不脩，褒成之後，絕而莫繼，闕里不聞講頌之聲，四時不覩蒸嘗之位，斯豈所謂崇禮報功，盛德百世必祀者哉。其以議郎孔羨為宗聖侯，邑百戶，奉孔子祀。（三國志魏文帝紀黃初二年詔）

惟文帝頗慕通達（傅玄舉清遠疏語○見晉書本傳），言行相悖，一若乃父，故無實效。甚而今文之學，日漸幽淪，終則一蹶不振，而為古文家所取代。

自董卓之亂，京洛為墟，獻帝託命曹氏，未遑庠序之事，博士失其官守，垂三十年，今文學日微，民間古文之學，乃日興月盛。逮魏初復立太學，博士已無復昔人，其所以傳授課試者，亦絕非曩時之學，蓋漢家四百年學官今文之統，已為古文家取而代之矣。（王國維觀堂集林漢魏博士考）

然魏世有王肅者，偏注群經，擯棄許鄭，易以己說，又偽作孔安國尚書傳、孔子家語等，或列學官，或行於世，於是鄭學漸衰。時王弼注易，何晏作論語集解，均竄以老莊之旨。下逮晉世杜預之春秋經傳集解，范寧之穀梁集解，郭璞之爾雅注，以至梁皇侃之論語義疏，亦多據前人說解，而不專主一家，間又雜以名理，兩漢經師家法，自是淪亡。雖然，王何析理精微，或間出漢儒之上，杜范諸儒，折衷羣言，自成一家，故並爲後世所宗。

世傳十三經注，除孝經爲唐明皇御注外，漢人與魏晉人各居其半。鄭君箋毛詩，注周禮、儀禮、禮記，何休注公羊傳，趙岐注孟子，凡六經，皆漢人注。孔安國尚書傳，王肅僞作，王弼易注，何晏論語集解，凡三經，皆魏人注。杜預左傳集解，范寧穀梁集解，郭璞爾雅注，凡三經，皆晉人注。以注而論，魏晉似不讓漢人矣。（皮錫瑞經學歷史第五章）

惟論者輒謂六代經學尚排擊而鮮引伸，演空理而遺實詁，尚摭拾而寡獨見，實爲經學中衰時代（亦見皮錫瑞語經學歷史），而誦習者亦不若前代之盛。觀姚思廉之語，可以識其大凡焉。

自兩漢登賢，咸資經術，魏晉浮蕩，儒教淪歇，公卿士庶，罕通經業矣。（陳書儒林傳序）

雖稍嫌誇大，然亦非徒逞臆說也。今參稽衆說，務取持平，權分三端於左，用覘儒學中衰之概況。

一 訓詁繁碎

漢武帝雖定儒學爲一尊，而其他各家並未盡廢，後之統治階層率以儒家理論作爲中心思想與政治原則，以陰陽家學說作專政之制衡，以法家主張作治事之手段，以道家之放任態度撫綏安分守己之農民，而以辭賦小道作籠絡士人之工具，更以訓詁章句消磨士人之精力。實際綜核名實，而卻以道德仁義飾其外表，此卽漢宣帝所謂漢家自有之法度。王霸雜用，寬猛相濟，因而造成兩漢郅治之世。（詳見今人沈剛伯氏論文化蛻變兼述我國歷史上的第一次文化大革新〇見中山學術文化集刊第一集）

自嬴秦燔書以後，經典支離破碎，聖旨隱晦難明，兩漢魁儒畸士，致力於辨章析句，詁字訓音，使經典面目，還其本眞，其意非不善也。惟至東漢之世，日漸泥滯，弊竇乃生，有擧半生歲月，而委於一經者，有皓首經營，而未能貫通者，更有穿鑿其義，支離其詞，說一堯典篇目，累十萬言不能休者。

> 秦近君能說堯典篇目，兩字之說，至十餘萬言，但說「曰若稽古」三萬言。（桓譚新論）

亦有便辭巧說，破壞形體，安其所習，毀所不見者。

> 古之學者耕且養，三年而通一藝，存其大體，玩經文而已，是故用日少而畜德多，三十而五經立也。後世經傳既已乖離，博學者又不思多聞闕疑之義，而務碎義逃難，便辭巧說，破壞形體，說五字之文，至於二三萬言。後進彌以馳逐，故幼童而守一藝，白首而後能言，安其所習，毀所不見，終以自蔽。此學者之大患也。（漢書藝文志六藝略敍）

此卽當時儒者治學之寫照，其觀念迂腐，精力浪擲，誤以手段當目的，於實學曾無裨益，良堪浩歎。至於叔世，則又競守師說，入主出奴，舍本逐末，汩沒性靈，視前又加甚焉。

> 自秦焚六經，聖文埃滅。漢興，諸儒頗修藝文，及東京，學者亦各名家。而守文之徒，滯固所稟，異端紛紜，互相詭激，遂令經有數家，家有數說，章句多者或乃百餘萬言，學徒勞而少功，後生疑而莫

正。後漢書鄭玄傳論

若乃章句之學，亦是牀上疊牀，屋上架屋，不足以準的於來世，而爲通儒所羞。漢人注經，約有數體：一曰章句，漢志有歐陽章句三十一卷。沈欽韓曰：『章句者，經師指括其文，敷暢其義，以相教授。左宣二年傳疏，服虔載賈逵、鄭衆、或人三說，解叔牂曰：「子之馬然也。」此章句之體』也。斯體之失，往往過繁，卒爲通儒所羞。揚子雲自傳稱『不爲章句，訓詁通而已。』班孟堅傳稱其『不爲章句，擧大義而已。』桓君山傳稱其『博學多通，遍習五經，皆詁訓大義，不爲章句。』王充傳稱其『師事班彪，好博覽而不守章句。』此通儒而鄙章句者也。張奐傳曰：『奐師事朱寵，學歐陽尚書。初牟氏章句，浮辭繁多，有四十五萬餘言。奐減爲九萬言。』桓榮傳曰：『初榮受朱普學章句四十萬言，浮辭繁長，多過其實。及榮入授顯宗，減爲二十三萬言。』伏恭傳曰：『初父黯章句繁多，恭乃減省浮辭，定爲二十萬言。』此病章句繁重而省減之者也。劉永濟文心雕龍校釋論說篇

漢人通經所以致用，末流所及，乃不能施之世務，卒爲魏晉名士所厭棄，而競闢新蹊，亦事有必至，理有固然也。

學之興廢，隨世輕重。漢時賢俊，皆以一經宏聖人之道，上明天時，下該人事，用此致卿相者多矣。末俗已來不復爾，空守章句，但誦師言，施之世務，殆無一可。故士大夫子弟皆以博涉爲貴，不肯專儒。顏氏家訓勉學篇

蓋學有用則盛，無用則衰，此中外古今不易之至理。東漢經師不識大體，徒斤斤於枝節之末，其或理有不可

通者，則穿鑿附會，競逞臆說，並廣羅異端以炫其博，而引人走入旁門，反致遺落正義，此其所以為世詬病而衰落也。訓詁章句既普徧為士人所厭惡，學術思想界之領袖人物便由經師轉到人師。

魏昭字德公，謂林宗曰：『經師易遇，人師難遭。』（惠棟後漢書補注引任昉雜傳）

爽幼而好學，能通春秋論語，太尉杜喬見而稱之曰：『可為人師。』（後漢書荀爽傳）

人師為一代龍門，不以訓詁章句之學授人，而以一家之法傳人，或以思想啓迪後進，言為世範，行為士則，巍巍然若斗山之尊焉，而迂腐之經師已不為人所重矣。此則漢魏之際士風轉變之最大關鍵所在。

二　鄙薄儒學

漢代經學之末流，既不能施之世務，亦不能饜足人心，反動之聲，乃隨之以起，首揭大纛者，厥推大思想家王充。

夫儒生之業五經也，南面為師，旦夕講授章句，滑習義理，究備於五經可也。五經之後，秦漢之事，無不能知者，短也。夫知古不知今，謂之陸沉，然則儒生所謂陸沉者也。五經之前，至於天地始開，帝王初立者，主名為誰，儒生又不知也。夫知今不知古，謂之盲瞽。五經比於上古，猶為今也。徒能說今，不曉上古，然則儒生所謂盲瞽者也。（論衡謝短篇）

王充憤世嫉俗，比論人物，無稍寬假，見儒生馳逐末學，習小遺大，非獨不能通識今古，亦將蔽塞人心，故痛加針砭，不留餘地。

著作者爲文儒，說經者爲世儒。……世儒當時雖尊，不遭文儒之書，其跡不傳。論衡書解篇

明白指出著作之儒家愈於解經之儒家，儒家欲傳播思想，發揚學術，須先重視詞章。王充除痛斥漢儒詁經之煩瑣，無益於國計民生外，更大膽向儒家所標榜之倫常挑戰。

天地合氣，人偶自生，猶夫婦合氣，子則自生也。夫婦合氣，非當時欲得生子，情欲動而合，合而子生矣。論衡物勢篇

萬物自生，天不須復與也，由子在母懷中，父不能知也。物自生，子自成，天地父母，何與知哉。論衡自然篇

錢穆國學概論云：『此種議論，新奇可喜，宜其聳動一時之觀聽，而儒家五六百年來以孝治天下之倫理，根本遭其打擊矣。』

其後孔融繼之，非難孝道，視充爲甚，卒遭殺身之禍，抑咎由自取耶。

路粹枉狀奏融曰：『融前與白衣禰衡跌蕩放言，云父之於子，當有何親，論其本意，實爲情欲發耳。子之於母，亦復奚爲，譬如寄物瓶中，出則離矣。』後漢書孔融傳

建安十三年，融對孫權使，有訕謗之言，坐棄市。融有高名清才，世多哀之。太祖懼遠近之議也，乃令曰：『太中大夫孔融既伏其罪矣，然世人多採其虛名，少於核實，見融浮豔，好作變異，眩其誑詐，不復察其亂俗也。此州人說平原禰衡受傳融論，以爲父母與人無親，譬若缻器，寄盛其中，又言若遭饑饉，而父不肖，寧贍活餘人。融違天反道，敗倫亂理，雖肆市朝，猶恨其晚。』三國志崔琰傳注引魏氏春秋

錢穆國學概論云：『史文雖云路粹枉奏，恐融亦自有此論，非粹所能造也。其論蓋發自論衡，而融自喜之耳。』按曹操以『敗倫』『亂俗』之罪名加害孔融，其本人當是維護禮法，扶翼名教之士，而事實上則大謬不然。觀其所頒建安四令，一再汲引盜嫂受金之輩，崇獎跅弛亂倫之徒，則其言行前後矛盾，顯然可見。其殺文擧，固別有在也。

降及魏世，文帝雅好黃老之治，天下聞風景從，王弼注易，間以玄言，而學者喜其清新，何晏傅粉，素行詭誕，而搢紳恬不之怪。鄙薄周孔，弁髦經籍，蓋已駸駸然蔚爲時尙矣。

荀粲與諸兄儒術論議各知名。粲能言玄遠，常以子貢之言性與天道，不可得而聞也，然則六籍雖存，固聖人之糠秕。能言者不能屈。（世說文學篇注引荀粲別傳）

甚者且詆左傳爲相斫書，黜公羊爲賣餅家。

隗禧字子牙，京兆人。年八十餘，以老處家，就之學者甚多。魚豢常從問左氏傳，禧答曰：『欲知幽微莫若易，人倫之紀莫若禮，多識山川草木之名莫若詩，左氏直相斫書耳，不足精意也。』豢因從問詩，禧說齊、韓、魯、毛四家義，不復執文，有如諷誦。（三國志王肅傳注引魏略）

嚴幹字公仲，馮翊東縣人。特善春秋公羊。司隸鍾繇不好公羊而好左氏，謂左氏爲太官，而謂公羊爲賣餅家，故數與幹共辯析長短。繇爲人機捷，善持論，而幹訥口，臨時屈無以應。繇謂幹曰：『公羊高竟爲左丘明服矣。』幹曰：『直故吏爲明使君服耳，公羊未肯也。』（三國志裴潛傳注引魏略）

學者既橫加輕侮，任情軒輊，束書不觀，游談無根，此其朔矣。

魏曆云季，七賢踵起，上席隗鍾之餘緒，近承正始之玄風，詆儒之聲，日益高揚，阮嵇二子，最號激烈。

籍著大人先生傳，其略曰：『世人所謂君子，惟法是修，惟禮是克。手執圭璧，足履繩墨。行欲爲目前檢，言欲爲無窮則。少稱鄉黨，長聞鄰國。上欲圖三公，下不失九州牧。獨不見羣蝨之處褌中，逃乎深縫，匿乎壞絮，自以爲吉宅也。行不敢離縫際，動不敢出褌襠，自以爲得繩墨也。然炎丘火流，焦邑滅都，羣蝨處於褌中而不能出也。君子之處域內，何異夫蝨之處褌中乎。』此亦籍之胸懷本趣也。晉書阮籍傳

六經以抑引爲主，人性以從欲爲歡，抑引則違其願，從欲則得自然。然則自然之得，不由抑引之六經，全性之本，不須犯情之禮律。故仁義務於理僞，非養眞之要術，廉讓生於爭奪，非自然之所出也。嵇康難張遼叔自然好學論

按阮氏少時浸淫儒典，雅慕顏閔，其詠懷詩云：『昔年十四五，志尚好詩書，被褐懷珠玉，顏閔相與期。』蓋有意以承繼道統、弘宣儒學自任也。而嵇康亦『家世儒學』三國志王粲傳注引嵇喜嵇康傳，服膺儒術。二子初無意自外於儒林，其所以『任性不羈』，『禮法之士疾之若仇』俱見晉書阮籍傳，『每非湯武而薄周孔，會顯世教所不容』嵇康與山巨源絕交書語者，蓋其感欷世難，悲憫蒼生，而汲深綆短，欲救無從，長期抑鬱，莫能紓解，馴至中樞神經不克控制其情感，遂發爲詭激偏宕之論，亦可哀已。

典午以後，玄風彌漫，觝排儒素，相踵不絕，觀干寶諸子之論，可以當隅反矣。

學者以老莊爲宗而黜六經，談者以虛蕩爲辨而賤名儉。（干寶晉紀總論）有晉始自中朝，迄於江左，莫不崇飾華競，祖述虛玄，擯闕里之典經，習正始之餘論，指禮法爲流俗，目縱誕以清高。（晉書儒林傳序）

百餘年間，儒家學說迭遭魏晉名士無情之打擊，血肉漸枯，精光難射，乃必然之事也。

三　利祿途隘

漢武帝爲尊孔崇儒，遂以高官厚爵網該天下之士，校訂疏解秦火劫餘之經典。利祿既高懸於上，羣士乃趨附於下，故炎漢一代，經師輩出，一若詩人盛於唐，詞人盛於宋，制藝盛於明清者然。

自武帝立五經博士，開弟子員，設科射策，勸以官祿，訖於元始（平帝年號），百有餘年，傳業者寖盛，支葉蕃滋。一經說至百餘萬言，大師衆至千餘人，蓋祿利之路然也。（漢書儒林傳贊）

當時儒家學說，有如日之中天，馳騁文林者四百年。洎乎靈獻之世，海宇分崩，邦國殄瘁。魏武秉政，崇尚法術，諸葛治蜀，亦取申韓，六藝之學遂隨劉氏政權之崩潰而中衰。

魏黃初以後，雖亦崇立太學（見三國志劉馥傳），宗尚儒術（見三國志魏文帝紀黃初二年令）。惟利祿既薄，不足以動衆，嗣又陸續頒布息兵詔、輕刑詔、禁復仇詔、薄稅詔等，蓄意將道家思想應用到政治之上，表面上似出於文帝一人之私意，實際上則俯順輿情，饜足民心，大勢所趨，不得不爾。蓋天下動亂已久，儒術又不足以靖之，舍改弦易轍，更無他道。於是最能適應時代需要之老莊思想乃乘機起代，而執六朝學術之牛耳。

從初平之元，至建安之末，天下分崩，人懷苟且，綱紀既衰，儒道尤甚。至黃初元年之後，新主乃復，始掃除太學之灰炭，補舊石碑之缺壞，備博士之員錄，依漢甲乙以考課。申告州郡，有欲學者，皆遣詣太學。太學始開，有弟子數百人。至太和、青龍中，中外多事，人懷避就。雖性非解學，多求詣太學。太學諸生有千數，而諸博士率皆粗疏，無以教弟子。弟子本亦避役，竟無能習學，多來春去，歲歲如是。又雖有精者，而臺閣擧格太高，加不念統其大義，而問字指墨法點注之間，百人同試，度者未十。是以志學之士，遂復陵遲，而末求浮虛者各競逐也。正始中，有詔議圜丘，普延學士。是時郎官及司徒領吏二萬餘人，雖復分布，見在京師者尚且萬人，而應書與議者略無幾人。又是時朝堂公卿以下四百餘人，其能操筆者未有十人，多皆相從飽食而退。嗟夫，學業沈隕，乃至於此。三國志王肅傳注引魚豢魏略儒宗傳序

自初平漢獻帝年號至正始魏齊王芳年號，不及六十年，儒學衰敝至此，可勝慨哉。要之，無厚祿以汲引人才，實其重要原因之一。

晉永嘉亂後，江山半壁，沒於胡塵，南北分疆，克復無日。劫後災黎，餘悸猶在，旁皇鬱悶，不知所從。

或曰：鄙人面牆，拘繫儒教，獨知有五經三史百氏之言，及浮華之詩賦，無益之短文，盡思守此，既有年矣。既生値多難之運，亂靡有定，干戈戚揚，藝文不貴，徒消工夫，苦意極思，攻微索隱，竟不能祿在其中，免此壟畝，又有損於精思，無益於年命。二毛告暮，素志衰頹，正欲反迷，以尋生道，倉卒罔極，無所趨向，若涉大川，不知攸濟。抱朴子遐覽篇

此當時民心普徧之現象也。蓋江南新邦初肇，百事待舉，崇儒右文，力有未逮。北國則胡氛方熾，更無論矣。嗣是以往，直至金陵王氣告終，儒業式微如故，雖間有稍盛之時，亦不過如曇花之現耳，固無補於實際也。南史儒林傳序於歷代經學有極扼要之敘述，不啻一篇簡明的漢魏六朝經學史，茲全錄之。

蓋今之儒者，本因古之六學，以弘風正俗，斯則王政之所先也。自秦氏坑焚，其道用缺。及漢武帝時，開設學校，立五經博士，置弟子員，射策設科，勸以官祿，傳業者故益衆矣。其後太學生徒，動至萬數，郡國黌舍，悉皆充滿，其學於山澤者，或就而爲列肆焉。故自兩漢登賢，咸資經術。洎魏正始以後，更尚玄虛，公卿士庶，罕通經業。時荀顗摯虞之徒，雖議創制，未有能易俗移風者也。自是中原橫潰，衣冠道盡。逮江左草創，日不暇給，以迄宋齊，國學時或開置，而勸課未博，建之不能十年，蓋取文具而已。是時鄉里莫或開館，公卿罕通經術，朝廷大儒，獨學而弗肯養衆，後生孤陋，擁經而無所講習，大道之鬱也久矣乎。至梁武創業，深愍其弊，天監四年，乃詔開五館，建立國學，總以五經教授，置五經博士各一人。於是以平原明山賓、吳郡陸璉、吳興沈峻、建平嚴植之、會稽賀瑒補博士，各主一館。館有數百生，給其餼廩，其射策通明經者，卽除爲吏，於是懷經負笈者雲會矣。又選學生遣就會稽雲門山，受業於廬江何胤，分遣博士、祭酒，到州郡立學。七年，又詔皇太子、宗室、王侯始就學受業，武帝親屈輿駕，釋奠於先師先聖，申之以讌語，勞之以束帛，濟濟焉，洋洋焉，大道之行也如是。及陳武創業，時經喪亂，衣冠殄瘁，寇賊未寧，敦奬之方，所未遑也。天嘉以後，稍置學官，雖博延生徒，成業蓋寡。其所采綴，蓋亦梁之遺儒，今並集之，以備儒林云。

趙翼二十二史劄記敍南朝經學，亦甚簡要，迻錄於下：

> 南朝經學，本不如北，兼以上之人，不以此爲重，故習業益少。統計數朝，惟蕭齊之初，及梁武四十餘年間，儒學稍盛。齊書劉瓛傳謂晉尚玄言，宋尚文章，故經學不純。齊高帝少爲諸生，卽位後，王儉爲輔，又長於經禮，是以儒學大振。建武以後，則日漸衰廢。梁書姚察論曰，崔伏何嚴等遭梁之崇儒重道，皆至高官，稽古之力，諸儒親遇之。陳書儒林傳序亦謂梁武開五館，建國學，置博士，以五經教授，帝每臨幸，親自試胄，故極一時之盛。陳初，未遑勸課，間有以經學名者，亦皆梁之遺儒云。益可見經學之盛衰，總由於上之輕重也。（南朝經學）

謂南朝經學之盛衰，總由於上之輕重，極爲有見。又謂南朝經學，不如北朝，宜使漢人汗顏無地。蓋北魏自孝文遷洛以後，刻意漢化，詩賦詞藝，容有未逮，而崇儒重道，則遠邁江左，經師雲起，尤非江左所能企及。跡其致盛之由，又罔非利祿高懸之故。趙氏二十二史劄記北朝經學一則論之極明，其結論云：

> 北朝偏安竊據之國，亦知以經術爲重，在上者旣以此取士，士亦爭務於此，以應上之求，故北朝經學較南朝稍盛，實上之人有以作興之也。

總之，凡百學術，其盛衰悉與科名利祿之汲引有關，固不獨經學一道已也。

※　※　※

六代儒道之陵替，影響於文藝思潮者深矣。蓋吾國古代有一牢固觀念，卽凡百詞藝，莫不視爲學術之附庸，政治之利器，其尤保守者，更任意染上倫理道德之色彩。束縛旣多，故不能以大發展，曹魏以前，初無如詩經周南關雎見論語陽貨篇，孔子則以爲可以興觀羣怨，亦可以事父事君。見論語陽貨篇如詩經周南關雎篇，明是一首兒女相悅之戀歌，而子夏則謂『后妃之德也，風之始也，所以風天下而正夫婦也。』見關雎序態度固嚴肅矣，其奈與詩旨相去懸絕何。又如屈子離騷之憤世嫉俗，高翔遠引，而班固則責其『露才揚己，强非其人。』離騷序顏之推更以道學家之口吻，謂『自古文人，多陷輕薄，屈原露才揚己，顯暴君過。』顏氏家訓文章篇至於社會寫實之作，則每以其有害風化而加禁止，辭賦駢文則多譏爲俳優登場，詞曲小說更斥爲小道，以其不合於載道與實用也。此誠吾國舊文藝界之偏見，純文學之命脈爲之腰斬而不自知，有識之士，莫不扼腕太息，不能自已。所幸魏晉諸賢懲於漢末名士皆因『崇尚儒學，懷經協術』後漢書黨錮傳序，而慘遭殺害，故多視經學爲畏途。加以長期動亂，經典幽淪，乃乘機將純文學導入正軌，脫離學術而獨立，以附庸蔚爲大國。從此『宗經』『載道』之實用文學與『唯美』『緣情』之美術文學遂判然兩途，分鑣競爽矣。故曰六朝時代儒道之式微，誠一大不幸事也，然而唯美緣情之美術文學卻因此而獲得獨立發展之機會，在漫長的四百年中，從未遭遇發展上之任何阻礙，且能在中國文藝史上吐放萬丈光芒，與日月以俱懸，共江河而不廢，又豈非不幸中之大幸耶。

第二節　道家學說復興

道家學說蓋包括黃帝、老子、莊子、列子、楊朱五家之學說，先秦時代，分鑣競爽，不相統屬，以時際喪亂，故信者甚衆，與儒墨二派分庭抗禮，並稱顯學。

道家學說本是一種亂世之產物，在意識上積極的反對現實，否定現實，在行爲上則消極的逃避現實，脫離現實。其基本主張有五：

一　學說要旨

(1)清靜無爲　老子謂『道常無爲而無不爲』老子第三十七章，其意卽謂先須『無爲』，然後可以『無不爲』。易言之，卽以『無爲』爲法則，以達到『無不爲』之目的，故曰『我無爲而民自化』第五十七章，是卽『無爲』而『無不爲』之效也。吾師林景伊先生云：『老子以道爲理，以德爲體，以常爲宗，以無爲爲本，充其極致，乃至於無所不爲。』中國學術思想大綱誠篤論已。

(2)順應自然　景伊師云：『老子感物欲之誘惑，故主絕聖棄智，而復其淡泊。憤世俗之澆薄，故主反樸歸眞，順乎自然。』同上老子之最高理想爲順應自然，故曰『人法地，地法天，天法道，道法自然。』老子第二十五章其『無名』『無爲』之說，無一非順應自然之論。其意以爲能順應自然，則社會自然安定，可以進一步達到『小國寡民，甘其食，美其服，安其居，樂其俗，鄰國相望，雞犬之聲相聞，民至老死不相往來』第八十章之理想社會。

⑶絕對自由　景伊師云：『莊子生當衰亂之世，習老氏之言。悲天下之沈濁，故有出世之想而作逍遙遊。』同上又云：『莊子悲天下之沈濁不可處也，故求徜徉自得，高遠無所拘束，與天地同運，與造物者遊，以極其逍遙之致。夫能極其逍遙之致，而無所拘束者，蓋卽隨心所欲，亦今所謂自由也。然老子謂：「吾之所以有大患者，以吾有身，若其無身，吾有何患。」人生有耳目之知，肢體之形，既已爲人矣，又安能隨心所欲，無所拘束。故莊子無可奈何而求之於无何有之鄉，廣漠之野。此莊子出世之想，所以偏于玄虛也。』同上

⑷絕對平等　景伊師云：『莊子齊萬物之說曰：「天下莫大於秋豪之末，而大山爲小，莫壽於殤子，而彭祖爲夭。天地與我並生，萬物與我爲一。」蓋以物之稟分，各自不同，大小雖殊，而咸得稱適。各安其分，則性足矣。夫能性足，則天地與我並生，萬物與我爲一，又何必貴我而賤物，大天地而小豪末，壽彭祖而夭殤子哉。』同上

⑸個人主義　列子楊朱篇載楊朱爲我之說云：『伯成子高不以一毫利物，舍國而隱耕。大禹不以一身自利，一體偏枯。古之人損一毫利天下不與也，悉天下奉一身不取也。人人不損一毫，人人不利天下，天下治矣。』楊朱之意，以今語言之，卽絕對的個人主義也。

綜上以觀，可見道家諸子皆智慧高深，體物細密，解救個人之精神固所優爲，以言經綸邦國，霖雨蒼生，則殊缺乏具體主張也。

二　復興原因

秦一宇內，車軌混同，法術盛行，遂成霸業。炎漢初興，百廢待舉，內外交迫，學術未遑。逮文景纘統，雅慕清虛，黃老之說乃大行於世。近人夏曾佑氏於黃老之起源，言之甚詳。

> 黃老之名，始見史記申不害傳、韓非傳、曹相國世家、陳丞相世家，並言治黃老術。史記以前，未聞此名。今曹陳無書，申不害書僅存，韓非書則完然俱在，中有解老喻老，其學誠深于老者，然絕無所謂黃。然則黃老之名，何從而起，吾意此名必起于文景之際，其時必有以黃帝老子之書合而成一學說者，學既盛行，謂之黃老，日久習慣，成爲名辭，乃于古人之單治老子術者，亦舉謂之黃老。史記孝武紀竇太后治黃老言。不好儒術，封禪書同。儒林傳序竇太后好黃老之術，申公傳竇太后好老子言，不說儒術。轅固生傳竇太后好老子書。漢書郊祀志竇太后不好儒術。轅固傳竇太后好老子書。外戚傳竇太后好黃帝老子言。景帝及諸竇，不得不讀老子書，尊其術。竇太后者，其黃老學之開祖耶。中國歷史教科書第二冊

惟至武帝之世，竟遭罷黜，儒術獨尊，歷時近四百年。漢祚既屋，六代踵起，周孔告退，而莊老方滋，推轂玄虛，至蔓延於陳隋而未息，是道家學說全盛之時代也。推原其故，蓋有三端：

(1)緣於時代者　儒學在中國學術思想界，一向居於領導地位，凡儒學昌明之時，必爲統一治平之世。漢之衰季，禹跡波蕩，海宇塵飛，內而外戚擅權，閹豎爲禍，外而戎狄交侵，盜賊蜂起，加以災疫流行，民生凋敝。舊日對政治作原則指導之儒學，既不足以消弭禍亂，尤不足以饜足人心。而老子之清靜無爲，莊子之逍遙齊物，楊朱之個人主義，列子之厭世思想，最能迎合當時之需要，一般聰明穎達之士，遂相率遁入道家

玄虛之領域，騁懷於窈渺之理想世界矣。今儒錢穆氏有云：

莊子，衰世之書也，故治莊而著者，亦莫不在衰世。魏晉之阮籍向郭，晚明之焦弱侯方藥地，乃及船山父子皆是。（莊子纂箋序目）

又云：

處衰世而具深識，必將有會於蒙叟之言，寧不然耶。（同上）

蓋深造有得之言也。

(2)緣於政治者　自漢末以迄晉初，兵燹匝地，荼毒生靈，固無論矣。而秉國之君，率皆嗜殺成性，迫害名士，若屠豬羊，如漢之孔融楊修，魏之何晏李豐，晉之潘岳陸機等，皆身首異處。（詳見本編第三章第三節名士運數之窮）未有甚於此者也。於是人人自危，罔知所適，其上焉者，則韜光遁世，寄情煙霞，以求避禍全身之道。其中焉者，則揮舞麈尾，談玄說理，化觚爲圓，和光同塵之觀念，遽奉爲立身之楷模。其下焉者，則蔑棄禮法，菲薄儒術，破落周孔之綱，放浪形骸之外。甚至醉狂赤裸，不以爲非，吏部偸酒，不以爲奇，王弼何晏，貽譏於管寧，劉伶王澄，騰笑於搢紳。緣是老莊思想盛行，玄談風氣彌漫，伊古以來，未曾有也。

(3)緣於學術者　西漢以來，處於獨尊狀態之儒學，久成利祿之途，其本身既停滯於章句訓詁及家法宗派諸瑣屑問題，逐漸引繩自縛。其尤怪誕者，且雜以陰陽五行之說，雖云標新，實則魔道，卒引起王充荀粲諸子之抨擊。近儒梁啓超氏云：

兩漢帝王儒者，崇尚讖緯，迷信休咎，所謂陰陽五行之謬說，久入人心。而權勢道德，既兩無可憑，

民志皇皇，以爲殆有司命之者存，吾祈焉禳焉，煉養焉，服食焉，或庶可免，於是相率而歸之。（中國學術思想變遷之大勢）

吳承仕氏亦云：

漢師拘虛迂闊之義，已爲世人所厭。勢激而遷，則去滯著而上襄玄遠。（經典釋文序錄疏證）

吾師林景伊先生亦云：

王充以道家之言，破陰陽災異之妄，實使老莊順乎自然之學說，大爲發揚。（中國學術思想大綱）

坐是聖道幽淪，經典廢棄，而爲老莊所取代，固理之常也。

三　衍盛概況

東漢桓靈之世，主荒政謬，國命委於閹寺，君子羞與爲伍，故匹夫抗憤，處士橫議，遂釀成黨錮之禍，清流領袖，一網俱盡，於是聰明魁傑之士，率皆由積極變爲消極，由儒家轉入道家，著其先鞭者，厥推經學大師馬融。融被服儒者，名重關西，而達生任性，不護細行，絳帳傳經，弟子集帳前，歌妓居帳後，嘗歎息謂友人曰：

古人有言：『左手據天下之圖，右手刎其喉，愚夫不爲。』所以然者，生貴於天下也。今以曲俗咫尺之羞，滅無貲之軀，殆非老莊所謂也。（後漢書本傳）

則融顯然爲一道家化之經學家，而老莊並擧，亦始於此。是六代玄風，嚴格言之，非肇端於王何，馬氏實有以先之也。風氣既開，不可遏止，雖貴為帝王，亦競趨時尚。

延禧八年春正月，遣中常侍左悺之苦縣，祠老子。後漢書桓帝紀

延禧八年十一月，使中常侍管霸之苦縣，祠老子。同上

其後仲長統更以老莊之出世思想，雜糅淮南子之理想仙界，而作樂志論，節錄其詞如下：

安神閨房，思老氏之玄虛，呼吸精和，求至人之仿佛。與達者數子，論道講書，俯仰二儀，錯綜人物。彈南風之雅操，發清商之妙曲。消搖一世之上，睥睨天地之間，不受當時之責，永保性命之期。如是則可以陵霄漢，出宇宙之外矣。豈羨夫入帝王之門哉。後漢書本傳

其意蓋謂凡遊帝王之門者，欲以立身揚名耳，而名不常存，人生易滅，優游偃仰，可以自娛，欲卜清曠，以樂其志。此種富有濃厚道家出世思想色彩的消極言論之產生，實種因於滄海塵揚，劫難薦臻，欲求苟全性命於亂世之一種自然反應也。

下逮魏世，三方鼎立，干戈未息，民生日蹙，道家玄風，愈益扇揚。永嘉亂後，半壁江山，沒於胡塵，劫後災黎，挽瀾無計，遂務苟安，奉手聃周，聊以自解。語其要者，約得七端，分述之如下：

㈠著於功令

當塗既興，曹丕基命，雅慕前代文景之治，蓋民心厭亂已久，非黃老治術不足以適應時代也。故即位以後，即頒息兵之詔。

帝常嘉漢文帝之為君，寬仁玄默，務欲以德化民，有賢聖之風。時文學諸儒，或以為孝文雖賢，其於

聰明，通達國體，不如賈誼。帝由是著太宗論曰：『昔有苗不賓，重華舞以干戚，尉佗稱帝，孝文撫以恩德，吳王不朝，錫之几杖以撫其意，而天下賴安。乃弘三章之教，愷悌之化，欲使曩時累息之民，得闊步高談，無危懼之心。若賈誼之才敏，籌畫國政，特賢臣之器，管晏之姿，豈若孝文大人之量哉。』三年之中，以孫權不服，復頒太宗論于天下，明示不願征伐也。他日又從容言曰：『顧我亦有所不取于漢文帝者三：殺薄昭，幸鄧通，愼夫人衣不曳地，集上書囊爲帳帷。以爲漢文儉而無法，舅后之家，但當養育以恩，而不當假借以權，旣觸罪法，又不得不害矣。』其欲秉持中道，以爲帝王儀表者如此。（三國志魏文帝紀裴注引魏書）

黃初二年又頒薄稅之詔，四年又頒禁復仇之詔，五年又頒輕刑之詔。

近之不綏，何遠之懷。今事多而民少，上下相弊以文法，百姓無所措其手足。昔太山之哭者，以爲苛政甚于猛虎，吾備儒者之風，服聖人之遺教，豈可以目翫其辭，行違其誡者哉。廣議輕刑，以惠百姓。（同上）

五年之間，詔令屢頒，揆其用心，無非在改變乃父嚴刑峻法之作風，急功好利之政策，而將道家之清靜無爲貫徹於政治上。故終六朝之世，聃周當路，玄風彌漫，魏文之提倡，與有力焉。

(二)厭世傾向

魏文雖貴爲天子，卻帶有濃厚的文人氣息，世難迍邅，人生無常，時時流露於楮墨中，如與吳季重書、與吳質書、與王朗書，以至樂府短歌行、折楊柳行、燕歌行等，皆有厭世傾向。

帝初在東宮，疫癘大起，時人彫傷，帝深感歎，與素所敬者大理王朗書曰：『生有七尺之形，死唯一棺之土，唯立德揚名，可以不朽，其次莫如著篇籍。疫癘數起，士人彫落，余獨何人，能全其壽。』故論撰所著典論、詩賦，蓋百餘篇，集諸儒於肅城門內，講論大義，侃侃無倦。（三國志魏文帝紀裴注引魏書）

由此觀之，魏文在本質上實一道家化之文士也。其弟曹植厭世傾向尤爲顯著，文選載其七啓云：

有形必朽，有跡必窮，芒芒元氣，誰知其終。名穢我身，位累我躬，竊慕古人之所志，仰老莊之遺風。假靈龜以託喻，寧掉尾於塗中。

餘若樂府箜篌引、升天行、仙人篇、遊仙、遠遊篇，以及七哀、送應氏、贈王粲諸詩，皆感欷世難，追慕逍遙之作。下逮梁之昭明太子，所撰錦帶書十二月啓，詳其每篇自敍之詞，皆山林語，非帝冑所宜言。如蕤賓五月啓云：

某沈痾漳浦，臥病泉山，頓懷劉幹之勞，鎮抱相如之酷。是知榮枯莫測，生死難量，驗風燭之不停，如水泡之易滅。

又林鍾六月啓云：

某白社狂人，青緗末學，不從州縣之職，聊立松篁之間。時假德以爲鄰，或借書而取友。三千年之獨鶴，暫逐雞羣，九萬里之孤鵬，權潛燕侶。既非得意，正可忘言。

蓋風氣已成，天下披靡，其能翹然獨立者，良難多覯矣。

㈢以道用世

老子權謀之術，進可以用世，退可以保身，得其精髓而能靈活運用者，前有戰國之韓非，後有晉初之王戎。晉書王戎傳云：

> 戎以晉室方亂，與時舒卷，無蹇諤之節。自經典選，未嘗進寒素，退虛名，但與時浮沈，戶調門選而已。尋拜司徒，雖位總鼎司，而委事僚寀。

此王戎之以道保身也。又云：

> 鍾會伐蜀，過與戎別，問計將安出。戎曰：『道家有言：「爲而不恃」。非成功難，保之難也。』及會敗，議者以爲知言。

此王戎之以道用世也。按老子云：

> 我有三寶，持而保之，一曰慈，二曰儉，三曰不敢爲天下先。（老子第六十七章）

其用意在挽救時弊，示人以陰柔自處之道。亦卽知雄守雌，知白守黑，知榮守辱，而從去甚、去奢、去泰爲入手方法。魏源老子本義序云：

> 老子主柔賓剛，而取牝、取雌、取母、取水之善下，其體用皆出於陰。陰之道雖柔，而其機則殺。故學之而善者，則清淨慈祥，不善者，則深刻堅忍，而兵謀權術宗之，雖非其本眞，而亦勢所必至也。

吾師林景伊先生亦云：

> 以剛強之易摧，爭競之自害，故（老子）主謙虛柔弱，以長保其身，以善處此世。（中國學術思想大綱）

王戎所以能位極人臣，長保福祿，非深得於老學之三昧者耶。

(四)援易入道

在儒家經典中，多屬經國之鴻文，修身之要道，惟有周易一書稍染神秘色彩，與老莊性質相近，而爲六朝人所獨喜。故當時六經之中，除周易外，盡皆閣束，諸傳中稱揚人學問者，率以『研精老易』等語，老易並稱，或老莊易並稱『三玄』，實當時最流行之名詞也。

六朝人之酷愛周易，遠過於漢人之酷愛五經，蓋周易本卜筮之書，屬天下多故，民心惶惑，正合時人脾胃，故能一枝獨秀，達四百年之久。

呂蒙入吳，吳主勸其學業，蒙乃博覽羣籍，以易爲宗。常在孫策座上酣醉，忽臥，於夢中誦周易一部，俄而驚起，衆人皆問之，蒙曰：『向夢見伏羲周公文王與我論世祚興亡之事，日月貞明之道，莫不窮精極妙，未該玄旨，故空誦其文耳。』衆座皆云呂蒙囈語通周易。（拾遺記）

雖跡近神話，而精誠所至，協於幽冥，若鄭君之感先聖，周盤之夢東里，史册斑斑，可以復按，非自蒙作古也。要之，六朝人雅好周易，如蒙比者尚多，不遑悉擧。其後王弼更以老注易，援易入道，發軔於此。茲據近人鄭慕雍氏之說，略擧數例爲式：

【例一】

易乾卦：上九，亢龍有悔，用九，見羣龍无首，吉。

王弼注：夫以剛健而居人之首，則物之所不與也。

老子曰：江海所以能爲百谷王者，以其善下之，故能爲百谷王。是以聖人欲上民，必以言下之，欲

先民，必以身後之。是以聖人處上而民不重，處前而民不害。是以天下樂推而不厭。以其不爭，故天下莫能與之爭。第六十六章

又曰：强大處下，柔弱處上。第七十六章

按老氏之旨，凡爲王居首者，皆以其柔弱善下，故王氏引其意，以爲亢龍有悔，蓋剛健使然。

【例二】

易臨卦：象曰：澤上有地臨，君子以敎思无窮，容保民無疆。

王弼注：相臨之道，莫若說順也。不恃威制，得物之誠，故物无違也。是以君子敎思无窮，容保民无疆也。

老子曰：民不畏死，奈何以死懼之。若使民常畏死，而爲奇者，吾得執而殺之，孰敢。常有司殺者殺。夫代司殺者殺，是謂代大匠斲。夫代大匠斲者，希有不傷其手矣。第七十四章

按老子之政治思想，清靜無爲一語足以盡之。以爲人君南面之術，應因勢利導，順其自然，不必造作干涉。若貪功有爲，則苛索必多，人民不堪其擾，勢必鋌而走險，置生死於度外。民之輕死，則國家法令，將失去作用，政府統治，將失去能力。若政府不能以殺止殺，將不勝其殺，徒使社會上充滿暴戾之氣耳。

【例三】

易未濟卦：六五，貞吉无悔，君子之光，有孚吉。

王弼注：以柔居尊，處文明之盛，爲未濟之主，故必正然後乃吉，吉乃得无悔也。夫以柔順文明之質，居於尊位，付與於能，而不自役，使武以文，御剛以柔，斯誠君子之光也。付物以能而不疑也，物則竭力，功斯克矣。故曰有孚吉。

老子曰：天下之至柔，馳騁天下之至堅，無有入無間。吾是以知無爲之有益，不言之教，無爲之益，天下希及之。（第四十三章）

按老氏以柔道處世，無爲爲教，書中曾數數言之。王氏深得其旨，故其易注，於虛無陰柔之道，闡發綦詳。（詳見勵學第三期王弼注易用老考）

王弼以老莊解易，雖不盡易之本旨，然其排擊漢儒，破除末流雜以讖緯之妄，自標新諦，可謂勇矣。故梁陳二代，與鄭玄注本並列國學，至宋紹熙間，又刋入十三經注疏中，其爲世所重如此。後之說易者，或間有異辭（如司馬光是○見答韓秉國書），要多以王氏爲旨歸也。

(五)儒道合流

魏正始中，聃周當路，玄風大暢，王弼注易，既黜象數，取意老莊，何晏解論語，亦擯棄漢學，獨標義理。率舉數例爲證：

【例一】

爲政篇：子曰：攻乎異端，斯害也已。

何晏解：攻，治也。善道有統，故殊塗而同歸，異端不同歸也。

【例　二】

子罕篇：子絕四：毋意，毋必，毋固，毋我。

何晏解：以道爲度，故不任意。用之則行，舍之則藏，故無專必。無可無不可，故無固行。述古而不自作，處羣萃而不自異，唯道是從，故不有其身。

【例　三】

先進篇：回也其庶乎，屢空。賜不受命，而貨殖焉，億則屢中。

何晏解：屢，猶每也，空，猶虛中也。以聖人之善道，教數子之庶幾，猶不至於知道者，各內有此害。其於庶幾，每能虛中者，唯回懷道深遠，不虛心不能知道。子貢雖無數子之病，然亦不知道者，雖不窮理而幸中，雖非天命而偶富，亦所以不虛心也。

以上各條注釋，皆不同漢儒解經之字斟句酌，偏於名物訓詁，洋洋數萬言不能休。而以簡約出之，頗能推勘聖人之玄意，下方宋儒，亦各一時之勝也。

其後注論語者，莫不惟何氏之馬首是瞻，其說具存於皇侃論語義疏中，亦舉三例觀之：

【例　一】

爲政篇：道之以政，齊之以刑，民免而無恥。道之以德，齊之以禮，有恥且格。

沈居士注：夫立政以制物，物則矯以從之，用刑以齊物，物則巧以避之。矯則跡從而心不化，巧避則苟免而情不恥。由失其自然之性也。若導之以德，使物各得其性，則皆用心不矯其眞，各體其情，則皆知恥而自正也。

【例二】

憲問篇：修己以安百姓，堯舜其猶病諸。

郭象云：夫君子者不能索足，故修己者索己。故修己者僅可以內敬其身，外安同己之人耳，豈足安百姓哉。百姓百品，萬國殊風，以不治治之，乃得其極。若欲修己以治之，雖堯舜必病，況君子乎。今見堯舜非修之也，萬物自無爲而治，若天之自高，地之自厚，日月之明，雲行雨施而已。故能夷暢條達，曲成不遺，而無病也。

【例三】

泰伯篇：興於詩，立於禮，成於樂。

王弼釋疑：言有爲政之次序也。夫喜懼哀樂，民之自然，感應而功，則發乎聲歌。所以陳詩采謠，以知民志。風既見其風，則損益基焉。故因俗立制，以達其禮也。矯俗檢刑，民心未化，故必感以聲樂，以和其神也。

據上所引，則六朝人注經，無論精神面貌，皆異於漢，而於聖道之發揮，可謂淋漓盡致，此玄學家之經學也。皮錫瑞論南朝之經學有云：

唐人謂南人約簡，得其英華，不過名言霏屑，騁揮麈之清談，屬詞尚腴，侈雕蟲之餘技。如皇侃之論語義疏，名物制度，略而勿講，多以老莊之旨，發爲駢儷之文，與漢人說經，相去懸絕。經學歷史以道家之學說，釋儒家之經典，實六朝經學之特色。

㈥佛道合流

魏晉南北朝之思想界，雖以老莊哲學爲主流，但佛教思想亦勃興於此時，尤以過江以後爲最盛。即以東晉一代爲例，清談家如殷浩、郗超、謝尙、阮裕、韓伯、張憑、王胡之，學者如孫綽、孫盛，浮屠如支遁、法深、道安、慧遠之流，並皆佛道兩能，各擅勝場，或以佛學詮釋老莊，或以玄學融入佛理，佛道合流，此其初源焉。以蓮宗初祖慧遠而言，遠公本性賈氏，雁門樓煩人，初習儒，博綜六經，尤善老莊。時道安大師立寺於太行恒山，遂往歸之，年二十四便就講說，嘗有客聽講，講實相義，往復移時，彌增疑昧，遠公乃引莊子義爲連類，於是惑者曉然。事見高僧傳。今再迻錄世說新語文學篇所載三事爲例：

【例　一】

莊子逍遙篇，舊是難處，諸名賢所可鑽味，而不能拔理於郭向之外。支道林在白馬寺中，將馮太常共語，因及逍遙。支卓然標新理於二家之表，立異義於衆賢之外，皆是諸名賢尋味之所不得。後遂用支理。

【例　二】

王逸少作會稽，初至，支道林在焉。孫興公謂王曰：『支道林拔新領異，胸懷所及，乃自佳，卿欲見不。』王本自有一往雋氣，殊自輕之。後孫與支共載往王許，王都領域，不與交言。須臾支退。後正値王當行，車已在門，支語王曰：『君未可去，貧道與君小語。』因論莊子逍遙遊，支作數千言，才藻新奇，花爛映發。王遂披襟解帶，流連不能已。

【例 三】僧意在瓦官寺中，王茍子來，與共語，便使其唱理。意謂王曰：『聖人有情不。』王曰：『無』。重問曰：『聖人如柱耶。』王曰：『如籌算，雖無情，運之者有情。』僧意云：『誰運聖人耶。』茍子不得答而去。

名理之辨，亦云精矣。嗣是以往，所言愈繁，辨析愈密，旨務玄妙，口論風清，而才藻新奇，言有深致，所謂『清通簡要』者也。今人馮芝生氏有言：

南北朝時，中國思想界又有大變動。蓋於是時佛教思想有有系統的輸入，而中國人對之亦能有甚深了解。自此以後，以至宋初，中國之第一流思想家，皆爲佛學家。佛學本爲印度之產物，但中國人講之，多將其加入中國人思想之傾向，以使成爲中國之佛學。（中國哲學史第二篇第七章）

雖稍嫌溢美，然衡諸事實，亦相去不遠也。

(七)著　作

何晏王弼鑒於司馬懿弄權作威，又以國家嚴刑過甚，故酷嗜老莊，濟以談玄之風。然二子被服儒者，從容中道，固未嘗鄙薄儒學。刻意提倡道家學說，垂範後昆，正面攻擊儒學學說，形諸文字者，實自竹林七賢始。晉書向秀傳云：

秀雅好老莊之學。莊周著內外數十篇，歷世才士雖有觀者，莫適論其旨統也。秀乃爲之隱解，發明奇趣，振起玄風，讀之者超然心悟，莫不自足一時也。惠帝之世，郭象又述而廣之，儒墨之迹見鄙，道家之言遂盛焉。

可見莊學之盛，由向秀作始。其友阮籍遂作達莊論以張之，闡釋莊子『天地與我並生，萬物與我爲一』之義，語至精審，節錄一段如左：

天地生於自然，萬物生於天地。自然者無外，故天地名焉，天地者有內，故萬物生焉。當其無外，誰謂異乎，當其有內，誰謂殊乎。

是以重陰雷電，非異出也，天地日月，非殊物也。故曰：『自其異者視之，則肝膽楚越也，自其同者視之，則萬物一體也。』人生天地之中，體自然之形。身者，陰陽之精氣也，性者，五行之正性也，情者，遊魂之變欲也，神者，天地之所以馭者也。以生言之，則物無不壽，推之以死，則物無不夭。自小視之，則萬物莫不小，由大觀之，則萬物莫不大。殤子爲壽，彭祖爲夭，秋毫爲大，泰山爲小。故以死生爲一貫，是非爲一條也。別而言之，則鬚眉異名，合而說之，則體之一毛也。

凡耳目之官，名分之施，處官不易司，舉奉其身，非以絕手足，裂肢體也。然後世之好異者，不顧其本，各言我而已矣，何待於彼。殘生害性，還爲讎敵，斷割肢體，不以爲痛。目視色而不顧耳之所聞，耳所聽而不待心之所思，心奔欲而不適性之所安，故疾病萌則生意盡，禍亂作則萬物殘矣。夫至人者，恬於生而靜於死。生恬則情不惑，死靜則神不離，故能與陰陽化而不易，從天地變而不移。生究其壽，死循其宜，心氣平治，消息不虧。漢魏六朝百三名家集又作通老論以輔之。

道者法自然而爲化，侯王能守之，萬物將自化，易謂之太極，春秋謂之元，老子謂之道。同上

又作老子贊以歌之。

陰陽不測，變化無倫，飄颻太素，歸虛返眞。同上

又作大人先生傳，譏禮法之士而自託於曠達，在學術思想上爲一大轉變。

或遺大人先生書曰，天下之貴莫貴於君子，服有常色，貌有常則，言有常度，行有常式。……於是大人先生乃逌然而嘆，假雲霓而應之曰，若之云尚何通哉。夫大人者，乃與造物同體，萬物並生，逍遙浮世，與道俱成，變化散聚，不常其形。……且汝獨不見夫虱之處於褌中乎，逃乎深縫，匿乎壞絮，自以爲吉宅也。行不敢離縫際，動不敢出褌襠，自以爲得繩墨也。飢則噛人，自以爲無窮食也。然炎丘火流，焦邑滅都，羣虱死於褌中而不能出。汝君子之處區內，亦何異夫虱之處褌中乎。

昔者天地開闢，萬物並生，大者恬其性，細者靜其形。……夫無貴則賤者不怨，無富則貧者不爭，各足於身而無所求也。恩澤無所歸，則死敗無所仇。奇聲不作，則耳不易聽，淫色不顯，則目不改視。耳目不相易改，則無以亂其神矣。此先世之所至止也。今汝尊賢以相高，爭勢以相君，寵貴以相加，驅天下以趣之，此所以上下相殘也。竭天地萬物之至，以奉聲色無窮之欲，此非所以養百姓也。於是懼民之知其然，故重賞以喜之，嚴刑以威之，財匱而賞不供，刑盡而罰不行，乃始有亡國戮君潰敗之禍。此非汝君子之爲乎。汝君子之禮法，誠天下殘賊亂危死亡之術耳，而乃目以爲美行不易之道，不

亦過乎。今吾乃飄颻於天地之外，與造化爲友，朝餐湯谷，夕飲西海，將變化遷易，與道周始，此之於萬物，不亦厚哉。故不通於自然者，不足以言道，闇於昭昭者，不足與達明，子之謂也。（同上）

同時又有劉伶作酒德頌以和之。

有大人先生，以天地爲一朝，萬期爲須臾，日月爲扃牖，八荒爲庭衢。行無轍迹，居無室廬，幕天席地，縱意所如。止則操卮執觚，動則挈榼提壺，惟酒是務，焉知其餘。有貴介公子、搢紳處士，聞吾風聲，議其所以，乃奮袂攘襟，怒目切齒，陳說禮法，是非蜂起。先生於是方捧罌承槽，銜杯漱醪，奮髯箕踞，枕麴藉糟，無思無慮，其樂陶陶。兀然而醉，恍爾而醒。靜聽不聞雷霆之聲，熟視不睹泰山之形。不覺寒暑之切肌，利欲之感情。俯觀萬物，擾擾焉若江海之載浮萍。二豪侍側焉，如蜾蠃之與螟蛉。（晉書本傳）

嵇康作釋私論以爲行爲之準則。

夫稱君子者，心無措乎是非，而行不違乎道者也。何以言之，夫氣靜神虛者，心不存於矜尚，體亮心達者，情不繫於所欲，矜尚不存乎心，故能越名教而任自然，情不繫於所欲，故能審貴賤而通物情。物情順通，故大道無違，越名任心，故是非無措也。是故言君子則以無措爲主，以通物爲美，言小人則以匿情爲非，以違道爲闕。……君子之行賢也，不察於有度而後行也，仁心無邪，不議於善而後正也，顯情無措，不論於是而後爲也。是故傲然忘賢，而賢與度會，忽然任心，而心與善遇，儻然無措，而事與是俱也。故論公私者，雖云志道存善，口無凶邪，無所懷而不匿者，不可謂無私，雖欲之伐善，情之違道，無所抱而不顯者，不可謂不公。今執必公之理，以繩不公之情，使夫雖爲善者，不離於有私，雖欲之伐善，不陷於不公，重其名而貴其心，則是非之情不得不顯矣。是非必顯，有善者，無匿情之不是，有非者，不加不公之大非，無不是，則善莫不得，無大非，則莫過其非，乃所以救其非也。非徒盡善，亦所以厲不善也。夫善以盡善，非以救非，而況乎以是非之至者，故善之與不善，物之至者也。若處二物之間，所往者必以公成而私敗，同用一器，而有成有敗。夫公私者，成敗之途，而吉凶之門乎。 全三國文

影響所及，天下風靡，『尸詠恬曠之辭，家畫老莊之象。』 嵇含語○見晉書忠義傳 此蓋時勢所趨，思潮所至，非一二人所能遏阻也。

四　反對派

自古炯眼達識之士，反抗時勢之風潮，確守其持說，冥心孤往，卓然獨立者，何世無之。當魏晉南北朝道家學說充盈朝野之時，痛論其弊者相踵不絕。晉諫官傅玄首揭反抗之纛，謂聃周當路則天下無復清議。 見晉書本傳 侍中裴頠繼作崇有之論，乃對老莊之無而主張有。 見通鑑晉紀惠帝元康七年 惟二氏第以常識立言，未足攻破老莊哲理之瑕隙，徒令玄風轉盛而已。

永嘉亂後，國脈阽危，道殣相望，憂時有識之士，乃紛紛躍出老莊之思想範疇，投入現實的戰鬥行列，劉琨則轉變之最早者也。

昔在少壯，未嘗檢括，遠慕老莊之齊物，近嘉阮生之放曠，怪厚薄何從而生，哀樂何繇而至。自頃轗張，困於逆亂，國破家亡，親友凋殘，塊然獨立，則哀憤兩集，負杖行吟，則百憂俱至。時復相與擧觴對膝，破涕爲笑，排終身之積慘，求數刻之暫歡。譬繇疾疢彌年，而欲一丸銷之，其可得乎。夫才生於世，世實須才，和氏之璧，焉得獨曜於郢握，夜光之珠，何得專玩於隨掌。天下之寶，固當與天下共之，但分拆之日，不能不悵恨耳。然後知聃周之爲虛誕，嗣宗之爲妄作也。（答盧諶書）

可見劉琨原來思想亦屬老莊一派，促使其轉變之樞機，在於異族入侵，彰彰明甚。孫盛亦精通老學，惟極力反對道家學說，先後作老聃非大聖論、老子疑問反訊（見廣弘明集）以非之，蓋孫氏以爲一味抽象的謾罵，於事無補，正本清源之計，惟有直擣道家之巢穴耳。同時又有干寶著晉紀總論（見晉書愍帝紀），大張撻伐，葛洪作疾謬篇（見抱朴子），痛加詆娸。末葉更有嵇含作莊周讚，以譏切時人。（見晉書忠義傳）而范寧則以經學家之口吻，怒斥王何之罪，浮於桀紂。

時以浮虛相扇，儒雅日替，甯以爲其源始於王弼何晏，二人之罪深於桀紂，乃著論曰：

或曰：『黃唐緬邈，至道淪翳，濠濮輟詠，風流靡託，爭奪兆於仁義，是非成於儒墨。平叔神懷超絕，輔嗣妙思通微，振千載之頹綱，落周孔之塵網。斯蓋軒冕之龍門，濠梁之宗匠。嘗聞夫子之論，以爲罪過桀紂，何哉。』

答曰：『子信有聖人之言乎。夫聖人者，德侔二儀，道冠三才，雖帝皇殊號，質文異制，而統天成務，曠代齊趣。王何蔑棄典文，不遵禮度，游辭浮說，波蕩後生，飾華言以翳實，騁繁文以惑世。搢紳之徒，翻然改轍，洙泗之風，緬焉將墜。遂令仁義幽淪，儒雅蒙塵，禮壞樂崩，中原傾覆。古之所謂言僞而辯，行僻而堅者，其斯人之徒歟。昔夫子斬少正於魯，太公戮華士於齊，豈非曠世而同誅乎。桀紂暴虐，正足以滅身覆國，爲後世鑒戒耳，豈能迴百姓之視聽哉。王何叨海內之浮譽，資膏粱之傲誕，畫螭魅以爲巧，扇無檢以爲俗。鄭聲之亂樂，利口之覆邦，信矣哉。吾固以爲一世之禍輕，歷代之罪重，自喪之釁小，迷衆之愆大也。』（晉書本傳）

此卽膾炙人口之罪王何論也，范氏崇儒抑俗，率皆如此。惟天下滔滔，欲挽頹波，又談何容易耶。

五　折衷派

當老莊學說橫掃天下之日，反對聲浪，雖彼伏此起，綿綿盈耳，而終無宏效，譬諸礫石障水而水益激，勺水注火而火轉熾。東晉王坦之悄悄心憂，乃作廢莊之論。

坦之有風格，尤非時俗放蕩，不敦儒教，頗尙刑名學，著廢莊論曰：

孔父非不體遠，以體遠故用近，顏子非不具德，以德備故膺教。……先王知人情之難肆，懼違行以致訟，悼司徹之貽悔，審褫帶之所緣，故陶鑄羣生，謀之未兆，每攝其契，而爲節焉。使夫敦禮以崇化，日用以成俗，誠存而邪忘，利損而競息，成功遂事，百姓皆曰我自然。（晉書本傳）

雖曰廢莊，實是調和儒道。

昔漢陰丈人修渾沌之術，孔子以爲識其一不識其二，莊生之道，無乃類乎。與夫如愚之契，何殊間哉。若夫利而不害，天之道也，爲而不爭，聖之德也。羣方所資而莫知誰氏，在儒而非儒，非道而有道，彌貫九流，玄同彼我，萬物用之而不既，亹亹日新而不朽，昔吾孔老固已言之矣。（同上）

意取折衷，較能爲人所接受。故至宋文帝元嘉十六年，置立儒、玄、史、文四學，明帝泰始六年，復立總明觀，分儒、道、文、史、陰陽五部。自是分鑣並馳，各不相犯矣。

六　結　語

昔日本文學家廚川白村氏謂文學乃苦悶之象徵，而引起天下之共鳴。蓋時無論古今，地靡間中外，凡從事文學者，無不在情與理，愛與恨，積極與消極，入世與出世之各種不平衡狀態中，宣洩其內心，產生其作品。屈原賈生如此，曹植阮籍如此，杜甫王維亦罔不如此也。魏晉六朝之世，由於神臯沈陸，久亂不靖，一般作者蒿目時艱，欲救乏力，乃思高翔遠引，全身保眞。同時復以不能忘情家國，絕意存亡，悟大劫之莫逃，知世累之難脫，故陷於極端之苦悶與惶惑。而老子則雅慕至德之世，安居樂俗，雞犬之聲相聞。莊子則謂：『山林與，臯壤與，使我欣欣然而樂與。』（知北遊篇）『予方將與造物者爲人，厭則又乘夫莽眇之鳥，以出六極之外，而遊無何有之鄉，以處壙埌之野。』（應帝王篇）此正後世詩人返於自然之先聲。而道家之虛無主義與形而上的玄妙之旨，又與世無關，故『世極迍邅，辭意夷泰』（文心雕龍時序篇）之文，因之產生，而詩文之遊仙性、哲理化，與夫作品之充滿神怪思想、厭世思想、隱逸思想，亦隨之而生矣。

第三節　印度佛教東來

吾國立國東亞，東南環海，西北則高原綿亙，與其他民族相接觸者，其文化多下於我，惟印度文化稍可與爭一日之長耳，史乘斑斑，不難復按。印度文化之可觀者，厥惟佛教一端，於東漢時傳入我國，至南北朝而大盛，其時儒術幽淪，道家之學方興，於是與老莊之徒迭相雄長，或融而爲一。故六代之學術思想，以至文學藝術諸端，多染有濃厚的道家與佛家色彩。以一外來宗教而能奪儒家之席，風行於震旦，苟非教義精深，論理透徹，曷克臻此。雖然，印度佛教利我國家於九州鼎沸、民心惶惑之餘，乘機竄入，其間消息，固有可得而言者。

一　佛教輸入

佛教何時輸入中國，說者不一其辭，蓋佛教初來時，祇有誦經祈禱之事，信者寥寥，乏人注意，故無明確之記載。有謂始於春秋時者。

商太宰見孔子，問孰者爲聖。孔子動容有間曰：『西方之人有聖者焉，不治而不亂，不言而自信，不化而自行，蕩蕩乎民無能名焉，丘疑其爲聖，弗知眞爲聖歟，眞不聖歟。』（列子仲尼篇）

按列子係魏晉人所僞作，其言固不足採信。有謂始於秦始皇時者。

秦王政四年，西域沙門室利房等十八人，如齎佛經來華，王惡其狀，捕之繫獄，旋放逐回國。（歷代三寶記引）

（朱士行經錄）西域沙門初來，卽遭驅逐，則佛敎之未能輸入可知。有謂始於漢武帝時者。

漢武元狩中，遣霍去病討匈奴，至臯蘭，過居延，斬首大獲。昆邪王殺休屠王，將其衆五萬來降，獲其金人，帝以爲大神，列於甘泉宮。金人率長丈餘，不祭祀，但燒香禮拜而已，此則佛道流通之漸也。及開西域，遣張騫使大夏還，傳其旁有身毒國，一名天竺，始聞有浮屠之敎。（魏書釋老志）

按此說日僧羽溪了諦氏駁之，謂不足爲佛敎傳入中國之證。霍去病獲金人時，當元狩二年（西元前一二一年），印度尙未有佛像之製作。印度史上有名之阿育王時代（西元前二七二至三二年）所建佛陀伽耶之摩訶菩提寺，始有雕刻，至西元前一二世紀製作之石垣石門，均無佛像，前者惟有佛座，後者只表佛足之形。緣其時學者，以爲佛之形像，神聖不可褻瀆也。其後至犍陀羅美術，始有佛像之製作，實當西元後一二世紀頃，故知西元前一世紀，無所謂金身佛像也。（史林第三卷第四號休屠王金人考）

有謂始於漢哀帝時者。

罽賓國、大夏國、高附國、天竺國皆幷屬大月氏。臨兒國，浮屠經云其國王生浮屠，浮屠，太子也。父曰屑頭邪，母云莫邪。浮屠身服色黃，髮青如青絲，乳青毛，蛉赤如銅。始莫邪夢白象而孕，及生，從母左脇出，生而有結，墮地能行七步。此國在天竺城中。天竺又有神人，名沙律。昔漢哀帝元壽元年，博士弟子景盧受大月氏王使伊存口授浮屠經曰復立者其人也。浮屠所載臨蒲塞、桑門、伯聞、疏問、白疏閒、比丘、晨門，皆弟子號也。浮屠所載，與中國老子經相出入。（三國志魏書烏丸鮮卑東夷傳裴注引魚惟『中土聞之，未之信了』（魏書釋老志），故影響不大。其特見於正史信而可徵者，則爲東漢明帝永平八年楚王劉英之祀浮屠。（參魏略西戎傳）

英少時好游俠，交通賓客，晚節更喜黃老，學爲浮屠齋戒祭祀。八年，詔令天下死罪皆入縑贖。英遣郎中令奉黃縑白紈三十匹詣國相曰：『託在蕃輔，過惡累積，歡喜大恩，奉送縑帛，以贖愆罪。』國相以聞。詔報曰：『楚王誦黃老之微言，尙浮屠之仁祠，潔齋三月，與神爲誓，何嫌何疑，當有悔吝，其還贖，以助伊蒲塞桑門之盛饌。』因以班示諸國中傳。（後漢書楚王英傳）

袁宏漢紀且詳言之曰：

浮屠，佛也，西域天竺國有佛道焉。佛者，漢言覺也，將以覺悟羣生也。其教以脩善慈心爲主，不殺生，專務清靜。其精者爲沙門。沙門，漢言息也，蓋息意去欲而歸于無爲。又以爲人死精神不滅，隨復受形，生時善惡皆有報應，故貴行善修道，以鍊精神，以至無生而得爲佛也。佛長丈六尺，黃金色，項中佩日月光，變化無方，無所不入，而大濟羣生。初，明帝夢見金人長大，項有日月光，以問羣臣。或曰：『西方有神，其名曰佛。陛下所夢，得無是乎。』於是遣使天竺，問其道術而圖其形像焉。（後漢書楚王英傳李注引）

逮永平十年始得佛經，是爲佛教正式東傳之始。

孝明帝夜夢金人，項有日光，飛行殿庭，乃訪羣臣，傅毅始以佛對。帝遣郎中蔡愔、博士弟子秦景等使於天竺，寫浮屠遺範。愔仍與沙門攝摩騰竺法蘭東還洛陽。中國有沙門及跪拜之法，自此始也。愔又得佛經四十二章及釋迦立像。明帝令畫工圖佛像，置清涼臺及顯節陵上，經緘於蘭臺石室。愔之還也，以白馬負經而至，漢因立白馬寺於洛城雍門西。摩騰法蘭咸卒於此寺。（魏書釋老志）

當時譯出經典，不過數種，今惟四十二章經尚存，其體似老子道德經。且士大夫信者極少，故亦無大影響。至桓帝時，安息太子安世高、月氏高僧支婁迦讖接踵而至，譯出經典二百餘種，桓帝信之，民間亦漸有信仰者。三國時，康居國沙門康僧會來至建康，吳大帝孫權尊信之，爲之建塔立寺，江南佛教，由此而盛。晉時有佛圖澄來自西域，專事譯經，其弟子道安尤爲傑出，道安之弟子慧遠，開道場於廬山，提倡淨土宗，爲南地佛教之中心。同時有鳩摩羅什自龜茲至長安，秦帝姚興尊爲國師，譯出一切經論，有九十餘部，弟子數千人，勢力煊赫，盛極一時，爲北地佛教之中心。宋文帝尊信沙門慧琳，使與顏延之同參朝政，時稱黑衣宰相。齊武帝時，有法獻法暢二僧，才華卓茂，帝賜肩輿，以示寵異，令參政事，號黑衣二傑。梁武帝尤篤好佛教，躬率羣臣道俗二萬人，發菩提心云。

二　興盛原因

一切自國外移植而來之學術文化，能爲羣衆所接受，自必有其被接受之條件，既非僥倖，更非偶然。正猶植物之移植，只須此地之土性氣候與原生產地之土性氣候相去不遠，便能勃然滋長。否則不是枯萎，便是『橘踰淮而爲枳』。

印度之佛教文化自東漢末年大量移植中土以後，有如一陣旋風，迅即橫掃華夏，上自帝王卿相，下至走卒販夫，無不望風披靡，相率入於佛教之範圍，原其所以然，是必有其本身之優越條件及種種客觀之因素在也。茲條陳如左：

⑴緣於學術者　漢代四百年之學術界，儒家悉居於領導地位，洎乎叔世，既參以陰陽讖緯之說，復致力訓詁章句之學，影響所及，聖人之至德要道，經典之微言眞指，遂隱然不彰，而予外來學術以可乘之機。近儒梁啓超氏嘗有極扼要之指陳：

> 我國思想界，在戰國本極光明，自秦始皇焚書，繼以漢武帝之『表章六藝，罷黜百家』，於是其機始窒。兩漢學術，號稱極盛，攬其內容，不越二途：一則儒生之注釋經傳，二則方士之鑿談術數。及其末流，二者又往往糅合，術數之支離誕妄，篤學者固所鄙棄，即碎義逃難之經學，又豈能久饜人心者。凡屬文化發展之國民，其『學問慾』曾無止息，破碎之學既爲社會所厭倦，則其反動必趨於高玄。我國民根本思想，本酷信宇宙間有一種必然之大法則，可以範圍天地而不過，曲成萬物而不遺，孔子之易，老子之五千言，無非欲發明此法則而已。魏晉間學者，亦欲向此方面以事追求，故所謂易老之學，入此時代而忽大昌，王弼何晏輩，其最著也。正在縹緲彷徨、苦無歸宿之時，而此智德巍巍之佛法，忽於此時輸入，則羣趨之，若水歸壑，固其所也。（中國佛法興衰沿革說略）

⑵緣於時代者　東漢末造以還，平陸波翻，歷久不息，喋喋黎元，遭此劫難，旁皇無依，呼天弗應，莫不有『我生不辰』、『天道寧論』之歎，於是懷疑主義、厭世主義遂日縈繞於彼等之腦際。逮佛教既東，人生

之問題，暫獲解決，乃相率禮佛，勤修正果，以期死後能優游於西方極樂之世界。梁氏於此，論之亦極痛切。

> 季漢之亂，民瘵已甚，喘息未定，繼以五胡，百年之中，九宇鼎沸，有史以來，人類慘遇，未有過於彼時者也。一般小民，汲汲顧影，旦不保夕，呼天呼父母，一無足怙恃，聞有佛如來能救苦難，誰不願託以自庇。其稔惡之帝王將相，處此翻雲覆雨之局，亦未嘗不自怵禍害，佛徒悚以果報，自易動聽，故信從亦漸衆。帝王既信，則對於同信者必加保護，在亂世而得保護，安得不趨之若鶩，此一般愚民奉之之原因也。其在有識階級之士大夫，聞『萬行無常、諸法無我』之教，還證以己身所處之環境，感受深刻，而愈覺親切有味，其大根器者，則發悲憫心，誓弘法以圖拯拔，其小根器者，則有託而逃焉，欲覓他界之慰安，以償此世之苦痛。夫佛教本非厭世教也，然信仰佛教者，什九皆以厭世爲動機，此實無庸爲諱，故世愈亂而逃入之者愈衆，此士大夫奉佛之原因也。同上

(3)緣於平等思想者　古印度爲一階級分明之社會，有極嚴密之種姓制度，將國人分爲四個種姓：第一爲祭司階級，稱婆羅門（Brahmans）。第二爲國王與武士，稱刹帝利（Kshatriyas）。第三爲農工商平民，稱吠舍（Vaisyas）。第四爲已被征服而爲上述三種人所役使之土著，稱首陀羅（Sudras）。此種階級畫分，既已妨礙人民之團結，而婆羅門教復以宿命論壓制人民，益招致人民之反感。釋迦牟尼遂於西元前六世紀別創佛教，其主要教義對於上帝置之不論，而採用印度通行之輪迴說，且更進一步認爲生卽是苦，人類一切痛苦皆由慾念而來。人苟能斷絕所有飲食男女功名利祿之慾，而淨化其言行思想，則不造因，自不生

果，便不入輪迴，而永住於不生不滅之涅槃淨境，此卽是佛，人人皆有佛性，皆可修行而成佛。故釋迦認爲一切衆生平等，收徒不分階級，無形中打破婆羅門所堅持之種姓制度與宗教儀式。竺道生欲弘揚其說，因此『潛思日久，徹悟言外』，乃『忘筌取魚』以言道，而立下『頓悟成佛』之義，謂『一闡提亦可成佛』。此種平等思想與吾國『人皆可以爲堯舜』之觀念大致吻合，而佛家『普渡衆生』之悲憫胸懷亦與儒家『仁民愛物』之胞與思想訢合無間，故佛教東來以後，未遭遇傳播上之若何阻力，平等成佛教義，當居首功。

(4)緣於釋道交融者　東漢季世，乾綱解紐，生民道盡，沛人張道陵以符籙禁呪之法行世，創五斗米道（卽道教之初名），其子衡，孫魯，相繼遵行其道，從之者頗衆。其後鉅鹿人張角奉事黃老，別創太平道，更假篝火狐鳴之技，領導被壓迫之貧民以反抗統治階級，一時天下雲集響應。此初期道教之兩大流派也。佛教適於此時輸入中土，其清淨無爲、省慾去奢之教旨，旣與黃老之學相通，其言精靈不滅與作齋戒祭祀，復與方士之尙祠祀、求神仙卻死相得益彰。故雙方容易調和結合，而形成一種佛道不分之綜合形式。劉師培國學發微云：

漢末之道教，多緣飾佛典之言，如張角之言劫運（如言黃天已死是），卽緣飾佛典浩刼之說者也（唐人作老子碑全言浩刼之說亦多襲佛書）。張角號太平道，令病者跪拜首過（漢書），卽緣飾佛典熏修之說者也（如抱朴子亦令人累德積善）。張角之時，青徐八州之人，莫不畢應，或棄賣財產，而張魯亦令從教之民納米五斗（後漢書列傳），卽緣飾佛典布施之說者也。推之道教言長生，而佛教亦言不滅，道家言符呪（如張角以符水療疾是），而佛家亦有呪詞（密宗輸入中國雖始于唐代，然據牟子則佛家已言符呪矣）。故漢魏以來，無識愚民，咸老釋並尊，又以崇奉多神，拜物者參入老釋二家之說（自袁了凡興而人民迷信天道福善禍淫者愈衆）。此中國愚民所奉宗教之大略也。蓋漢魏之時，佛教入中國者，多屬淺顯之書，故道教者得佛教之粗者也，唐宋以來，佛教入中國者，悉屬精微之語，故宋學者得佛教之精者也。

蓋佛教初入，精義未明，聽者瞀惑，故須傍依道教，爲道教之附庸。而道教初創，教旨籠統，迷信鬼神，亦須緣飾釋典，以自營養。二者恰似脣齒，轉相資益，馳騁於中國之信仰界幾達兩千年，至今猶未衰替。雖然，二教長期相激相盪之結果，佛教勢力輒陵駕道教之上，蓋道教之術在求仙煉丹以得長生，但歷久無徵，信者漸少，佛教則寄望於來生，較能羈縻世人之信念，故民間信仰者漸衆，駸駸然有壓倒道教之勢焉。

(5)緣於玄釋合一者　佛家心性之學，清淨之旨，論空有兼遣之精微，揭諸行無常之妙諦，與道家適性自然、萬物以無爲本之玄旨大致相近。劉虬無量義經序云：

> 玄圃以東，號曰太一，罽賓以西，字爲正覺。希無之與修空，其揆一也。（大藏經卷五十五）

故六朝談玄之士，多覺老莊與佛學本無二致，棲心禪悅者，後先相望，如孫綽、謝安、殷浩、范曄、謝靈運、蕭梁諸帝，其尤著者也。而衲子羽流亦多瓣香聃周，談莊注老者，相踵不絕，如支遁、僧肇、道安、慧遠，固世所習知者也。茲以世說新語文學篇所記二事爲例：

> 有北來道人，好才理，與林公（支道林）相遇於瓦官寺，講小品，于時竺法深、孫興公悉共聽，此道人語屢設疑難，林公辯答清析，辭氣俱爽，此道人每輒摧屈。孫問深公：『上人當是逆風家，向來何以都不言。』深公笑而不答。林公曰：『白旃檀非不馥，焉能逆風。』深公得此義，夷然不屑。

> 殷中軍（殷浩）被廢，徙東陽，大讀佛經，皆精解，惟至『事數』處不解，遇見一道人，問所籤，便釋然。

劉師培國學發微云：

南朝之人尚玄理。東晉之時，王羲之、王珉、許詢、習鑿齒各與緇流相接，而謝安亦降心支遁，大抵名言相永，自標遠致，而孫綽（作喻道論）謝慶緒（作安般守意經序）之文，亦深洞釋經之理。自慧遠結白蓮社，雖標淨土之宗，然劉程之、宗少文、雷仲倫之流，咸翶翔物外，息心清淨，而齊蕭子良、梁蕭統則又默契心宗，蓋魏晉崇尚玄言，故清談之流，咸由老莊參佛學。

名士與緇流相契，玄學與佛理交通，乃六朝最時髦之風尚也。

(6)緣於帝王執政提倡者　禮記云：『上好是物，下必有甚者矣。』（請參閱本章第二節）六朝佛教之全盛，在上者大力提倡，亦爲主因。梁啓超中國佛法興衰沿革說略有云：

東晉後佛法大昌，其受帝王及士大夫弘法之賜者不少。其在北朝，則苻堅敬禮道安，其秘書郎趙正尤崇三寶，集諸僧廣譯經論。姚興時，鳩摩羅什入關，大承禮待，在逍遙園設立譯場，集三千僧諮稟什旨，大乘經典，於是略備，故言譯事者必推苻姚二秦。北涼沮渠蒙遜供養曇無讖及浮陀跋摩，譯經甚多，其從弟安陽侯京聲亦有譯述。西秦乞伏氏亦尊事沙門，聖堅司譯焉。北魏太武帝一度毀佛法，及文成帝興復之，其後轉盛，獻文孝文，並皆崇奉，宣武好之尤篤，常於宮中講經。孝明時胡太后秉政，迷信尤甚，幾於徧國皆寺，盡人而僧矣。魏分東西，移爲周齊，高齊大獎佛法，宇文周則毀之。隋旣篡周，文帝首復佛教，而煬帝師事智顗，崇奉尤篤，在東西兩京置翻經院，譯事大昌焉。

其在南朝，東晉諸帝，雖未聞有特別信仰，而前後執政及諸名士，若王導、周顗、桓玄、王濛、謝尚、郗超、王坦、王恭、王謐、謝敷、戴逵、孫綽輩，咸相尊奉。（見弘明集卷五引何尚之答宋文帝問）及宋，則文帝虛心延訪，下詔獎勵，譙王義宣所至提倡，而何尚之謝靈運等闡揚尤力。及齊，則竟陵王子良最嗜佛理，梁武帝沈約輩皆嘗在其幕府，相與鼓吹。及梁，武帝在位四十年中，江左稱爲全盛，帝嗜奉至篤，常集羣臣講論，至自捨身於同泰寺。昭明太子及元帝皆承其緒，迭相宏獎，佛教於是極盛。陳祚短促，無甚可紀。東晉南北朝及隋帝王執政提倡佛教之情形，大略如此。

(7)緣於自食其力者　凡百高僧大德，均隱棲深山，開荒闢土，自食其力，根絕六慾，生活儉樸，其累及國民生計者少。而又托鉢化緣，博施濟困，故始終爲一般社會所尊信。北朝兩次滅佛，均曇花一現，不能持久，職是故也。

三　興盛概況

佛教自漢末東傳，起初猶受道教之呵護，不甚流行。既而西域高僧肩摩踵接，連袂來華，翻譯經典，弘揚佛法。中土名士亦航海梯山，遠赴佛國，瞻仰鷲峯，溝通文化。自是佛教勢力驟然隆盛，普被社會，幾將中國思想全部征服，凡學術、文化、風俗、建築、文學、美術各方面，無一不受其影響。儒家既僅有空名，道教雖屢與抗爭，亦不能制勝。尤以梁大通元年（西元五二七年）天竺香至王第三子達摩大師泛海東來，在嵩山少林寺建立禪宗一派，引起最大震撼，自帝王公卿以至農夫小民，紛紛皈依三寶，虔心禮佛。而北魏胡太后亦奉手釋尊，刻石佛於龍門。故稱南北朝爲佛教橫流時代，殆無不可也。玆擇其尤要者述於左方：

(1)以佛解經　自宋文帝使丹陽尹何尚之立玄學，與史學、儒學、文學稱爲四學以後，周易老莊遂並稱三玄，雖沙門道士亦傳其業。從此儒道不分，老釋互混（梁邵陵王綸引馬樞爲學士，令同時講維摩、老子、周易。），或詆排奔競，欲自廣以狹人，或附會支離，思援人而重己。雖以梁武帝之弘獎儒術，亦『篤信正法，尤長釋典。』（梁書本紀）嗣子昭明、簡文、元帝，無一而非孔釋並崇，儒佛兼修。上有所好，下必風從，皇侃遂以佛解經，而見重士林。率擧二例如次：

周孔之敎，不得無殺，因殺止殺，故同物有殺也。（論語述而篇）

外敎無三世之義，見乎此句也。周孔之敎，惟說現在，不明過去未來。（論語顏淵篇）

故孔穎達序周易正義，乃不勝其慨歎曰：

江南義疏，十有餘家，皆辭尚虛玄，義多浮誕。原夫易理難窮，雖復玄之又玄，至於垂範作則，便是有而敎有，若論住內住外之空，就能就所之說，斯乃義涉於釋氏，非爲敎於孔門也。

尼父之眞旨，經典之精義，從是遂訛，無復知天下之正色矣。

⑵以僧爲名　南北朝人佞佛，其名字多與佛敎有關。披閱南北史，時人之字與佛敎有關係者，如魏收小字佛助、蕭統小字維摩之類，不可勝數。今特擧其人名之依附佛敎者，造表如次：

㊂南北朝依附佛教人名略表

朝代	姓名	備注
南朝	沈曇慶	宋書卷五十四
	王曇首	宋書卷六十三
	王僧綽	宋書卷七十一
	劉僧副	南齊書卷二十八
	戴僧靜	南齊書卷三十
	王僧虔	南齊書卷三十三
	王僧祐	南齊書卷四十六
	王智深	南齊書卷五十二
	明僧紹	南齊書卷五十四
	公孫僧遠	南齊書卷五十五
	王文殊	南齊書卷五十五
	王僧炎	南齊書卷五十六
	紀僧眞	南齊書卷五十六
	呂僧珍	梁書卷十一
	王僧辯	梁書卷四十五
	胡僧祐	梁書卷四十六
	滕曇恭	梁書卷四十七
	劉曇慶	梁書卷四十七
	庾沙彌	梁書卷四十七
	杜僧明	陳書卷八
	陳曇朗	陳書卷十四
	蕭摩訶	陳書卷三十一
	熊曇朗	陳書卷三十五
北朝	崔僧淵	魏書卷二十四
	崔僧祐	魏書卷二十四
	明菩薩	魏書卷二十四
	萬金剛	魏書卷三十四
	苟曇慶	魏書卷四十四
	苟曇寶	魏書卷四十四
	苟曇尙	魏書卷四十四
	苟曇珍	魏書卷四十四
	慕容僧濟	魏書卷五十
	呂羅漢	魏書卷五十一
	劉僧衍	魏書卷五十二
	素僧養	魏書卷五十二
	游曇護	魏書卷五十四
	劉僧利	魏書卷五十五
	薛羅漢	魏書卷六十三
	姚僧垣	北史卷九十

觀乎上表，南北朝人之熱愛佛教，蓋可知矣。凡兩種文化交流之時代，必然產生此種現象，固不特南北朝一代爲然也。今者，歐風美雨，蕩滌中土，扶桑文明，震撼華夏，我國男子之以『保羅』、『約翰』、『喬治』、『彼得』、『次』、『雄』、『郎』爲名，女子之以『瑪麗』、『茱莉』、『麗莎』、『安妮』、『子』、『枝』、『惠』爲名者，所在多有，持較六朝，不遑稍讓，庸非古今同揆也耶，噫。

⑶佛寺與僧尼　魏晉南北朝乃中國佛教之增長孳育時代也，發達之速，至可驚異。以南朝而言，梁武帝時，僅建康一地卽有佛寺五百餘所，杜牧江南春詩云：南朝四百八十寺，多少樓臺煙雨中。乃詩人之言，不足爲據。僧尼多至三十餘萬，郡縣尤不可勝言。北朝則至北魏孝明帝末年，寺院已達三萬餘所，僧尼衆至二百餘萬人。據楊衒之洛陽伽藍記所載，在洛陽城內胡太后所建之永寧寺，中有九層浮圖，離地千尺，去京師百里，已遙見之。上有金鐸一百二十，金鈴五千四百枚，高風永夜，寶鐸和鳴，鏗鏘之聲，聞及十餘里。僧房樓觀一千餘間，雕梁粉壁，青瑣綺疏，莫可名狀。波斯國胡人言，此寺精麗，徧閻浮所無也。北魏又累世在洛陽城內之龍門山鐫刻石佛，爲數甚夥，高者達六十尺，形態不一，備極工巧，與永寧寺相互輝映。

由於佛寺浮圖之大量興建，因此傜役繁多，窮徵暴斂，百姓不堪其擾，乃相率出家，以至僧尼充斥。魏書釋老志嘗痛陳其弊云：

正光已後，天下多虞，王役尤甚，於是所在編民，相與入道，假慕沙門，實避調役，猥濫之極，自中國之有佛法，未之有也。略而計之，僧尼大衆二百萬矣，其寺三萬有餘。流弊不歸，一至於此，識者所以歎息也。

至於南朝佛寺之所以林立，其原因固別有在。蓋佛教專講輪迴與因果報應，在上者自知以自己之行爲，難免將來墮入地獄，永不超生，故欲及時行善以求佛祖之寬恕。而當時人士，苦於戰亂，悲觀失望之餘，亦祇有多積功德，寄希望於來生。於是爭相皈依，並藉以逃避兵役，富貴朝士，多捨邸宅，施僧尼，建寺塔，時日既久，黃牆綠瓦遂彌望皆是矣。

茲將當時寺數與僧尼數列表如次，以見佛教全盛時代之概況。

㈣魏晉南北朝佛教寺數及僧尼數統計表

朝代名		寺數	僧尼數	總人口數	僧尼數百分率
魏		不詳	不詳	不詳	
晉	西晉	一八〇	三、七〇〇	一六、一六三、八六三	〇・〇二二%
	東晉	一、七六八	二四、〇〇〇	不詳	
南朝	宋	一、九一三	三六、〇〇〇	四、六八五、五〇一	〇・七六八%
	齊	二、〇一五	三二、〇〇〇	不詳	
	梁	二、八四六	三〇、〇〇〇	不詳	
	陳	一、二三二	三二、〇〇〇	二、〇〇〇、〇〇〇	一・六〇〇%
北朝	北魏	三〇、〇〇〇	二、〇〇〇、〇〇〇	三〇、〇〇〇、〇〇〇	六・六六六%
	北周	四〇、〇〇〇	三、〇〇〇、〇〇〇	九、〇〇九、六〇四	三三・二九七%

觀此則知郭祖深輿櫬詣闕上梁武帝封事所謂『比來慕法按指佛教，普天信向，家家齋戒，人人懺禮，不務農桑，空談彼岸。夫農桑者今日濟育，功德者將來勝因，豈可墮本勤末，置邇効賒。』『都下佛寺五百餘所，窮極宏麗，僧尼十餘萬，資產豐沃，所在郡縣，不可勝言。道人又有白徒，尼則皆畜養女，皆不貫人籍，天下戶口，幾亡其半。』『恐方來處處成寺，家家剃落，尺土一人，非復國有』南史循吏傳云云，非危言聳聽，效杞人之憂也。

⑷朝野風靡　上表所列，僅就有出家剃度事實者爲之統計。其他尚有溺情內教，究心釋典，在家奉佛修道者。亦有初遁空門，後又還俗者。更有亦僧亦俗，非僧非俗，半僧半俗，身分莫辨者。則以年世綿遠，史料殘缺，難可詳悉。其爲世所熟知之佞佛者，有如下列：

㈠帝　王

三國　吳大帝首建寺廟於金陵

東晉　明帝・孝武帝

宋　明帝任沙門慧琳參與朝政時稱黑衣宰相・孝武帝優容沙門曇標

齊　武帝任沙門法獻法暢參知政事時稱黑衣二傑・明帝・竟陵王蕭子良捨身佛寺與衆爲奴

梁　武帝三次捨身同泰寺・昭明太子崇信三寶偏覽衆經撰有解二諦令旨並問答見廣弘明集二四及冊府元龜二五八・簡文帝主撰法寶聯璧三百卷・元帝著有內典博要一百卷・南平王蕭偉著有二旨義

陳　武帝幸大莊嚴寺講經・文帝自稱菩薩戒弟子

北魏　道武帝・文成帝・獻文帝・孝文帝・宣武帝

北齊　文宣帝・孝昭帝・武成帝・後主

北周　明帝

㈡五胡君長

後趙　石勒・石虎並傾心奉事天竺沙門浮圖澄尊敬無與倫比

前秦　苻堅敬重釋道安

後秦　姚興禮迎天竺高僧鳩摩羅什待以國師公卿以下莫不欽附

㈢經學家

晉　范寧

梁　皇侃

北魏　劉獻之・孫惠蔚・盧景裕・李同軌

北周　沈重

㈣史學家

梁　沈約

㈤高士

東晉　慧遠・支遁・謝敷

宋　周續之・雷次宗二人皆蓮社十八賢之一

六清談名士

東晉　孫綽・許詢・殷浩

七名　臣

東晉　謝安

宋　孟顗

北周　蘇綽著有佛性論七經論並行於世

八文　學　家

宋　謝靈運

齊　謝朓・王融

梁　江淹

陳　徐陵

北周　庾信

九文學評論家

宋　顏延之

梁　劉勰法名慧地・裴子野著有衆僧傳二十卷

北齊　顏之推 著有還冤記

㈩小學家

齊　周顒

於是自東徂西，由南而北，梵唱屠音，連簷接響，木魚貝葉，洋洋盈耳，曾不稍息，民間奉佛者，十室而九，蓋儼然一新興之佛教王國矣。

興既託意於佛道，公卿已下，莫不欽附，沙門自遠而至者五千餘人。起浮圖於永貴里，立波若臺於中宮，沙門坐禪者恆有千數。州郡化之，事佛者十室而九矣。晉書姚興載記

一斑既見，則全豹可知。故東晉南北朝實佛教全盛之時代也。

四　反對者

東晉南北朝既朝野一致，競相奉佛，寺刹浮圖，徧於天下。語其利也，則智者空法相而契中道，足輔吾仁，愚者懼因果而戒偏私，可幾於義，丁風塵澒洞之世，其裨益於世道民心者，何可勝言。語其害也，則上焉者廢事逃禪，藉空假之名理以濟其奸，下焉者悖倫苟安，託無礙之玄義以逋其罪。然而契中道者極寡，懼因果者亦稀，而廢事逃禪、悖倫苟安之徒，則滔滔皆是。其尤頑劣之僧尼，甚且侵奪細民，廣佔田宅。

自遷都以來，年踰二紀，寺奪民居，三分且一。……今之僧寺，無處不有，或比滿城邑之中，或連溢屠沽之肆，或三五少僧，共爲一寺。……非但京邑如此，天下州郡僧寺亦然，侵奪細民，廣占田宅，

有傷慈矜，用長嗟苦。北魏元澄神龜元年上疏○見魏書釋老志

此僧徒之有害民生者也。而建造寺塔，耗金尤多，以致金源日竭，金價日貴。

後世黃金日少，價亦日貴，蓋由中土產金之地，已發掘淨盡，而自佛教入中國，塑像塗金，大而通都大邑，小而窮鄉僻壤，無不有佛寺，卽無不用金塗，以天下計之，無慮幾千萬萬，此爲最耗金之蠹。加之世風侈靡，泥金寫經，貼金作榜，積少成多，日消月耗。故老言，黃金作器，雖變壞而金自在，泥金塗金，卽不復返本，此所以日少一日也。趙翼二十二史劄記○按顧炎武日知錄亦有此項意見

此僧徒之有害國計者也。抑有進者，一般名流文士之談佛，多非出於眞意，不過欲藉此以附和君主，博取利祿而已。故有廣結沙門，而夢遶魏闕者，有朝弘佛法，而暮寫豔詩者，有娛志內典，而沈溺酒色者，因而造成極度淫侈虛浮之風尚。加以僧人參政，尼娼入宮，廷闈之醜，又開生面。史稱宋南郡王劉義宣『後房千餘，尼媼數百。』宋書武二王傳梁荀濟上武帝書亦云：『僧妖佛僞，姦詐生心，墮胎殺子，昏淫亂道。』廣弘明集害政蠹俗、悖倫乖常之事，不一而足，有心者早已引爲深憂。北方則有魏太武帝、周武帝之先後禁佛，屠殺僧尼。事詳魏書釋老志及周書武帝紀南方則有郭祖深、顧歡、張融、范縝諸子之嘶聲竭力，痛加觝排，目爲異端。郭氏於指斥沙門之危害農商，窮極侈靡外，又建白梁武帝，強令僧尼還俗，以富國利民。

僧尼多非法，養女皆服羅紈，其蠹俗傷法，抑由於此。請精加檢括，若無道行，四十已下，皆使還俗附農。罷白徒養女，聽畜奴婢。婢惟著青布衣，僧尼皆令蔬食。如此則法興俗盛，國富人殷。南史循吏傳

蓋自佛教入中國，於是士農工商而外，驟增一釋氏之民，無家族，無君臣，又不治生，故爲郭氏所非。顧歡

則作夷夏論，譴責中夏之人，竟效西戎之法。

端委搢紳，諸華之容，剪髮曠衣，羣夷之服。擎跪罄折，侯甸之恭，狐蹲狗踞，荒流之肅。棺殯槨葬，中夏之風，火焚水沉，西戎之俗。全形守禮，繼善之教，毀貌易性，絕惡之學。今以中夏之性，効西戎之法，既不全同，又不全異。下棄妻孥，上絕宗祀。嗜欲之物，皆以禮伸，孝敬之典，獨以法屈。悖禮犯順，曾莫之覺，弱喪忘歸，孰識其舊。且理之可貴者道也，事之可賤者俗也，捨華効夷，義將安取。（南史隱逸傳）

夫內諸夏而外夷狄，爲中國向來民族精神之所寄，顧氏之意，蓋在嚴夷夏之防，以上闡孔子春秋之教者也。相傳張融作三破論，就佛教之破壞傳統政治、經濟、倫理、禮教方面加以抨擊，嚴斥佛教『入國而破國，入家而破家，入身而破身。』

第一破曰：入國而破國者。誑言說僞，興造無費，苦剋百姓，使國空民窮，不助國，生人減損。況人不蠶而衣，不田而食，國滅人絕，由此爲失。日用損費，無纖毫之益。五災之害，不復過此。

第二破曰：入家而破家。使父子殊事，兄弟異法，遺棄二親，孝道頓絕。憂娛各異，歌哭不同，骨肉生讎，服屬永棄。悖化犯順，無昊天之報。五逆不孝，不復過此。

第三破曰：入身而破身。人生之體，一有毀傷之疾，二有髡頭之苦，三有不孝之逆，四有絕種之罪，五有亡體從誡。唯學不孝，何故言哉。誡令不跪父母，便競從之，兒先作沙彌，其母後作阿尼，則跪其兒。不禮之教，中國絕之，何可得從。（劉勰滅惑論引，見弘明集）

所謂破國，乃指佛徒頻建寺塔，不事生產，破壞國家經濟。所謂破家破身，則斥責佛教違背倫常，不合傳統禮俗。此論一出，卽擊中沙門之要害，使護佛者無從置喙。雖以劉勰之淹雅，嘗作滅惑論以折之，亦極含混牽强，不足以服人。范縝所作神滅論，則主形神爲一，故形滅則神亦銷亡，根本否定神之存在，神既不存，佛於何有，可謂直搗釋家之巢穴矣。

或問予云：『神滅，何以知其滅也。』答曰：『神卽形也，形卽神也，是以形存則神存，形謝則神滅也。』

問曰：『形者無知之稱，神者有知之名，知與無知，卽事有異，神之與形，理不容一，形神相卽，非所聞也。』答曰：『形者神之質，神者形之用，是則形稱其質，神言其用，形之與神，不得相異也。』

問曰：『神故非質，形故非用，不得爲異，其義安在。』答曰：『名殊而體一也。』

問曰：『名既已殊，體何得一。』答曰：『神之於質，猶利之於刀，形之於用，猶刀之於利，利之名非刀也，刀之名非利也。然而捨利無刀，捨刀無利，未聞刀沒而利存，豈容形亡而神在。』見弘明集及梁書儒林傳

范氏又致慨於佛教之害政蠹俗，而有極醒闢之理論。

浮屠害政，桑門蠹俗，風驚霧起，馳蕩不休，吾哀其弊，思拯其溺。夫竭財以赴僧，破產以趨佛，而不卹親戚，不憐窮匱者何。良由厚我之情深，濟物之意淺。是以圭撮涉於貧友，吝情動於顏色，千鍾委於富僧，歡意暢於容髮。豈不以僧有多稌之期，友無遺秉之報，務施闕於周急，歸德必於在己。又惑以茫昧之言，懼以阿鼻之苦，誘以虛誕之辭，欣以兜率之樂。故捨逢掖，襲橫衣，廢俎豆，列缾

鉢，家家棄其親愛，人人絕其嗣續。致使兵挫於行間，吏空於官府，粟罄於惰遊，貨殫於泥木。所以姦宄弗勝，頌聲尙擁，惟此之故，其流莫已，其病無限。（同上）

釋家恆以過去、現在、未來三世，說因果報應之義，謂之三世因果。以爲『善惡之報，如影隨形，三世因果，循環不失。』（詳見涅槃經憍陳品）於是對於人民懾之以地獄之說，誘之以來生之報，致使天下『竭財以赴僧，破產以趨佛』，欺民誤國，莫此爲甚，范氏輒思有以破之。梁書儒林傳云：

初，縝在齊世，嘗侍竟陵王子良。子良精信釋教，而縝盛稱無佛。子良問曰：『君不信因果，世間何得有富貴，何得有賤貧。』縝答曰：『人之生譬如一樹花，同發一枝，俱開一蒂，隨風而墮，自有拂簾幌墜於茵席之上，自有關籬牆落於糞溷之側。墜茵蓆者，殿下是也，落糞溷者，下官是也。貴賤雖復殊途，因果竟在何處。』子良不能屈，深怪之。縝退論其理，著神滅論。

史稱范論一出，朝野譁然，蕭子良集僧難之而不能屈云。同時學者蕭琛、沈約、曹思文均撰難神滅論（分見弘明集及廣弘明集）以駁之，亦皆居於下風。眞理不怕考驗，從可知已。

五　佛教所予六朝文學之影響

印度佛教文化所予中國之影響深矣，以宗教哲學而言，天台、華嚴、禪三宗乃佛教文化與中國文化之結晶品。此三宗者，不特佛國所無，其精神面貌亦前此所未有，謂之爲純中國式的佛學，當無不可。蓋天台、華嚴爲中國形上學締造最完密之系統，禪宗更是佛教在中國所綻開的文化花朵，其絢爛美麗，固已久爲國人所習知。新會梁氏嘗深致讚歎曰：

美哉我中國，不受外學則已，苟受矣，則必能發揮光大，而自現一種特色，吾於算學見之，吾於佛學見之。中國之佛學，乃中國之佛學，非純然印度之佛學也。不觀日本乎，日本受佛學於我，而其學至今無一毫能出我範圍者，雖有眞宗日蓮宗，爲彼所自創，然眞宗不過淨土之支流，日蓮不過天台之餘裔，非能有甚深微妙，得不傳之學於遺經者也。（眞宗許在家修行許食肉帶妻是其特色但此亦印度所謂優婆塞中國所謂居士之類耳若以此爲佛徒也何如禪宗直指本心並佛徒之名亦不必有之爲高乎）未嘗能自譯一經，未嘗能自造一論，未嘗能自創一派，以視中國，瞠乎後矣，此寧非我泱泱大國民可以自豪於世界者乎。吾每念及此，吾竊信數十年以後之中國，必有合泰西各國學術思想於一爐而冶之，以造成我國特別之新文明，以照耀天壤之一日。吾頂禮以祝，吾跂踵以俟。（中國學術思想變遷之大勢第四節）

我中華文化之博大精深，足以吸收鎔鑄外來文化，我炎黃華胄之智慧聰明，更經常開創以中國民族爲本位之獨立新文化，觀梁氏之言，不其信歟。

至於六朝文學及文學思想方面之受佛教影響，則取當時著名學者之文讀之，顯然可見，挈其要者，約得數端：

(1)文學之聲韻對偶，似若與佛教無關，殊不知正由梵語翻譯華文之影響。華文以形爲主，諸聲（形聲）僅爲六書之一，初無所謂字母，梵語以三十四聲母，十六韻母，共五十字母，孳生一切文字，其字音又分別陰陽，故印度之雅語，必合韻律。其文恆以四字成句，聲韻調和，異常優美，於是切韻之學，遂與佛經同入中國，曹魏孫炎撰爾雅音義，因其法而創反切。然古來無反切之名稱，亦無此方法，方法之成立，則由翻譯佛典而來也。其後沈約謝朓王融等又應用之於詩文，使中國文學邁入一個新境界。是則謂六朝文學形式上受佛教之影響者，殆信而有徵也。余別有詳說請參閱本編第七章第二節

(2)所有歷代翻譯與撰述有關佛教之文字，據正續大藏經所收，已達三千六百餘部，一萬五千六百餘卷，其單行刻本及古逸藏書等尚不在內。攝摩騰與竺法蘭所譯之四十二章經，文筆簡潔明暢，時用儒道二家語，文體頗似孝經與道德經，此不特為中國佛教文學之嚆矢，亦且為中國翻譯文學之權輿。鳩摩羅什在翻譯文學上成就亦高，所譯金剛、法華、彌陀、維摩諸經，無不弘麗暢達，語意明顯，文字優美，於佛教之發揚收功甚大。梁啓超翻譯文學與佛典文中謂此類譯書對中國固有之語法及文體發生極大的震撼，甚具法眼，錄之如次：

吾輩讀佛典，無論何人，初展卷必生一異感，覺其文體與他書迴然殊異，其最顯著者：（一）普通文章中所用『之乎者也矣焉哉』等字，佛典殆一概不用。除支謙流之譯本（二）既不用駢文家之綺詞儷句，亦不采古文家之繩墨格調。（三）倒裝句法極多。（四）提挈句法極多。（五）一句中或一段落中含解釋語。（六）多覆牒前文語。（七）有聯綴十餘字乃至數十字而成之名詞——一名詞中，含形容格的名詞無數。（八）同格的語句，鋪排敍列，動至數十。（九）一篇之中，散文詩歌交錯。（十）其詩歌之譯本為無韻的，凡此皆文章構造形式上，畫然闢一新國土。質言之，則外來語調之色彩甚濃厚，若與吾輩本來之『文學眼』不相習，而尋甂稍進，自感一種調和之美。此種文體之確立，則羅什與其門下諸彥實尸其功，若專從文學方面校量，則後此譯家，亦竟未有能過什門者也。

(3)淨土宗之念佛修行，頗流傳於愚夫愚婦間，予平民文學、普羅文學（proletarian literature）憑添許多新血，而加速其發展，敦煌石室之變文，其最著者也。而禪宗則以不著語言，不立文字，直指本心，見性成佛爲教義者，獨光昌盛大，肥遯之士，多好問津，其作品遂帶有極濃厚的禪味，觀陶淵明謝靈運之作可以知矣。以陶氏而論，慧遠法師在廬阜講經三十餘年，陶氏與之知交甚契，時相往還見廬山記，所受遠公之影響者，當非淺尠。其神釋詩云：

縱浪大化中，不喜亦不懼，應盡便須盡，無復獨多慮。

歸園田居詩云：

一朝異朝市，此理眞不虛，人生似幻化，終當歸空無。

連雨獨飲詩云：

形骸久已化，心在復何言。

讀山海經詩云：

俯仰終宇宙，不樂復何如。

卽此數詩，足覘陶氏文學深受佛教之影響者矣。

(4)一般文士受蕭琛諸子所强調『形神不合一，形可亡而神不容滅』之影響，遂相信精神永不幻滅，但因『死後雖再生，歸來盡不記』，故人生在世，只須淡泊自甘，得過且過，乃有諷諭勸世詩歌之出現。

(5)相信神隨形滅及虛無主義者，對於身後既無所希冀，便想在生前盡情享樂，而人生幾何，來日苦短，又不覺墮入頹廢一派。於是『對酒當歌，人生幾何』，『秉燭夜遊，良有以也』之存在主義（Existentialism）一類作品乃大量出現，腐蝕人心，莫此爲甚。江左之長期偏安，中原之歷久不復，此種及時享樂主義實難辭其咎也。

⑹由於魏晉以來之長期動亂，劫難相尋，人人皆有『生不逢辰』之感，是以妄想飛昇，或希求解脫，在魏晉以降之文學作品中層見叠出，此則時代思潮之一致表現也。

第五章　魏晉南北朝文學思想之內因外緣（三）

第一節　批評意識覺醒

批評意識之興起，溯源甚遠。論語爲政篇載孔子之言曰：

視其所以，觀其所由，察其所安，人焉廋哉，人焉廋哉。

孟子離婁篇載孟子之言曰：

存乎人者，莫良於眸子，眸子不能掩其惡。胸中正，則眸子瞭焉，胸中不正，則眸子眊焉。聽其言也，觀其眸子，人焉廋哉。

是批評意識蓋萌生於先秦之世，孔孟二聖固嘗數數言之。孟子且有論世之法。

頌其詩，讀其書，不知其人可乎。是以論其世也，是尚友也。孟子萬章篇

蓋論世乃知人之一法，頌詩讀書不可不知人，欲知人不可不論世。及至漢初，武帝崇獎儒術，徵用名實，公府禮敬賢良，州郡察擧孝廉，所拔擢者，率志潔行芳之士，風化所及，天下景附。故陳湯無節，州里羞於齒及，李陵降虜，隴西深以爲愧。社會道德之制裁，可云嚴厲。光武中興，復增察擧『敦朴有道，能直言篤行，高節質直，清白敦厚之屬』，共參政事。名教既興，人知自勵，風俗之淳，曠古未有。蓋清修有德之

士，徧布鄉里，職司評議，裁量是非，衆民服之，如水就下，雖大盜蟊賊，亦往往被薰化而成善良，後漢書陳寔傳：

寔在鄉閭，平心率物。其有爭訟，輒求判正，曉譬曲直，退無怨者。至乃歎曰：『寧爲刑罰所加，不爲陳君所短。』時歲荒民儉，有盜夜入其室，止於梁上。寔陰見，乃起自整拂，呼命子孫，正色訓之曰：『夫人不可不自勉。不善之人未必本惡，習以性成，遂至於此。梁上君子者是矣。』盜大驚，自投於地，稽顙歸罪。寔徐譬之曰：『視君狀貌，不似惡人，宜深剋己反善。然此當由貧困。』令遺絹二匹。自是一縣無復盜竊。

又獨行傳：

王烈字彥方，太原人也。少師事陳寔，以義行稱。鄉里有盜牛者，主得之，盜請罪曰：『刑戮是甘，乞不使王彥方知也。』烈聞而使人謝之，遺布一端。或問其故，烈曰：『盜懼吾聞其過，是有恥惡之心。旣懷恥惡，必能改善，故以此激之。』後有老父遺劍於路，行道一人見而守之，至暮，老父還，尋得劍，怪而問其姓名，以事告烈。烈使推求，乃先盜牛者也。諸有爭訟曲直，將質之於烈，或至塗而反，或望廬而還。其以德感人若此。

又鄭玄傳：

建安元年，自徐州還高密，道遇黃巾賊數萬人，見玄皆拜，相約不敢入縣境。

由上擧三事，可以推知當時士人之德望，足以支配整個社會而令人翕服，此則鄉黨淸議之所由生也。此種淸議力量，不但影響及於郡國之選舉，亦且左右中央之徵辟，直至叔世，曾不稍衰。惟在桓靈之世，天綱絕紐，政移閹宦，國脈如縷，生民道盡。忠義名節之士，懍於興亡有責之義，力謀挽救，遂乃激發廣泛的反宦官運動。僉思以言論對政治作實際褒貶，以代替舊日以儒學對政治作原則指導之方式，此即所謂太學清議者是。此一運動以陳蕃李膺爲領袖，郭泰賈彪爲中堅，太學諸生三萬人爲後盾，羣起而攻，未嘗寬假，其勢如暴雨驟至，沛然莫之能禦，直使清議力量發揮無遺。後漢書荀韓鍾陳傳論云：

漢自中世以下，閹豎擅恣，故俗遂以遁身矯絜放言爲高。士有不談此者，則芸夫牧豎已叫呼之矣。故時政彌惛，而其風愈往。

又黨錮傳序亦云：

桓靈之閒，主荒政繆，國命委於閹寺，士子羞與爲伍，故匹夫抗憤，處士橫議，遂乃激揚名聲，互相題拂，品覈公卿，裁量執政，婞直之風，於斯行矣。

名士既無權柄，又缺武力，惟有以虛聲標榜，互相題拂，指天下名士，爲之稱號，上曰『三君』，次曰『八俊』，次曰『八顧』，次曰『八及』，次曰『八廚』，猶古之『八元』、『八凱』也。玆據後漢書黨錮傳序列其名氏於後：

㉖東漢黨錮名士一覽表

稱號	姓名	理由
三君	竇武・劉淑・陳蕃	言一世之所宗也
八俊	李膺・荀昱・杜密・王暢・劉祐・魏朗・趙典・朱寓	言人之英也
八顧	郭林宗・宗慈・巴肅・夏馥・范滂・尹勳・蔡衍・羊陟	言能以德行引人者也
八及	張儉・岑晊・劉表・陳翔・孔昱・苑康・檀敷・翟超	言其能導人追宗者也
八廚	度尚・張邈・王考・劉儒・胡母班・秦周・蕃嚮・王章	言能以財救人者也

臧否人物之風氣既盛，許多清議式之諺語遂流行於民間，如『萬事不理問伯始』，『天下中庸有胡公』之類，要難悉數。玆錄黨錮傳序所列舉者如次：

初，桓帝爲蠡吾侯，受學於甘陵周福，及卽帝位，擢福爲尚書。時同郡河南尹房植有名當朝，鄉人爲之謠曰：『天下規矩房伯武，因師獲印周仲進。』二家賓客，互相譏揣，遂各樹朋徒，漸成尤隙，由是甘陵有南北部，黨人之議，自此始矣。後汝南太守宗資任功曹范滂，南陽太守成瑨亦委功曹岑晊，二郡又爲謠曰：『汝南太守范孟博，南陽宗資主畫諾。南陽太守岑公孝，弘農成瑨但坐嘯。』因此流言轉入太學，諸生三萬餘人，郭林宗、賈偉節爲其冠，並與李膺、陳蕃、王暢更相褒重。學中語曰：『天下模楷李元禮，不畏强禦陳仲舉，天下俊秀王叔茂。』又渤海公族進階、扶風魏齊卿，並危言深論，不隱豪强。自公卿以下，莫不畏其貶議，屣履到門。

當時在太學議壇中，最膺物望者，首推李膺，李氏不特爲『天下模楷』而已，甚且負一代龍門之譽。李元禮風格整秀，高自標持，欲以天下名敎是非爲己任，後進之士，有升其堂者，皆以爲登龍門。（世說新語德行篇）其言論意氣，往往足以影響實際政治之推移，名士地位之升降。一言之品題，得以振名天下，一言之貶斥，或將廢放終身。

符融遊太學，師事少府李膺。膺風性高簡，每見融，輒絕它賓客，聽其言論。融幅巾奮褎，談辭如雲，膺每捧手歎息。郭林宗始入京師，時人莫識，融一見嗟服，因以介於李膺，由是知名。時漢中晉文經、梁國黃子艾，並恃其才智，炫曜上京，臥託養疾，無所通接。洛中士大夫好事者，承其聲名，坐門問疾，猶不得見。三公所辟召者，輒以詢訪之，隨所臧否，以爲與奪。融察其非眞，乃到太學，并見李膺曰：『二子行業無聞，以豪桀自置，遂使公卿問疾，王臣坐門。融恐其小道破義，空譽違實，特宜察焉。』膺然之。二人自是名論漸衰，賓徒稍省，旬日之閒，慙歎逃去。後果爲輕薄子，並以罪廢棄。（後漢書符融傳）

此等清議對當時之政治雖有矯正與防腐作用，惟時日積久，不免漸趨嚴苛，因而形成兩不相容之勢。宦官乃嗾使牢脩上書誣李膺等養太學遊士，結諸郡生徒，更相驅馳，共爲部黨，誹訕朝廷，疑亂風俗。桓帝震怒，鉤黨之獄以起，名士慘遭殺害者達六七百人，蓋士大夫手無縛雞之力，究不敵以軍事爲後盾之王權也。

黨錮諸賢雖以清議上干當軸之怒，而身首異處，然對政治風氣及士人志節頗有激濁揚清作用，故其失敗非無代價也。後漢書左雄等傳論云：

在朝者以正議嬰戮，謝事者以黨錮致災，往車雖折，而來軫方遒。所以傾而未顚，決而未潰者，豈非仁人君子心力之爲乎。

又陳蕃等傳論云：

陳蕃之徒，咸能樹立風聲，抗論惛俗，而馳驅嶮阸之中，與刑人腐夫同朝爭衡，終取滅亡之禍者，彼非不能潔情志，違埃霧也。愍夫世士以離俗爲高，而人倫莫相恤也。功雖不終，然其信義足以攜持民心。漢世亂而不亡，百餘年間，數公之力也。

斯言諒矣。蓋黨錮諸賢多操履貞潔，清高自貴，其與宦豎鬥爭，不屈不撓，生死以之，足以儀型萬世，垂範後昆。惟經此大創，一般名士懾於重威，遂將批評目標又重新指向鄉黨人物上，積極的清議乃一變而爲消極的清談矣。故魏晉清談之習，不始於何王，而始於漢末諸子，何王之徒不過推其波而揚其瀾耳。

品覈鄉黨人物之風，肇始於漢初，前已約略言之，至漢末而大盛，黃憲、郭泰、許劭實其個中翹楚。黃憲言論風旨，無所傳聞，然士君子見之者，無不服其深遠，去其鄙吝。後漢書黃憲傳云：

黃憲字叔度，汝南愼陽人也。世貧賤，父爲牛醫。同郡戴良才高倨傲，而見憲未嘗不正容，及歸，罔然若有失也。其母問曰：『汝復從牛醫兒來邪。』對曰：『良不見叔度，不自以爲不及，既覩其人，則瞻之在前，忽焉在後，固難得而測矣。』

同郡陳蕃、周舉常相謂曰：『時月之閒不見黃生，則鄙吝之萌復存乎心。』及蕃爲三公，臨朝歎曰：『叔度若在，吾不敢先佩印綬矣。』太守王龔在郡，禮進賢達，多所降致，卒不能屈憲。郭林宗少游汝南，先過袁閎，不宿而退，進往從憲，累日方還。或以問林宗。林宗曰：『奉高之器，譬諸泛濫，雖清而易挹。叔度汪汪若千頃陂，澄之不清，淆之不濁，不可量也。』

其爲名流景慕如此，或以道周性全，無得而稱乎。又郭泰傳云：

郭泰字林宗，太原界休人也。家世貧賤。博通墳籍，善談論，美音制。乃游於洛陽。始見河南尹李膺，膺大奇之，遂相友善，於是名震京師。後歸鄉里，衣冠諸儒送至河上，車數千兩。林宗唯與李膺同舟而濟，衆賓望之，以爲神仙焉。

性明知人，好獎訓士類。身長八尺，容貌魁偉，褒衣博帶，周遊郡國。嘗於陳梁閒行，遇雨，巾一角墊，時人乃故折巾一角，以爲『林宗巾』。其見慕皆如此。

可知郭氏既善於辭令，又善於鑑識人倫，而品行之高，風度之美，適爲魏晉時代名士之理想典型。范滂評之曰：『隱不違親，貞不絕俗，天子不得臣，諸侯不得友，吾不知其他。』（後漢書郭泰傳）非過譽也。

郭氏雖善人倫，而不爲危言覈論，故閹人擅政而不能傷之，及黨事起，一時名士多被其害，惟郭氏得免。其品鑑士人，目光如炬，後來皆驗，不爽毫髮，衆皆服之。玆錄其事一則如左：

濟陰黃允，以儁才知名，泰見而謂曰：『卿高才絕人，足成偉器，年過四十，聲名著矣。然至於此際，當深自匡持，不然，將失之矣。』後司徒袁隗欲爲從女求姻，見允，歎曰：『得壻如是，足矣。』

允聞而黜遣其妻。允妻夏侯氏。允黜其妻，欲壻于袁也。妻請大會宗親爲別，因於衆中攘袂數允隱慝十五事而去，允以此廢於時。

其先見之識，皆此類也。與郭氏交遊者，亦多『善談論，美音制』之人物。後漢書謝甄傳：

謝甄字子微，汝南召陵人也。與陳留邊讓並善談論，俱有盛名。每共候林宗，未嘗不連日達夜。郭泰傳附

又文苑傳：

邊讓少辯博，能屬文。議郎蔡邕深敬之，乃薦於何進曰：『心通性達，口辯辭長，非禮不動，非法不言。若處狐疑之論，定嫌審之分，經典交至，檢括參合，衆夫寂焉，莫之能奪也。』

郭氏之評論，除人物外，兼及政治、學術、社會等，範圍甚廣。至許劭兄弟，則專評人物，有類今之業餘相士，下開魏晉人士著書討論人物之先河。後漢書劭本傳云：

許劭字子將，汝南平輿人也。少峻名節，好人倫，多所賞識。若樊子昭和陽士者，並顯名於世。故天下言拔士者，咸稱許郭。

又云：

劭與靖俱有高名，好共覈論鄉黨人物，每月輒更其品題，故汝南俗有『月旦評』焉。

李賢注引蜀志云：

許靖字文休，少與從弟劭俱知名，並有人倫臧否之稱。

所謂汝南月旦，祇限於鄉黨人物之批判與鑑別，不及其他。其後聲名大噪，遐邇嚮慕，不但一般士人競請品

題，卽雄才大略如曹操者，亦致厚禮以求焉。

曹操微時，常卑辭厚禮，求爲己目。劭鄙其人而不肯對，操乃伺隙脅劭，劭不得已，曰：『君清平之姦賊，亂世之英雄。』操大悅而去。後漢書許劭傳

許氏所評，可謂一語中的，其能與郭泰齊名，非倖致也。風氣既開，曾不旋踵，遂徧及天下，而爲六代清談之催生劑。率舉數則，以見一臠。

世說新語識鑑篇：

曹公少時見橋玄，玄謂曰：『天下方亂，羣雄虎爭，撥而理之，非君乎。然君實是亂世之英雄，治世之姦賊，恨吾老矣，不見君富貴，當以子孫相累。』

又：

曹公問裴潛曰：『卿昔與劉備共在荆州，卿以備才如何。』潛曰：『使居中國，能亂人，不能爲治，若乘邊守險，足爲一方之主。』

三國志魏書荀彧傳裴注引平原禰衡傳：

衡字正平，建安初，自荆州北游許都，恃才傲逸，臧否過差，見不如己者不與語，人皆以是憎之。唯少府孔融高貴其才。是時許都雖新建，尚饒人士。或問之曰：『當今許中，誰最可者。』衡曰：『大兒有孔文擧，小兒有楊德祖。』又問：『曹公、荀令君、趙盪寇皆足蓋世乎。』衡稱曹公不甚多，又見荀有儀容，趙有腹尺，因答曰：『文若可借面弔喪，稚長可使監廚請客。』其意以爲荀但

有貌，趙健啖肉也。於是衆人皆切齒。

又：

三國志蜀書龐統傳：

龐統字士元，襄陽人也。少時樸鈍，未有識者。潁川司馬徽清雅有知人鑒，統弱冠往見徽，徽採桑於樹上，坐統在樹下，共語自晝至夜。徽甚異之，稱統當爲南州士之冠冕，由是漸顯。

統性好人倫，勤於長養。每所稱述，多過其才，時人怪而問之，統答曰：『當今天下大亂，雅道陵遲，善人少而惡人多。方欲興風俗，長道業，不美其譚卽聲名不足慕企，不足慕企而爲善者少矣。

今拔十失五，猶得其半，而可以崇邁世教，使有志者自勵，不亦可乎。』

凡天下之事，利之所在，弊亦隨之，自古無一成不變之法，亦無永恆不易之理，此乃中外之通例。兩漢之察舉制，專爲選拔眞才而設，而眞才之選拔，又必資地方之清議，其求賢之方，固甚客觀而公正也。光武中興以後，崇獎名節，不遺餘力，又在『國以賢爲本，賢以孝爲先，忠孝之人，治心近厚，鍛鍊之吏，治心近薄』之取士原則下，東漢士風，遂競以名行相高。由於當時社會過於重視道德，而忽略能力之培養，故使國家有才難之歎。『舉秀才，不知書，察孝廉，父別居。寒素清白濁如泥，高第良將怯如雞』（見抱朴子審舉篇）之諧，久已騰宣衆口，流爲笑柄。加以名士清議隱操士人進退之權，歷時既久，流弊百出，或爲權門請託，或爲故舊報恩，兩者遞爲因果，遂形成門第集團，致使朝廷統御不便，而逐漸釀成割據之局。門戶既立，則又更相歎揚，迭爲表裏，展轉提攜，以獵取名位。故有因緣際會而長享大名者，有奔走鑽營而驟得美官者，更有譁衆取寵，嬌情干譽者。故漢末鐵血男兒型之名士固多，而名實不副之士人亦不在少。徐幹曾痛加抨擊曰：

講偶時之說，結比周之黨，規圖仕進，高談大語。（中論譴交篇）

曹丕亦曰：

桓靈之際，閹寺專命於上，布衣橫議於下，干祿者殫貨以奉貴，要名者傾身以事勢，位成乎私門，名定乎橫巷，由是戶異議，人殊論，論無常檢，事無定價，長愛惡，興朋黨。（典論見意林卷五）

故曹操秉政之後，即箝制言論，揚棄道德，視橫議如蛇蝎，目清流爲浮華。並於建安年間，先後頒布求才四令，一反舊章，惟才是舉，如拔于禁樂進於行列之間，舉張遼徐晃於亡虜之內，自是廉恥道喪，名節亦蕩焉不復存矣。

炎漢失御，當塗紹基，文帝居心，稍見寬厚，惟進用人才，仍極紊亂，競爭虛名、自相薦舉之風，迄未盡革，如司馬孚云：

今嗣王新立，當進用海內英賢，如何欲因際會，自相薦舉邪。官失其任，得者亦不足貴也。（通鑑魏紀文帝黃初元年）

遂採尚書陳羣之議，以循名責實之法，立九品中正之制，州郡皆置中正以定其選，擇州郡之賢有識鑑者爲之，區別人物，第其高下。揆其用心，無非是打擊朋黨，杜絕清議，兼以統一輿論。晉書劉毅傳云：

置州都者，取州里清議，咸所歸服，將以鎭異同，一言議。

趙翼二十二史劄記亦云：

魏武時，何夔疏言：今草創之際，用人未詳其本，是以各引其類，宜先核之鄉閭，使長幼順序，無相踰越，則賢不肖先分。……此又在陳羣之前。蓋漢以來，本以察舉孝廉爲士人入仕之路，迨日久弊生，夤緣勢利，猥濫益甚，故夔等欲先清其源，專歸重於鄉評，以核其素行，羣又密其法而差等之，固論定官才之法也。（九品中正）

選用人才之標準及方法既均改變，則品鑑人物之理論亦隨之而更易。如劉劭上祧王充之骨相，所著人物志一書，專論『從人之外形而推察人之內心』，卽應時而生之產物，是批評意識全面覺醒之開端也。據隋書經籍志所錄，六朝藻鑑人倫之著作，魏有曹丕之士操，劉劭之人物志，梁有姚信之士緯新書、姚氏新書，無名氏之刑聲論，北魏有盧毓之九州人士論，無名氏之通古人論等，凡七部，今存者僅劉著耳，均屬名家。

劉劭學術淹通，思想複雜，其所著人物志，蓋儒道名法陰陽諸家之混合物，故四庫全書列之於子部雜家類，極具隻眼。夏侯惠薦劭於明帝，表中盛道其才曰：

劉劭深忠篤思，體周於數，凡所錯綜，源流弘遠，是以羣才大小，咸取所同而斟酌焉。故性實之士，服其平和良正，清靜之人，慕其玄虛退讓，文學之士，嘉其推步詳密，法理之士，明其分數精比，意思之士，知其深沉篤固，文章之士，愛其著論屬辭，制度之士，貴其化略較要，策謀之士，贊其明思通微。凡此諸論，皆取適己所長而舉其支流者也。（三國志劉劭傳）

揄揚容有過當，而其涉獵廣博，爲士流所推服，則無疑焉。又曰：

臣數聽其清談，覽其篤論，漸漬歷年，服膺彌久。同上

可見劉劭不但為學問家，抑且為清談家。

人物志凡十二篇，首尾完具，主旨在於辨析人性與才能，提示鑑別人才與任用人才之方法。四庫全書總目人物志提要云：

其書主於論辨人才，以外見之符，驗內藏之器，分別流品，研析疑似，故隋志以下，皆著錄於名家。然所言究悉物情，而精覈近理，視尹文之說，兼陳黃老申韓，公孫龍之說，惟析堅白同異者，迥乎不同。蓋其學雖近乎名家，其理則弗乖於儒者也。

茲據晉劉昞之注、近人李一之人物志研究、彭震球人物志論旨及其時代背景，將本書各篇要旨表列如次：

㈥劉劭人物志各篇要旨略表

篇次	篇名	篇旨	大義	字數
第一	九徵	觀人之基本原理	人物性情，志氣不同，徵神見貌，形驗有九。	九六七
第二	體別	體性之十二偏差	禀賦陰陽，性有剛柔，拘抗文質，體越各別。	七一九
第三	流業	人材之淵源流業	三材為源，習者為流，流漸失源，其業各異。	五八三
第四	材理	辨理之七大要領	材既殊塗，理亦異趣，故講羣材，至理乃定。	一、三四九
第五	材能	八能之大小異宜	材能大小，其準不同，量力而授，所任乃濟。	七七四
第六	利害	六業之得失利弊	建法陳術，以利國家，及其弊也，害歸於己。	四三四

第七	接識	接識之兼偏通塞	推己接物，俱識同體，兼能之士，乃達羣材。	六二五
第八	英雄	英雄之材質比較	自非平淡，能各有名，英爲文昌，雄爲武稱。	五〇五
第九	八觀	觀人之八種方式	羣材異品，志各異歸，觀其通否，所格者八。	二、一四七
第十	七繆	鑑別之七種繆誤	人物之理，妙而難明，以情鑒察，繆猶有七。	一、五九一
第十一	效難	察薦之兩大困難	人材精微，實自難知，知之難審，效薦之難。	五九〇
第十二	釋爭	爭讓之損益禍福	賢善不伐，況小事乎，釋忿去爭，必荷榮福。	一、一〇〇

綜觀上表，可知此書要義，由辨析人物之質性及體別入手，再論人才之淵源及流業，並提示觀人之要領及繆誤，爭讓之損益與禍福，首尾相貫，體系完整，卓然自成一家之言。劉氏自闡述其著書之動機云：

夫聖賢之所美，莫美乎聰明，聰明之所貴，莫貴乎知人。知人誠智，則衆材得其序，而庶績之業興矣。是以聖人著爻象，則立君子小人之辭，敍詩志，則別風俗雅正之業，制禮樂，則考六藝祇庸之德，躬南面，則援俊逸輔相之材，皆所以達衆善而成天功也。天功既成，則並受名譽，是以堯以克明俊德爲稱，舜以登庸二八爲功，湯以拔有莘之賢爲名，文王以舉渭濱之叟爲貴。由此論之，聖人興德，孰不勞聰明於求人，獲安逸於任使者哉。（人物志自序）

將知人用人視作經綸邦國之本，自古聖帝明王皆由此而決其賢愚治亂之分。此人物志之有功於治術者也。劉氏又依陰陽之理，區分人之本性爲二類，然後依五行之說，細分爲五質，再以五常及五德與之相配，茲據九徵篇表列於後：

㉗人物志九徵篇五行相配表

五行	體徵	五德	五常
金	筋勁而精	剛塞而弘毅	義
木	骨植而柔	溫直而擾毅	仁
水	色平而暢	愿恭而理敬	智
火	氣清而朗	簡暢而明砭	禮
土	體端而實	寬栗而柔立	信

劉氏謂凡兼有五質、五常、五德者，名曰中庸之材，爲上品。凡偏有一質一常一德者，名曰偏至之材，爲次品。最下則爲間雜無恆之材，不足齒數。又將人之具體才能（志業）分爲十二種，其言曰：

蓋人之流業，十有二焉。有清節家，有法家，有術家，有國體，有器能，有臧否，有伎倆，有智意，有文章，有儒學，有口辯，有雄傑。若夫德行高妙，容止可法，是謂清節之家，延陵晏嬰是也。建法立制，彊國富人，是謂法家，管仲商鞅是也。思通道化，策謀奇妙，是謂術家，范蠡張良是也。兼有三材，三材皆備，其德足以厲風俗，其法足以正天下，其術足以謀廟勝，是謂國體，伊尹呂望是也。……能屬文著述，是謂文章，司馬遷班固是也。能傳聖人之業，不能幹事施政，是謂儒學，毛公貫公是也。……（流業篇）

據此，則劉氏所推挹者類皆權謀法術之士，與曹操之重法輕儒，遙相呼應，蓋潮流所趨，自然之勢也。其立論方法則本諸名家，側重分析，有時且明顯洩露名家之語氣。材能篇云：

或曰：『人材有能大而不能小，猶函牛之鼎不可以烹雞。』愚以爲此非名也。夫能之爲言，已定之稱，豈有能大而不能小乎。凡所謂能大而不能小，其語出於性有寬急，性有寬急，故宜有大小。寬弘之人，宜爲郡國，使下得施其功而總成其事，急小之人，宜理百里，使事辦於己。然則郡之與縣，異體之大小者也。以實理寬急論辨之，則當言大小異宜，不當言能大不能小也。若夫雞之與牛，亦異體之小大也，故鼎亦宜有大小，若以烹犢，則豈不能烹雞乎。故能治大郡，則亦能治小郡矣。推此論之，人材各有所宜，非獨大小之謂也。

此卽莊子所謂大鵬之必爲大鳥，學鳩之必爲小鳥也。詳見莊子逍遙遊篇各順其本性，各就其所宜，而劉氏特以名家之辯證法演繹之而已。雖一名詞，一定義，亦輕易不予放過，務求其精確實在。

普通任用人才，往往根據虛名，而不察其實際，故一旦得位，名不副實，措施失當，未有不僨事者。劉氏說明名實之關係云：

夫名非實，用之不效，故曰：名由口進，而實從事退。中情之人，名不副實，用之有效，故名由衆退，而實從事章，此草創之常失也。效難篇

虛名係吾人由衆口得來，實績則由實際行事考察得來。若所舉者虛名大而實績小，此卽『名由口進，而實從事退』。反之，若所舉者虛名小而實績大，此卽『名由衆退，而實從事章』。皆上承公孫龍『審名實，愼所

謂』之意，而加以推勘闡發者也。在材理篇中，對於論辯家之派別、方法、態度等，亦暢加論述，語多精密。其言語藝術之高妙，當可推而知之。鄭旻跋其書有云：

三代而下，善評人品者，莫或能踰之矣。劭生漢末，乃其著論體裁纚然，有荀卿韓非風致，而亹亹自成一家言。即九徵八則之論，質之孔孟觀人之法，唐虞九德之旨，自有發所未發者。後世欲辨官論材，惡可以不知也。

可謂推挹備至，固無怪夏侯惠之讚歎不置也。

要之，人物志乃前此未有之一部奇書，藻鑑人倫極富美學精神，與其後清談家之生活情趣十分相應。六朝時代批評意識之熾盛，抑此之由乎。故謂為形名學之名著可，謂為人物學之初祖可，即謂為才性名理之嚆矢亦無不可也。

評論人物之風氣雖盛行於世，而嚴刑待士之暴政並未停止，知識分子為謀自保，多避談實際政事，裁量公卿之習亦不可復見，而轉換評論之對象與重心，逐漸將評論之標準予以抽象化。易言之，即不論實際人物，而專論才性同異，自劉劭開其端後，其流即成為傅嘏鍾會之才性四本論，為清談玄學之一支。世說文學篇引魏志云：

鍾會論才性同異，傳於世。四本者，言才性同，才性異，才性合，才性離也。尚書傅嘏論同，中書令李豐論異，侍郎鍾會論合，屯騎校尉王廣論離，文多不載。

由此可知才性論為傅嘏輩清談之中心，所謂『四本』者，實才性論中四種對峙之學說也，惜文多不載，無以知其內容耳。近人劉永濟文學通史綱要有極扼要之評論，迻錄其言如次：

逮魏之初霸，武好法術，文慕通達。天下之士聞風改觀，人競自致於青雲，學不因循於前軌。於是才智美贍者，不復專以染翰爲能，尤必資夫口舌之妙，言語文章，始並重矣。建安之初，萌蘖已見，正始而後，風會遂盛。鍾傅王何，爲其稱首。荀裴嵇阮，相得益彰。或據刑名爲骨幹，或託莊老爲營魄。據刑名者以校練爲家，託莊老者用玄遠取勝，雖宗致無殊，而偏到爲異矣。大抵此標新義，彼出攻難，既著篇章，更申酬對，苟片言賞會，則舉世稱奇，戰代游談，無其盛也。

爰及晉世，玄風大暢，人物識鑑理論之形名家學說，愈益熾盛，其目的無非在政治上能選才得宜，名副其實。世說政事篇云：

山司徒前後選，殆周遍百官，舉無失才，凡所題目，皆如其言。唯用陸亮，是詔所用，與公意異，爭之不從。亮亦尋爲賄敗。

此卽著名之『山公啓事』，涉及人物識鑑之實際問題。是知當時名士雖娛志老莊，亦未嘗忘情於邦國也。風氣既盛，扇揚遂廣，觀世說新語識鑑、賞譽、品藻諸篇所載，卽可識其大凡。尤有趣者，閨中婦女亦加入品鑑行列，則不能不令人嘖嘖稱奇也。

石崇廁，常有十餘婢侍列，皆麗服藻飾，置甲煎粉、沈香汁之屬，無不畢備，又與新衣箸令出，客多羞不能如廁。王大將軍往，脫故衣，箸新衣，神色傲然。羣婢相謂曰：『此客必能作賊。』

『此客必能作賊』，可謂謔而且虐矣，其後果如所言，脫非濡染已深，烏能有此識見耶。

至於鄉邑清議，尤為峻烈。蓋名教之成，賴有清議，清議之實，即為名教，二者互為表裏，相須以用。故清談名士之違禮，恆為賢者所譏。

王澄胡毋輔之等皆亦任放為達，或至裸體者，廣聞而笑曰：『名教內自有樂地，何必乃爾。』（晉書樂廣傳）

褒貶所加，深足勸勵。亦有被議坐廢者，如陳壽、閻義（晉書何攀傳）、卞粹諸人是也。

壽字承祚，巴西安漢人也。少好學，師事同郡譙周。……遭父喪，有疾，使婢丸藥，客往見之，鄉黨以為貶議。及蜀平，坐是沈滯者累年。……授御史治書，以母憂去職。母遺言令葬洛陽，壽遵其志。又坐不以母歸葬，竟被貶議。初，譙周嘗謂壽曰：『卿必以才學成名，當被損折，亦非不幸也。宜深慎之。』壽至此，再致廢辱，皆如周言。（晉書陳壽傳）

更有被議貶黜者，如韓預、李含、王式（卞壼傳）、溫嶠、任讓（華恆傳）、周勰（韓康伯傳）、陳暄（陳慶之傳）諸人是也。

梁州刺史楊欣有姊喪，未經旬，車騎長史韓預強聘其女為妻。輔為中正，貶預以清風俗，論者稱之。（晉書張輔傳）

若此之類，皆有裨於名教風俗。六朝清談放達，敗名傷化，而猶可以立國，未始非此事有以維持之也。善乎顧炎武氏之言曰：

古之哲王所以正百辟者，既已制官刑儆于有位矣，而又為之立閭師、設鄉校，存清議於州里，以佐刑罰之窮。移之郊遂，載在禮經，殊厥井疆，稱於畢命。兩漢以來，猶循此制，鄉舉里選，必先考其生平，一玷清議，終身不齒。君子有懷刑之懼，小人存恥格之風，教成於下，而上不嚴，論定於鄉，而民不犯。降及魏晉，而九品中正之設，雖多失實，遺意未亡，凡被糾彈付清議者，卽廢棄終身，同之禁錮。（晉書卞壼傳）至宋武帝纂位，乃詔有犯鄉論清議贓汙淫盜，一皆蕩滌洗除，與之更始。自後凡遇非常之恩，赦文並有此語。（齊梁陳詔並云，洗除先注當日鄉論清議，必有記注之目。）小雅廢而中國微，風俗衰而叛亂作矣。然鄉論之汙，至煩詔書爲之洗刷，豈非三代之直道尚在於斯民，而畏人之多言猶見於變風之日乎。（日知錄清議條）

楊繩武氏亦曰：

> 六朝風氣，論者以爲浮薄，敗名檢，傷風化，固亦有之。然予核其實，復有不可及者數事，曰：尊嚴家諱也，矜尚門地也，愼重婚姻也，區別流品也，主持清議也。蓋當時士大夫雖祖尚玄虛，師心放達，而以名節相高，風義自矢者，咸得徑行其志。至于宂末之品，凡瑣之材，雖有陶猗之貲，不敢妄參乎時彥，雖有董鄧之寵，不敢肆志于清流。而朝議之所不及，鄉評巷議猶足倚以爲輕重。故雖居偏安之區，當陸沉之後，而人心國勢猶有與立，未必非此數者補救之功，維持之效也。（日知錄正始條黃汝成集釋引）

夫歷史者，使人知古而鑑今，彰往而察來，憂世之士，亦將有所感發也乎。

※　※　※

漢末清議，重在人物之品藻，內容廣及於政治、社會、道德各面，迨黨錮之禍以後，『品覈公卿，裁量執政』之論，遂不復可見，而將品鑑內容予以抽象化，或專評古人，以免干物議，觸時諱。關於前者，前文論述已多，兹不復贅。關於後者，則自魏文帝集文學諸臣共論古代君臣而後，此風遂盛。爰參劉永濟文心雕龍校釋論說篇之說，表列如次：

㈥魏晉品藻人物論文一覽表

國號	姓名	論文篇名	存佚	備注
魏	孔融	周武王漢高祖論	殘	見藝文類聚十二。大旨謂周武不如漢高寬裕。
		汝潁優劣論	存	見前書二十二。謂汝南人物爲優。
	曹丕	漢文賈誼論	佚	見三國志魏文帝紀裴注引王沈魏書。以諸臣之論，抑漢文予賈誼而作。
		孝武論	殘	見御覽引典論。
		周成漢昭論	存	見太平御覽引典論。
	曹植	周成漢昭論	殘	見御覽。
		漢二祖優劣論	存	見藝文類聚十二。
	丁儀	周成漢昭論	存	見續古文苑。孫星衍曰：『魏文予漢昭而陳思不然。正禮此篇，蓋應教之作也。』
	鍾會	夏少康漢高祖論	存	見三國志魏高貴鄉公紀裴注引魏氏春秋。
	夏侯玄	樂毅論	存	見藝文類聚二十二。
	陳羣	汝潁人物論	殘	見三國志荀彧傳注引荀氏家傳。

蜀	費禕	甲乙論	存	見三國志本傳注引殷基通語。蓋論曹爽、司馬懿也。
吳	嚴畯	管仲季路論	佚	見三國志本傳。
	裴玄	管仲季路論	佚	見三國志嚴畯傳。
	張承	管仲季路論	佚	見同上。
晉	張輔	管仲鮑叔論	存	此四篇統名名士優劣論，見藝文類聚二十二。大旨以管仲不如鮑叔，曹操不如劉備，班固不如馬遷，樂毅不如孔明。
		魏武劉備論	存	
		班固司馬遷論	存	
		樂毅孔明論	存	
	石崇	巢許論	存	見全晉文。
	李詮	劉揚優劣論	佚	見范喬傳。
	范喬	劉揚優劣論	佚	本傳稱：駁李詮揚雄優於劉向論，大旨謂：『向定一代之書，非雄所及。』
	伏滔	青楚人物論	殘	見世說言語篇注引滔集。大旨以青州爲優。與習論異。
	習鑿齒	青楚人物論	殘	見同上。

戴　逵	竹林七賢論	殘	散見御覽、藝文類聚、北堂書鈔、世說等書。
范　寧	罪王何論	存	見晉書本傳。
謝　萬	八賢論	存	見全晉文。
桓　玄	四皓論	存	見全晉文。
殷仲堪	答桓玄四皓論	存	見全晉文。

由於批評意識之覺醒，品鑑人倫風氣之彌漫，遂逐漸由名士之言論丰采方面轉移到文學作品方面，亦即由人物優劣之評論轉移到作品優劣之評論。今試繪一圖以明之。

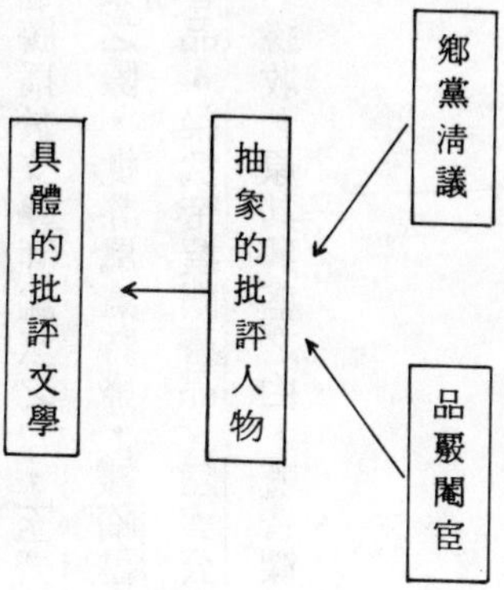

觀乎上圖，批評意識轉變之軌跡，釐然可尋。惟純文學之發展其事較遲，故初期文學批評亦不如其他方面之

成熟(觀曹丕典論論文可知),但理論化之傾向則已隨文學概念之轉移、文學價値之獨立以俱來,從此作家優劣論、作品優劣論遂騰播於文學評論家之口,至齊梁而蔚爲壯觀矣。

齊梁之際,批評風氣特盛,據隋書經籍志、全齊文、全梁文所著錄者,有梁官品格、沈約撰新定官品、柳惲撰碁品、梁武帝撰圍碁品、陸雲公撰碁品序、庾肩吾撰書品、鍾嶸撰詩品、謝赫撰古畫品錄等,琳瑯滿目,美不勝收。原其興盛之由,蓋皆深受陳羣九品官人法、劉劭人物志等品鑑人倫之啓示也。

第二節 右文風氣熾盛

一代之政治,恆爲左右一代文化之樞紐,而帝王貴胄亦爲壟斷萬民思想之要衝。卽以文學一端而論,文學之盛衰,胥視乎上之所以教,下之所由學,非吾人之好尙相符,乃政治風氣有以導引之也。劉禹錫有云:『八音與政通,而文章與時高下。』張方平亦云:『文章之變與政通。』旨哉斯言,皆足以徵政治之與文學實相因依焉。而當軸之帝王,尤足以導引世風。後漢書馬廖傳云:『吳王好劍客,百姓多創瘢。楚王好細腰,宮中多餓死。』斯言如戲,有切事實。蓋愛好所至,一時風靡,喜悅所關,四海景附。微末之事,猶且如此,況文章乃經國之大業,不朽之盛事,一加提倡,安得不如風之偃草,水之就下哉。

一姓定鼎之初，例有偃武修文之舉，美其名曰兵氛告靖，與民休息，漢文崇黃老，魏文慕通達，其著焉者也。實則此種舉動，乃出自獨裁君主自私自利之心，蓋天下既定於一，更不容其他强有力者練兵講武，爲來日子孫之憂，於是裁抑不遺餘力，如誅功臣、減軍備等類，是其手段。然此種措施，祇克程效於一時，未能預防於日後，乃思以陰柔之法術，化羣衆之野心。於是『文致太平』之美號遂震天價響，騰播衆口，蔚爲時尚。專制帝王爲子孫設想之密，計慮之深，眞令人歎觀止矣。

在六代帝王中，擅場詞藝，弘獎風流者，前有魏武父子，中有宋文父子，後有梁武父子。其政治上之措施，容有不盡如人意處，然其稽古右文，主盟騷壇，身先士流，愛才若渴，因而造成唯美文學之絢爛多姿，文學思潮之起伏翻騰，厥功懋著，固不容掩。如魏武帝以蓋世之雄，扢揚風雅，建安年間，先後頒布四令，以拔擢儁才，雖不仁不孝之徒，盜嫂受金之輩，亦得以位總鼎司，迴翔廊廟，其影響於文學者，則爲棄道緣情。其子文帝陳王繼之，提倡詞藝，尤見積極，故一時碩彥，皆雲集鄴下，彬蔚之美，前此蓋罕有焉。鍾嶸詩品序述其盛況有云：

降及建安，曹公父子，篤好斯文，平原兄弟，鬱爲文棟，劉楨王粲，爲其羽翼。次有攀龍託鳳，自致於屬車者，蓋將百計。彬彬之盛，大備於時矣。

下逮南朝，文雅尤盛，宋文帝於元嘉十六年置立四學，於儒學、玄學、史學三館外，別立文學館，使司徒參軍謝元掌之。其後泰始六年，明帝復立總明觀，分儒道文史陰陽五部。此均文學別於他科而獨立之始，而文章志諸書亦從是遂盛。至於當時宗室如臨川王劉義慶等，皆以招攬才士、愛好文藝著稱，成爲推動文學之主要力量。梁武帝卽位之初，卽刻意崇獎詞藝，嗣子昭明太子簡文帝元帝，均以文章自命，其餘諸子諸孫及宗室能文者，未易悉數。陳後主亦風流自賞，汲引文士，猶恐不及，故后妃宗室，皆競爲文辭，於是文學大昌，訖於覆亡而後已。

至於五胡諸君及北朝諸帝，雖崛起之初，獷悍無文，逮南北分疆之後，自知鄙陋不足以懷輯漢人，而又不勝其欽慕之心，故範我文化，用資順守。濡染既久，文敎日新，研經之士至多，能文之才亦衆，北周滕趙二王，其佼佼者也。

總之，在此近四百年濃厚的文學空氣之中，君臣馳騖，競豔爭奇，努力向藝術之路邁進。不惟批評創作，齊頭並進，而且文學之義界得以畫分清楚，文學之地位得以完全獨立，價值加以肯定，觀念業已澄清，所謂文學者，並非如往昔之僅爲載道工具，尤非學術與道德之附庸，已與其他各科等視而齊觀矣。語云，上之化下，如風靡草。六代帝王既多篤好斯文，宜其導致唯美文學之全盛也。爰將其右文事蹟臚陳如左：

（元）魏晉南北朝右文帝王簡表

國號	稱號	姓名	右文事略	備注
魏	武帝	曹操	太祖刱造大業，文武並施，御軍三十餘年，手不捨書，晝則講武策，夜則思經傳，登高必賦，及造新詩，被之管絃，皆成樂章。	三國志魏武帝紀注引魏書

文帝曹丕

上雅好詩書文籍，雖在軍旅，手不釋卷，每每定省從容，常言人少好學則思專，長則善忘，長大而能勤學者，唯吾與袁伯業耳。	三國志魏文帝紀注引典論自敍
當此之時，人人自謂握靈蛇之珠，家家自謂抱荆山之玉，吾王於是設天網以該之，頓八紘以掩之，今悉集茲國矣。	曹植與楊德祖書
自魏氏膺命，主愛雕蟲，家棄章句，人重異術。	宋書臧燾傳
至於建安，曹氏基命，三祖陳王，咸蓄盛藻。	宋書謝靈運傳論
自獻帝播遷，文學蓬轉，建安之末，區宇方輯。魏武以相王之尊，雅愛詩章，文帝以副君之重，妙善辭賦，陳思以公子之豪，下筆琳瑯。並體貌英逸，故俊才雲蒸。	文心雕龍時序篇
曹氏父子，鞍馬間爲文，往往橫槊賦詩。	元稹唐故工部員外郎杜君墓誌銘
帝好文學，以著述爲務，自所勒成垂百篇。又使諸儒撰集經傳，隨類相從，凡千餘篇，號曰皇覽。	三國志魏文帝紀
文帝天資文藻，下筆成章，博聞強識，才藝兼該。	三國志魏文帝紀評
帝初在東宮，疫癘大起，時人彫傷，帝深感歎，與素所敬者大理王朗書曰：『生有七尺之形，死唯一棺之土，唯立德揚名，可以不朽，其次莫如著篇籍。疫癘數起，士人彫落，余獨何人，能全其壽。』故論撰所著典論、詩賦，蓋百餘篇，集諸儒於肅城門內，講論大義，侃侃無倦。	三國志魏文帝紀注引魏書

			余少誦詩、論，及長而備歷五經、四部，史漢諸子百家之言，靡不畢覽。	三國志魏文帝紀注引典論自敍
	陳思王	曹植	年十歲餘，誦讀詩論及辭賦數十萬言，善屬文。太祖嘗視其文，謂植曰：『汝倩人邪。』植跪曰：『言出爲論，下筆成章，顧當面試，柰何倩人。』時鄴銅爵臺新成，太祖悉將諸子登臺，使各爲賦。植援筆立成，可觀，太祖甚異之。	三國志本傳
			陳思文才富豔，足以自通後葉。	三國志本傳評
	明帝	曹叡	自在東宮，不交朝臣，不問政事，惟潛思書籍而已。	三國志魏明帝紀注引魏書
			明帝纂戎，制詩度曲，徵篇章之士，置崇文之觀，何劉羣才，迭相照耀。	文心雕龍時序篇
吳	景帝	孫休	答張布詔曰：『孤之涉學，羣書略徧，所見不少也。其明君闇主，姦臣賊子，古今賢愚成敗之事，無不覽也。』	三國志吳三嗣主傳
晉	元帝	司馬睿	元皇中興，披文建學，劉刁禮吏而寵榮，景純文敏而優擢。	文心雕龍時序篇
	明帝	司馬紹	有文武才略，欽賢愛客，雅好文辭。當時名臣，自王導、庾亮、温嶠、桓彝、阮放等，咸見親待。	晉書本紀
			逮明帝秉哲，雅好文會，升儲御極，孳孳講藝，練情於誥策，振采於辭賦，庾以筆才逾親，温以文思益厚，揄揚風流，亦彼時之漢武也。	文心雕龍時序篇

	簡文帝	司馬昱	簡文勃興，淵乎清峻，微言精理，函滿元席，澹思濃采，時灑文囿。	文心雕龍時序篇
			留心典籍，不以居處爲意，凝塵滿席，湛如也。	晉書本紀
宋	武帝	劉裕	自宋武愛文，文帝彬雅，秉文之德。孝武多才，英采雲構。自明帝以下，文理替矣。爾其縉紳之林，霞蔚而飆起。王袁聯宗以龍章，顏謝重葉以鳳采，何范張沈之徒，亦不可勝也。	文心雕龍時序篇
			永初三年，詔建國學。	宋書本紀
	文帝	劉義隆	元嘉十五年，立儒學館於北郊，命雷次宗居之。十六年，又命何尚之立玄素學，何承天立史學，謝元立文學，各聚門徒，多就業者。江左風俗，於斯爲美，後言政化，稱元嘉焉。	南史本紀
			好爲文章，自謂人莫能及，照悟其旨，爲文章多鄙言累句。咸謂照才已盡，實不然也。	南史鮑照傳
	孝武帝	劉駿	帝少讀書，七行俱下，才藻甚美。	南史本紀
			宋孝武好文章，天下悉以文采相尚，莫以專經爲業。	南史王儉傳
	明帝	劉彧	帝好讀書，愛文義，在藩時撰江左以來文章志，又續衛瓘所注論語二卷。及即大位，舊臣才學之士多蒙引進。	南史本紀

			宋明帝博好文章，才思朗捷，常讀書奏，號稱七行俱下。每有禎祥及行幸宴集，輒陳詩展義，且以命朝臣，其戎士武夫則託請不暇，困於課限，或買以應詔焉。於是天下向風，人自藻飾，雕蟲之藝，盛於時矣。	裴子野雕蟲論
			宋明帝泰始六年，置總明觀以集學士，或謂之東觀，置東觀祭酒一人，總明訪學郎二人，儒、玄、文、史四科，科置學士十人，其餘令史以下各有差。是歲，以國學既立，省總明觀，於儉宅開學士館，以總明四部書充之。	南史王儉傳
	臨川王	劉義慶	愛好文義，才學之士，遠近必至。袁淑文冠當時，引為衛軍諮議，其餘吳郡陸展，東海何長瑜、鮑照等，並有辭章之美，引為佐史國臣。	宋書本傳
			著有徐州先賢傳、典敍、世說新語等。	
齊	高帝	蕭道成	帝博學，善屬文。	南齊書本紀
			齊高帝雖不以才學名，然少為諸生（劉瓛傳論）。從雷次宗受業治禮及左氏春秋（本紀）。為領軍時，與謝超宗共屬文，愛超宗才翰（超宗傳）。即位後，見武陵王奕效謝康樂體詩，訓之曰，康樂放蕩，作體不辨首尾，安仁士衡，深可宗尚，顏延之抑其次也。是帝之深於詩文也（奕傳）。又嘗與王僧虔賭書，畢，謂僧虔曰，誰為第一。僧虔曰，臣書第一，陛下亦第一。帝笑曰，卿可謂善自為謀（僧虔傳）。是帝之精於書法也。	二十二史箚記齊梁之君多才學

	竟陵王	蕭子良	禮才好士，天下才學皆遊集焉。招致學士鈔五經、百家，爲四部要略千卷。又著內外文筆數十卷。	南齊書本傳
			齊竟陵王開西邸，招文學，帝與沈約等並遊，號曰八友。	梁書武帝紀
	寧都縣侯	蕭子顯	好學，工屬文。嘗著鴻序賦，沈約見之，極爲傾倒。又採衆家後漢書，考正同異，作後漢書一百卷。又撰齊書六十卷，普通北伐記五卷，貴儉傳三十卷，文集二十卷。	二十二史箚記齊梁之君多才學
	新浦縣侯	蕭子雲	有文藻，弱冠撰晉書，年二十六，書成百餘卷。又工書，百濟國使人求其書，值子雲將出都，使者望船，一步一拜，子雲遣問之，曰，侍中尺牘之美，名聞海外，今日所求，惟在名迹。乃停舟，書三十紙與之。	同右
梁	武帝	蕭衍	少而篤學，洞達儒玄。雖萬機多務，猶卷不輟手，燃燭側光，常至戊夜。造制旨孝經義，周易講疏，及六十四卦、二繫、文言、序卦等義，樂社義，毛詩答問，春秋答問，尚書大義，中庸講疏，孔子正言，老子講疏，凡二百餘卷，並正先儒之迷，開古聖之旨。又令明山賓等覆述制旨，並撰吉凶軍賓嘉五禮，凡一千餘卷。又造通史，躬製贊序，凡六百卷。天情睿敏，下筆成章，千賦百詩，直疏便就，皆文質彬彬，超邁今古。詔銘贊誄，箴頌牋奏，凡諸文集，又百二十卷。並撰金策三十卷。兼篤信正法，尤長釋典，製涅盤、大品、淨名、三慧諸經義記，復數百卷。聽覽餘閑，即於重雲殿及同泰寺講說，名僧碩學、四部聽衆，	梁書本紀

常萬餘人。歷觀古昔帝王人君，恭儉莊敬，藝能博學，罕或有焉。	
自中原沸騰，五馬南渡，綴文之士，無乏於時。降及梁朝，其流彌盛，蓋由時主儒雅，篤好文章，故才秀之士，煥乎俱集。於時武帝每所臨幸，輒命羣臣賦詩，其文之善者賜以金帛。是以搢紳之士，咸知自勵。	南史文學傳序
制造禮樂，敦崇儒雅，自江左以來，年踰二百，文物之盛，獨美于玆。	南史梁武帝紀論
自高祖即位，引後進文學之士，劉苞及從兄孝綽、從弟孺、同郡到溉、溉弟洽、從弟沆、吳郡陸倕、張率並以文藻見知，多預讌坐，雖仕進有前後，其賞賜不殊。	梁書文學傳
方今皇帝，資生知之上才，體沈鬱之幽思，文麗日月，賞究天人，昔在貴游，已爲稱首。況八紘既奄，風靡雲蒸，抱玉者聯肩，握珠者踵武。固以瞰漢魏而不顧，呑晉宋於胸中。	鍾嶸詩品序

昭明太子　蕭統

生而聰叡，三歲受孝經、論語，五歲徧讀五經。及長，讀書數行並下，過目皆憶。每遊宴祖道，賦詩至十數韻。或命作劇韻賦之，皆屬思便成，無所點易。著文集二十卷，古今典誥文言，爲正序十卷，五言詩之善者爲文章英華二十卷。引納才學之士，賞愛無倦。恒自討論篇籍，或與學士商榷古今，閒則繼以文章著述，率以爲常。于時東宮有書幾三萬卷，名才並集，文學之盛，晉宋以來未之有也。	梁書本傳
昭明太子愛文學士，常與筠及劉孝綽、陸倕、到洽、殷芸等遊宴玄圃，太子獨執筠袖撫孝綽肩而言曰：『所謂左把浮丘袖，右拍洪崖肩。』	梁書王筠傳

	』其見重如此。筠又與殷芸以方雅見禮焉。	
	爰逮有梁，宏材彌劭。昭明太子業膺守器，譽貞問寢，居肅成而講藝，開博望以招賢，搴中葉之詞林，酌前修之筆海。周巡緜嶠，品盈尺之珍，楚望長瀾，搜徑寸之寶。故撰斯一集，名曰文選，後進英髦，咸資準的。	李善上文選注表
簡文帝蕭綱	太宗幼而敏睿，識悟過人，六歲便屬文，高祖驚其早就，弗之信也，乃於御前面試，辭采甚美。高祖歎曰：『此子，吾家之東阿。』既長，器宇寬弘，未嘗見慍喜。方頰豐下，鬚鬢如畫，眄睞則目光燭人。讀書十行俱下。九流百氏，經目必記，篇章辭賦，操筆立成。博綜儒書，善言玄理。 引納文學之士，賞接無倦，恒討論篇籍，繼以文章。高祖所製五經講疏，嘗於玄圃奉述，聽者傾朝野。雅好題詩，其序云：『余七歲有詩癖，長而不倦。』然傷於輕豔，當時號曰『宮體』。所著昭明太子傳五卷，諸王傳三十卷，禮大義二十卷，老子義二十卷，莊子義二十卷，長春義記一百卷，法寶連璧三百卷，並行於世焉。	梁書本紀
	太宗幼年聰睿，令問夙標，天才縱逸，冠於今古。	梁書本紀論
元帝蕭繹	世祖聰悟俊朗，天才英發。年五歲，高祖問：『汝讀何書。』對曰：『能誦曲禮。』高祖曰：『汝試言之。』即誦上篇，左右莫不驚歎。既長好學，博總羣書，下筆成章，出言為論，才辯敏速，冠絕一時。性不好聲色，頗有高名，與裴子野、劉顯、蕭子雲、張纘及當時才秀	梁書本紀

			為布衣之交，著述辭章，多行於世。 所著孝德傳三十卷，忠臣傳三十卷，丹陽尹傳十卷。注漢書一百一十五卷，周易講疏十卷，內典博要一百卷，連山三十卷，洞林三卷，玉韜十卷，補闕子十卷，老子講疏四卷，全德志、懷舊志、荊南志、江州記、貢職圖、古今同姓名錄一卷，筮經十二卷，式贊三卷，文集五十卷。	
			帝出言為論，音響若鐘。及為荊州刺史，起州學宣尼廟。嘗置儒林參軍一人，勸學從事二人，生三十人，加稟餼。帝工書善畫，自圖宣尼像，為之贊而書之，時人謂之三絕。 性愛書籍，既患目，多不自執卷，置讀書左右，番次上直，晝夜為常，略無休已，雖睡，卷猶不釋。五人各伺一更，恒致達曉。常眠熟大鼾，左右有睡，讀失次第，或偸卷度紙。帝必驚覺，更令追讀，加以檟楚。雖戎略殷湊，機務繁多，軍書羽檄，文章詔誥，點毫便就，殆不游手。常曰：『我韜於文士，愧於武夫。』論者以為得言。	南史本紀
陳	後主	陳叔寶	後主荒於酒色，不恤政事，左右嬖佞珥貂者五十人，婦人美貌麗服巧態以從者千餘人，常使張貴妃孔貴人等八人夾坐，江總孔範等十人預宴，號曰狎客。先令八婦人襞采箋，製五言詩，十客一時繼和，遲則罰酒，君臣酣飲，從夕達旦，以此為常。	南史本紀
			後主昔在儲宮，早標令德，及南面繼業，寔允天人之望矣。至於禮樂刑政，咸遵故典，加以深弘六藝，廣闢四門，是以待詔之徒，爭趨金馬，稽古之秀，雲集石渠。自魏正始、晉中朝以來，貴臣雖有識治者，皆以文學相處，罕關庶務，朝章大典，方參議焉，文案簿領，咸委	陳書本紀論

		小吏，浸以成俗，迄至于陳。後主因循，未遑改革。	
		後主嗣業，雅尚文詞，傍求學藝，煥乎俱集。每臣下表疏及獻上賦頌者，躬自省覽，其有辭工，則神筆賞激，加其爵位，是以搢紳之徒，咸知自勵矣。若名位文學晃著者，別以功迹論。	陳書文學傳序
		總好學，能屬文，於五言七言尤善，然傷於浮豔，故爲後主所愛幸。多有側篇，好事者相傳諷翫，于今不絕。	陳書江總傳
十六國			
前趙主	劉淵	淵少好學，習毛詩、京氏易、馬氏尚書，尤好左氏春秋、孫吳兵法、史漢諸子，無不綜覽。嘗鄙隨陸無武，絳灌無文，一物不知，以爲君子所恥。其子劉和，亦好學，習毛詩、左氏春秋、鄭氏易。和弟宣師事孫炎，沈精積思，不舍晝夜。嘗讀漢書至蕭何、鄧禹傳，未嘗不反覆詠之。	晉書劉元海載記
	劉聰	聰幼而聰悟，博士朱紀大奇之。年十四，究通經史，兼綜百家之言。工草隸，善屬文，著述懷詩百餘篇，賦頌五十餘篇。	晉書劉聰載記
	劉曜	劉曜讀書，志於廣覽，不精思章句，亦善屬文，工草隸。小時避難，從崔岳質通疑滯。既即位，立太學於長樂宮，立小學於未央宮，簡民閒俊秀千五百人，選朝廷宿儒教之。	晉書劉曜載記
前燕主	慕容皝	尚經學，善天文。即位後，立東庠於舊宮，賜大臣子弟爲官學生，親自臨考。著典誡十五篇，以教冑子。	晉書慕容皝載記

	前秦主	苻堅	博學多才藝，既卽位，一月三臨太學，謂躬自獎勵，庶周孔之微言不墜。自永嘉之亂，庠序無聞，至是學校漸興。	晉書苻堅載記
北魏	孝文帝	拓跋宏	雅好讀書，手不釋卷。五經之義，覽之便講，學不師受，探其精奧。史傳百家，無不該涉。善談莊老，尤精釋義。才藻富贍，好爲文章，詩賦銘頌，任興而作。有大文筆，馬上口授，及其成也，不改一字。自太和十年已後詔冊，皆帝之文也。自餘文章，百有餘篇。愛奇好士，情如飢渴。待納朝賢，隨才輕重，常寄以布素之意。悠然玄邁，不以世務嬰心。	魏書本紀
			若乃欽明稽古，協御天人，帝王制作，朝野軌度，斟酌用捨，煥乎其有文章，海內生民咸受耳目之賜。加以雄才大略，愛奇好士，視下如傷，役己利物，亦無得而稱之。其經緯天地，豈虛謚也。	魏書本紀論
北周	明帝	宇文毓	帝幼而好學，博覽羣書，善屬文，詞彩溫麗。及卽位，集公卿已下有文學者八十餘人於麟趾殿，刊校經史。又捃採衆書，自羲農以來，訖於魏末，敍爲世譜，凡五百卷云。所著文章十卷。	周書本紀
			世宗高祖竝雅好文學，信特蒙恩禮。	周書庾信傳
	趙僭王	宇文招	幼聰穎，博涉羣書，好屬文，學庾信體，詞多輕豔。	周書文帝諸子傳
			趙、滕諸王，周旋款至，有若布衣之交。	周書庾信傳
	滕聞王	宇文逌	好經史，能屬文，所著文章，頗行於世。	周書文帝諸子傳

粗看上表，可知六代帝王才高學富，競尚文藝之一斑，其所予文壇之震撼，至爲重大，撮其要凡，約得四事：

(1)朝野風靡　朝廷倡導於上，文士駿奔於下，此六代文壇之現象也。蓋文人爲仕祿計，必須投時主所好，欲投時主所好，必須在詞藝上用工夫。而詞藝一道，欲以內容爭勝，良非易易，乃退而追求形式之美化。唯美文學便在此種環境中，由萌芽而茁壯，由茁壯而開花，由開花而爭豔炫奇，蔚爲大觀矣。

朝野既普偏崇尚文事，流風所扇，凡稍涉庶務者，多爲世所鄙。

自晉宋以來，宰相皆文義自逸，敬容獨勤庶務，爲世所嗤鄙。（梁書何敬容傳）

一般士大夫尤恥談武備，在下者遂靡然向風。

時天下無事，士人並以文義爲業，慤獨任氣好武，故不爲鄉曲所重。（宋書宗慤傳）

而士有一藝可取，一文稱工者，輒爲之咨嗟詠歎，奔走相告，曾不旋踵而使之名滿天下，甚且躋秩公輔矣。由左列史料，可以證焉。

㈠晉書文苑傳：

左思欲賦三都，會妹芬入宮，移家京師，乃詣著作郎張載訪岷邛之事。遂構思十年，門庭藩溷，皆著筆紙，遇得一句，即便疏之。及賦成，時人未之重。思自以其作不謝班張，恐以人廢言，安定皇甫謐有高譽，思造而示之。謐稱善，爲其賦序。張載爲注魏都，劉逵注吳蜀而序之。陳留衞瓘（一作衞權）又爲思賦作略解。自是之後，盛重於時，文多不載。司空張華見而歎曰：『班張之流也。使讀之者盡而有餘，久而更新。』於是豪貴之家競相傳寫，洛陽爲之紙貴。

㈡世說新語文學篇：

庾仲初作揚都賦成，以呈庾亮。亮以親族之懷，大爲其名價云：『可三二京，四三都。』於此人人競寫，都下紙爲之貴。

㈢南史宋孝武宣貴妃傳：

殷淑儀，南郡王義宣女也，麗色巧笑。義宣敗後，帝密娶之，寵冠後宮。假姓殷氏。左右宣洩者多死，故當時莫知所出。及薨，謝莊作哀策文奏之。帝臥覽讀，起坐流涕曰：『不謂當今復有此才。』都下傳寫，紙墨爲之貴。

㈣梁書劉孝綽傳：

孝綽辭藻爲後進所宗，世重其文，每作一篇，朝成暮遍，好事者咸諷誦傳寫，流聞絕域。

㈤陳書徐陵傳：

自有陳創業，文檄軍書及禪授詔策，皆陵所製，而九錫尤美。爲一代文宗，亦不以此矜物，未嘗詆訶作者。其於後進之徒，接引無倦。世祖高宗之世，國家有大手筆，皆陵草之。其文頗變舊體，緝裁巧密，多有新意。每一文出手，好事者已傳寫成誦，遂被之華夷，家藏其本。

㈥北齊書邢卲傳：

自孝明以後，文雅大盛，卲雕蟲之美，獨步當時。每一文初出，京師爲之紙貴。

㈦北史文苑傳：

庾信幼而俊邁，聰敏絕倫。博覽羣書，尤善春秋左氏傳。父肩吾，爲梁太子中庶子，掌管記。東海徐摛爲右衞率。摛子陵及信，並爲抄撰學士。父子在東宮，出入禁闥，恩禮莫與比隆。既文竝綺豔，故世號爲徐庾體焉。當時後進，競相模範。每有一文，都下莫不傳誦。累遷通直散騎常侍，聘于東魏。文章辭令，盛爲鄴下所稱。還爲東宮學士，領建康令。

㈧周書王褒庾信傳論：

既而革車電邁，渚宮雲撤。爾其荆衡杞梓，東南竹箭，備器用於廟堂者衆矣。唯王褒庾信奇才秀出，牢籠於一代。是時，世宗雅詞雲委，滕趙二王雕章間發。咸築宮虛館，有如布衣之交。由是朝廷之人，閭閻之士，莫不忘味於遺韻，眩精於末光。猶丘陵之仰嵩岱，川流之宗溟渤也。

按以上八則，爲因文得名之例，以下二則，則爲因文得祿之例。

㈨梁書張率傳：

天監初，率直文德待詔省，爲待詔賦奏之，甚見稱賞。手敕答曰：『省賦殊佳。相如工而不敏，枚皐速而不工，卿可謂兼二子於金馬矣。』又侍宴賦詩，高祖乃別賜率詩曰：『東南有才子，故能服官政。余雖慚古昔，得人今爲盛。』率奉詔往返數首。其年，遷秘書丞，引見玉衡殿。高祖曰：『秘書丞天下清官，東南胄望未有爲之者，今以相處，足爲卿譽。』其恩遇如此。

㈩又劉孝綽傳：

孝綽免職後，高祖數使僕射徐勉宣旨慰撫之，每朝宴常引與焉。及高祖爲籍田詩，又使勉先示孝綽。時奉詔作者數十人，高祖以孝綽尤工，卽日有敕，起爲西中郎湘東王諮議。

在此文學高於一切，名祿雙重汲引之時代中，作品必然脫離現實之社會與人生，而努力向藝術之路邁進，終於上躋形式主義文學之極峯，是乃必然趨勢，無所用其驚異也。

⑵著作宏富　形式主義文學（卽唯美文學）既盛行於六朝，凡載筆之倫，無不浸淫於其中，不能自拔，濡染日深，著作遂富。據隋書經籍志集部所列，由漢至隋別集凡四百三十七部（通計亡書合八百八十六部），其中漢人著作三十八部，隋人著作十八部，而出於六朝人之手者竟達三百八十一部，佔全數百分之八十五以上。在六朝別集中，又以梁人所著最多，凡八十餘種，約佔全數百分之二十，辭人之衆，著述之豐，遠軼前代。

又秘閣藏書，亦極宏富，蓋承平（實卽偏安）既久，文物自盛，而帝王之加意護持，當居首功。如梁武帝竺意墳典，娛志縹緗，卽位之初，卽搜求佚書，用光盛業。觀阮孝緒所錄，典午南渡，得書僅三百五帙，三千一十四卷，迄梁天監四年，文德正御四部及術數書目錄，合二千九百六十八帙，四萬四千五百二十六卷。典藏之富，亦伊古所未有也。至私家庋藏，則以王僧孺沈約任昉稱最，各聚書至萬餘卷，率多異本。

惟六朝文學作品，多操縱在皇家世族（卽士族）手中，布衣寒素，甚難參與。卽或閬苑仙才，鄧林魁父，亦不易脫穎而出。如左太沖之憔悴以終，鮑明遠之擯斥當年，皆其明徵已。

六朝皇家文學著作，肇始於曹魏（魏之三祖陳王皆有集行世）。晉帝雖不文，亦有文集行世（見隋志），但篇章不多耳。降及江左，享國之君，舉皆殫心詞藝，振藻揚葩，宋如武帝、文帝、孝武帝，齊如文帝，梁如武帝、簡文帝、元帝，陳如後主。北朝亦不甘落後，北魏如孝文帝，北周如明帝。皆其佼佼尤著者也。其中亦以蕭梁一代最盛，武帝所著書，計十九種，七百又七卷。簡文帝所著書，計七種，六百五十五卷。元帝所著書，計十七種，六百五十卷。昭明太子所著書，計四種，八十卷。猗歟盛哉，可謂曠絕百代矣。

至於世族述作，亦不遜於皇家，且猶過之，觀隋志所錄可知也。劉師培中古文學史云：

自江左以來，其文學之士，大抵出於世族，而世族之中，父子兄弟各以能文擅名。

蓋當時教育尚未普及，求知之路，多賴父兄，詞藝一道，遂成世襲，亦六朝之特色也。梁書劉孝綽傳云：

孝綽兄弟及羣從諸子姪，當時有七十人，並能屬文，近古未之有也。其三妹適琅邪王叔英、吳郡張嵊、東海徐悱，並有才學，悱妻文尤清拔。悱，僕射徐勉子，為晉安郡，卒，喪還京師，妻為祭文，辭甚悽愴。勉本欲為哀文，既覩此文，於是閣筆。

其第三妹即劉令嫻，才秀詞清，固不讓東山名媛專美於前。深閨婦女，猶且寄身翰墨，其他可知。又王筠傳云：

筠與諸兒書論家世集云：『史傳稱安平崔氏及汝南應氏，並累世有文才，所以范蔚宗云崔氏「世擅雕龍」。然不過父子兩三世耳，非有七葉之中，名德重光，爵位相繼，人人有集，如吾門世者也。』

自熹之情，溢於字裏行間，無怪沈約深致欽慕而語人曰：『吾少好百家之言，身為四代之史，自開闢已來，未有爵位蟬聯，文才相繼，如王氏之盛者也。』（同上）據劉氏中古文學史所載，類此者尚多，如吳郡張氏，陳郡謝氏，東海徐氏，新野庾氏等，不具引。

(3)讀者需要文學批評　六朝文運既盛，著述又多，琳瑯滿目，披閱紛繁，將使學者汰沙而得金，貫散以成統，殊非時力所許。而況作品佳處，頗不易辨，初學儉腹，尤覺茫然。是有關品騭鑑賞之書篇，不容或闕，亦時勢使然也。曹氏兄弟之比論文士，杜預摯虞之精選文章，即緣是而生者。隋書經籍志云：

總集者，以建安之後，辭賦轉繁，衆家之集，日以滋廣，晉代摯虞，苦覽者之勞倦，於是採擿孔翠，芟剪繁蕪，自詩賦下，各爲條貫，合而編之，謂爲流別。是後文集總鈔，作者繼軌，屬辭之士，以爲覃奧，而取則焉。

金樓子立言篇云：

諸子興於戰國，文集盛於二漢，至家家有製，人人有集。其美者，足以敍情志，敦風俗。其弊者，祇以煩簡牘，疲後生。往者既積，來者未已，翹足志學，白首不徧。或昔之所重，今反輕，今之所重，古之所賤。嗟我後生，博達之士，有能品藻異同，刪整蕪穢，使卷無瑕玷，覽無遺功，可謂學矣。

可見一般讀者對於選家與批評家之迫切需要。惟利之所在，弊亦隨之以俱來，有珠目相雜，莫辨妍媸者，有掎摭浮辭，自儕季緒者。亦有詆聾瞽之人，徼一時之聲者，更有挾嫌報復，以逞快口舌者。馴至奪朱亂雅，薰蕕同器，貽害文壇，莫此爲甚。於是高水準之鉅著遂又應運而生，在詩文選集方面，有蕭統之文選，徐陵之玉臺新詠。在詩文評論方面有鍾嶸之詩品，劉勰之文心雕龍。鍾劉之作，不但批評一般文學作品，間亦兼評其他文學批評之書，謚之爲文學批評之批評，誰云不可。鍾氏詩品序云：

觀王公搢紳之士，每博論之餘，何嘗不以詩爲口實，隨其嗜欲，商榷不同。淄澠并泛，朱紫相奪，喧議競起，準的無依。近彭城劉士章，俊賞之士，疾其淆亂，欲爲當世詩品，口陳標榜，其文未遂，感而作焉。

劉知幾史通自敘篇亦云：

詞人屬文，其體非一，譬甘辛殊味，丹素異彩。後來祖述，識昧圓通，家有詆訶，人相掎摭，故劉勰文心生焉。

蓋辨析文心，窮極精微，已成爲讀者之一致需要，抑亦時代潮流之共同趨勢，非任何人所能逆挽狂瀾，障而東之也。中國評論文學之書所以獨盛於梁代者，其以此乎。

(4)文學價值重新估定　六代帝王重文輕武之結果，收穫最豐者，厥爲文學價值之重新估定，亦即文學地位之逐漸升高，由儒學附庸而蔚爲獨立大國。文學地位逐漸升高以後，影響於文藝界者，以唯美文學言，不啻爲一催生劑，以文學評論言，又不啻爲一興奮劑也。

遠溯先秦時代，文學一詞，乃泛指一切學術文化，此固夫人而知之者。兩漢之世，觀念猶然，未嘗變易，所謂文學，充其量不過是載道與致用之工具已耳，固不知有純文學之存在，亦不了解文學本身之價值，故謂爲非爲文學而文學時代，當無不可。

洎乎曹魏，一般文士乃逐漸覺醒，以爲文學有其獨立之生命，崇高之價值，足與『立德』『立功』鼎峙而三，皆爲人類三不朽之一，是文學自覺之時代也。首創此新觀念者，厥爲曹丕，丕之言曰：

蓋文章，經國之大業，不朽之盛事。年壽有時而盡，榮樂止乎其身，二者必至之常期，未若文章之無

窮。是以古之作者，寄身於翰墨，見意於篇籍，不假良史之辭，不託飛馳之勢，而聲名自傳於後。（典論論文）

細繹所言，大旨謂文章可以經綸邦國，可以長垂千古。其觀念之新，目光之利，志慮之高且遠，具見於此。而盡掃陳言，獨標眞諦，又爲中國文學批評之嚆矢。原其新觀念之所起，亦非憑空而至，漢末道家學說之漸盛，黨錮劫後人性之覺醒，實有以促成之。今儒錢穆氏對此有極精闢之創見，其言曰：

蓋建安文學之所由異於其前者，古之爲文，則莫不於社會實際世務有某種特定之應用，經史百家皆然，故古有文章而無文人。下逮兩漢，前漢有儒林，無文苑，賈董匡劉皆儒生也，惟鄒枚司馬相如之徒，不列儒林，是先已有文人之格，而尙無文人之稱。文苑立傳，事始東京，至是乃有所謂文人者出現。有文人，斯有文人之文。文人之文之特徵，在其無意於在人事上作特種之施用。其至者，則僅以個人自我作中心，以日常生活爲題材，抒寫性靈，歌唱情感，不復以世用攖懷。是惟莊周氏之所謂無用之用，荀子譏之，謂其知有天而不知有人者，庶幾近之。循此乃有所謂純文學。故純文學作品之產生，論其淵源，不如謂其乃導始於道家。如一遵孔孟荀董舊轍，專以用世爲懷，殆不可有純文學。故其機運轉變，必待之東漢，至建安，乃始有彰著之特姿異采呈現也。（中國學術思想史論叢十一讀文選）

其後王弼何晏崛起，以老莊注易解論，脫離章句訓詁之學，更是學術思想上之一大解放。流風所被，一般作者亦漸變其從前輪廓不明、觀念模糊之弊，而步入文苑藝圃，潛心致力文學之創作，詞藝之批評，純文學遂宣告完全獨立矣。總而論之，漢晉之際最突出之現象，莫過於道家思想之復活與人性之覺醒，從而導致文學之自覺。六朝美術文學所以全盛者，亦是種因於此。

至晉葛洪更提出畫時代之言論，謂文學直可凌駕道德之上，在其所著抱朴子文行尙博諸篇中，一再辯解，語至激烈。今節錄之：

德行爲有事，優劣易見，文章微妙，其體難識。夫易見者粗也，難識者精也，夫惟粗也，故銓衡有定焉，夫惟精也，故品藻難一焉。吾故捨易見之粗，而論難識之精，不亦可乎。

筌可以棄，而魚未獲，則不得無筌。文可以廢，而道未行，則不得無文。

且文章之與德行，猶十尺之與一丈，謂之餘事，未之前聞。均見尙博篇

此種『德行爲粗，文章爲精』之『叛道』思想，雖屬仁智之見，有待商榷。然其大膽的正面向傳統挑戰，可謂勇矣。

由曹丕之提倡，文學已與事功抗衡，由葛洪之論辯，文學又駸駸然凌駕道德之上。旋及梁朝，遂有蕭綱之文學高於一切說。其昭明太子集序云：

竊以文之爲義，大矣遠矣，故孔稱性道，堯曰欽明，武有來商之功，虞有格苗之德。故易曰：『觀乎天文，以察時變，觀乎人文，以化成天下。』是以含精吐景，六衞九光之度，方珠喻龍，南樞北陵之采，此之謂天文。文籍生，書契作，詠歌起，賦頌興，成孝敬於人倫，移風俗於王政，道繇乎八極，理浹乎九垓，贊動神明，雍熙鍾石，此之謂人文。若夫體天經而總文緯，揭日月而諸律呂者，其在茲乎。

文學之價值既獲得如此重視，文學之地位亦於宋時獨立爲一科，於是廉肉相準、宮徵靡曼之作品遂大量產生，而品第甲乙、鑑別雅鄭之篇籍亦相繼響應矣。夫文學批評之盛衰，每隨文學作品之本身爲轉移，先有詩而後有詩話，先有詞而後有詞話。中國文學在六朝最盛，故批評之風氣亦然。究其原委，又罔非帝王世族右文之所賜也。

第三節　文人集團林立

先哲曾子有言：『君子以文會友，以友輔仁。』（論語顏淵篇）言君子以文德合，相互切磋，所以輔己之仁也。可見文人相聚，由來已久。惟當時或有文會之實，卻無文會之名。戰國末葉，天下文士期會於稷下，談天說地，品覈人物。（詳見史記田敬仲完世家）性質雖同文會，內容則難以詳悉。楚襄王禮敬文士宋玉唐勒景差，史傳所載，略而不詳，亦莫知其底蘊。漢初海宇乂寧，文風大扇，吳王招致鄒陽莊忌枚乘，梁孝王延攬羊勝公孫詭司馬相如，武帝優遇徐樂嚴安枚皋王褒等，彬彬然稱一時之盛。然吳王梁孝王皆腹儉才嗇，不足以稱文壇祭酒。武帝文采較優，而喜諛惡直，當時文士但知承奉顏色而已，仍不能轉移一代文運。

至建安時代，曹操以曠世之雄，崇獎風流，加以二公子之天資英敏，愛才若渴，於是行連輿，止接席，文酒流連，夜以繼日，天下碩彥殆悉入其彀中矣。文人集團自此而多，唯美文學亦自此而盛，曹氏父子藍篳之功，不可沒也。

六朝文人集團，蓋源於漢末之清流集團。第一次黨錮之禍以後，正直廢放，邪曲當路，海內希風之流，遂共相標榜，指天下名士，爲之稱號，有三君、八俊、八顧、八及、八廚之目。詳見本章第一節第二次黨錮難起，名士悉遭誅戮，益使知識分子灰心世事，而寄身於翰墨之中，遂由清流集團一變而爲文學集團。建安文風之盛，儻以此乎。

晉轍既東，衣冠奔湊，文運未衰，且有長江天塹，可資屏障，鶯飛草長，可助文思，宴安日久，文會遂多，華侈之作，應運而生。下逮齊梁，吟詠尤盛，文人集團，比比皆是。由於旨趣不同，好尙殊異，或競爭浮名，或自相表襮，甚或專事詆訶，不留餘地。語其弊也，則入主出奴，黨同伐異。語其利也，則文學品質，日益提高，文學評論，日益嚴苛，文壇上遂呈現一片蓬勃氣象，作品亦臻於登峯造極之境，信乃金相玉潤，振藻揚葩，增華邦國，垂裕來葉。今列其集團之爲世所習知者，著之於次：

㊂魏晉南北朝文人集團一覽表

集團名稱	時代	地點	領導者	參與者	備注
鄴下諸子	魏	鄴縣	曹操 曹丕 曹植	孔融·徐幹·王粲·陳琳·應瑒·劉楨·阮瑀·吳質·邯鄲淳·路粹·繁欽·丁儀·丁廙·楊修·華歆·荀緯·繆襲·潘勖·衛覬	三國志魏書各本傳

建安七子	魏	鄴縣		孔融・徐幹・陳琳・應瑒・劉楨・王粲・阮瑀	典論論文
荊州學術	魏	荊州	劉表	宋忠・司馬徽・李譔・尹默・王粲・綦毋闓・趙岐・王凱	三國志劉表傳注引英雄記王粲荊州文學記官志
曹丕	魏	鄴縣	曹丕	徐幹・陳琳・應瑒・劉楨・王粲・阮瑀・吳質・王朗・繁欽・衛顗・賈詡・桓階・邢顒・毛玠・衛臻・崔琰	三國志魏書各本傳
曹植	魏	鄴縣	曹植	楊修・丁儀・丁廙・徐幹・陳琳・應瑒・劉楨・阮瑀・王粲・楊俊・孔桂・荀彧	三國志魏書各本傳
太和黨議	魏	洛陽		諸葛誕・夏侯玄・鄧颺・李勝	三國志諸葛誕傳注引世語及曹爽傳注引魏略
正始名士	魏	洛陽		何晏・王弼・夏侯玄	世說文學篇注引袁宏名士傳
曹爽	魏	洛陽	曹爽	何晏・鄧颺・李勝・丁謐・畢軌・張當・桓範・曹羲・曹訓	三國志曹爽傳
竹林名士	魏			阮籍・嵇康・山濤・王戎・向秀・劉伶・阮咸	袁宏名士傳
中朝名士	西晉	洛陽		王衍・阮瞻・謝鯤・樂廣・庾敳・衛玠・裴楷・王承	袁宏名士傳
賈謐二十四友	西晉	洛陽	賈謐	石崇・歐陽建・潘岳・陸機・陸雲・繆徵・杜斌・摯虞・諸葛詮・王粹・杜育・鄒捷・左思・崔基・劉瓌・和郁・	晉書賈謐傳

				周恢・牽秀・陳眕・郭彰・許猛・劉訥・劉輿・劉琨	
王衍四友	西晉	洛陽	王衍	庾敳・王敦・謝鯤・阮修	晉書王澄傳
金谷園	西晉	洛陽	石崇	潘岳・歐陽建・劉琨	晉書各本傳
兗州八伯	東晉	建康		阮放・郗鑒・胡毋輔之・卞壼・蔡謨・阮孚・劉綏・羊曼	晉書羊曼傳
八達	東晉	建康	胡毋輔之	胡毋輔之・謝鯤・阮放・畢卓・羊曼・桓彝・阮孚・光逸	晉書光逸傳
中興名士	東晉	建康		温嶠・庾亮・阮放・桓彝	晉書羊曼傳
謝氏家族	東晉	建康	謝安	謝尚・謝奕・謝玄・謝道韞	晉書各本傳
王氏家族	東晉	建康	王羲之	王徽之・王操之・王凝之・王獻之・王禎之・王肅之・王玄之	晉書各本傳
蘭亭修禊	東晉	會稽	王羲之	謝安・孫綽・郗曇・魏滂・王凝之・王渙之・王玄之・王獻之・王彬之・王蘊・支遁・王徽之・謝萬・王豐之・孫嗣・庾蘊・徐豐之・謝繹・虞說・袁嶠之・曹華・謝瑰・卞迪	晉書各本傳及全晉詩
尋陽三隱	東晉	尋陽		陶潛・周續之・劉遺民	宋書周續之傳
臨川王	宋	江州	劉義慶	袁淑・陸展・何長瑜・鮑照	宋書宗室傳

山澤四友	宋	始寧	謝靈運	謝惠連・荀雍・羊璿之・何長瑜	宋書謝靈運傳
謝氏家族	宋		謝靈運	謝混・謝方明・謝瞻・謝晦・謝曜・謝弘微・謝惠連・謝莊	宋書各本傳及南史謝弘微傳
四貴	宋	建康		袁粲・齊王・褚淵・劉秉	宋書袁粲傳
竟陵八友	齊	建康	蕭子良	謝朓・王融・任昉・沈約・陸倕・范雲・蕭琛・蕭衍	梁書武帝紀
西邸學士	齊	建康	蕭子良	劉繪・張融・周顒・王僧孺・范縝・孔休源・江革・何僩・虞羲・丘國賓・謝璟・陸慧曉・蕭文琰・丘令楷・江洪・劉孝孫・謝顥・張充・王思遠・王亮・宗夬・何昌寓・竟陵八友	南齊書梁書南史各本傳
張氏五龍	齊	吳郡	張鏡	張鏡・張寅・張岱・張永・張辨	南齊書張岱傳
張氏家族	齊	吳郡	張鏡	張氏五龍・張緒・張融	南齊書南史各本傳
何氏三高	齊			何胤・何求・何點	南齊書梁書南史各本傳
永明聲律	齊			沈約・謝朓・王融・周顒	南齊書陸厥傳
王儉	齊	建康	王儉	孔逷・何憲・王融・王濬・陸澄	南齊書各本傳

梁武帝	梁	建康	蕭衍	沈約・江淹・任昉・到沆・丘遲・王僧孺・張率・劉苞・劉孝綽・劉孺・到溉・到洽・陸倕・謝覽・周興嗣・袁峻・劉峻・何思澄	梁書各本傳及文學傳
昭明太子	梁	建康	蕭統	王規・殷鈞・王錫・張緬・張纘・劉孝綽・王筠・殷芸・陸倕・到洽・謝舉・謝覽・張率・謝幾卿・到沆・劉苞・陸襄・徐勉・明山賓・劉勰	梁書各本傳
梁簡文帝	梁	建康	蕭綱	庾肩吾・庾信・徐摛・徐陵・劉孝儀・鮑至・張長公・劉遵・江革・劉孝威・陸杲・蕭子顯・王褒・殷不害・庾於陵・徐防・孔鑠・鍾嶸・周弘正・傅弘	梁書各本傳
梁元帝	梁	江陵	蕭繹	王籍・臧嚴・顧協・裴子野・劉顯・劉之遴・周弘直・鮑泉・宗懍・劉緩・陸雲公・劉杳・劉孝勝・劉孝儀・殷不害・陰鏗・顏之儀・顏之推・何思澄・徐悱	梁書各本傳
玄圃遊宴	梁	建康	蕭統	王筠・劉孝綽・陸倕・到洽・殷芸	梁書王筠傳
高齋學士	梁	雍州	蕭綱	庾肩吾・徐摛・劉孝威・江伯搖・孔敬通・申子悅・徐防・王囿・孔鑠・鮑至	南史庾肩吾傳
文德省學士	梁	建康	蕭衍 蕭綱	庾肩吾・庾信・徐摛・徐陵・張長公・傅弘・鮑至・張率	梁書庾肩吾傳及張率傳

西省學士	梁	建康	蕭衍	劉峻・賀蹤	梁書劉峻傳
蘭臺聚	梁	建康	任昉	劉孝綽・劉苞・劉孺・陸倕・張率・殷芸・劉顯・到溉・到洽	南史到溉傳
龍門之遊	梁	建康	任昉	陸倕・殷芸・到溉・劉苞・劉孺・劉顯・劉孝綽	梁書陸倕傳
蕭子恪家族	梁	蘭陵	蕭子恪	蕭子範・蕭子顯・蕭子雲・蕭子暉・蕭滂・蕭確・蕭愷・蕭特等凡十六人	梁書蕭子恪傳
劉孝綽親族	梁	彭城	劉孝綽	劉孝綽・劉孝儀・劉孝先・劉孝威・劉孝勝・徐勉・徐悱・張嵊・王叔英・劉孺・劉覽・劉遵・劉苞・劉令嫻	梁書 南史各本傳
四張	梁	吳郡		張充・張融・張卷・張稷	梁書張嵊傳
臨川王	梁	臨川	蕭宏	王僧孺・周捨・殷芸・伏挺・劉勰・鍾嶸・劉苞・劉顯・王筠・丘遲	梁書各本傳
安成王	梁		蕭秀	劉峻・王僧孺・陸倕・劉孝綽・裴子野・庾仲容・謝徵・何遜・夏侯亶	梁書各本傳
南平王	梁		蕭偉	江革・謝覽・張率・吳均・何遜・蕭子範	梁書各本傳
陳後主	陳	建康	陳叔寶	江總・顧野王・陸瓊・陸瑜・褚玠・傅縡・孔範・陳暄・	陳書各本傳

				袁權・沈瓘・王瑳・陳褒・王儀	
三才	北齊			魏收・邢邵・溫子昇	北齊書魏收傳
文林館學士	北齊	鄴都		祖珽・顏之推・蕭愨・袁奭・江旰・朱才・荀仲擧・韋道遜・諸葛穎	北齊書隋書各本傳
麟趾殿學士	北周	長安	宇文毓	顏之儀・蕭撝・蕭大圜・宗懍・王褒・鮑宏・明克讓	北周書隋書各本傳

前列文人集團，均見於史傳信而有徵者，其講論主題多與文學有關，自餘若蓮社十八賢之屬，以專談釋義、不涉詞藝者，概未列入，然六朝文士集會結社之盛，即此已可窺其崖略矣。

前已言之，六朝之世，教育猶未普及，知識分子所佔全人口之比率甚低，文化之保存或繼承，多賴帝王貴胄與閥閱世家。帝王貴胄操持文柄，固無論矣，閥閱世家可以捷足先登仕版，亦賴學識淹雅爲其先決條件，故當時士族多自視甚高，家教綦嚴。如宋書王弘傳云：

> 弘明敏有思致，既以民望所歸，造次必存禮法，凡動止施爲，及書翰儀禮，後人皆依倣之，謂爲王太保家法。

史稱六朝政治與士族密不可分者，其故在此。知識既由世襲，文章詞藝自不能不深受影響，其彰彰著明者，則爲家族文學集團之林立，與著述風氣之熾盛。隋書經籍志著錄琅琊王氏有文集者二十人，陳郡謝氏十二人，梁謝纂謝綽謝琰謝琛，以里籍不詳，猶未計入。又據梁書南史所載，蕭子恪兄弟十六人，文名籍甚者五人。彭城劉孝綽親族七十餘人，並能屬文，雖閨中女流亦不示弱。而琅琊王筠更以『七葉之中，人人有集』自豪。在此種文學高於一切之觀念下，文藝創作傾向於唯美主義，文藝批評呈現曠古未有之壯觀，固無須用其詫異也。